人物叢書

新装版

志筑忠雄《しづきただお》

大島明秀

日本歴史学会編集

吉川弘文館

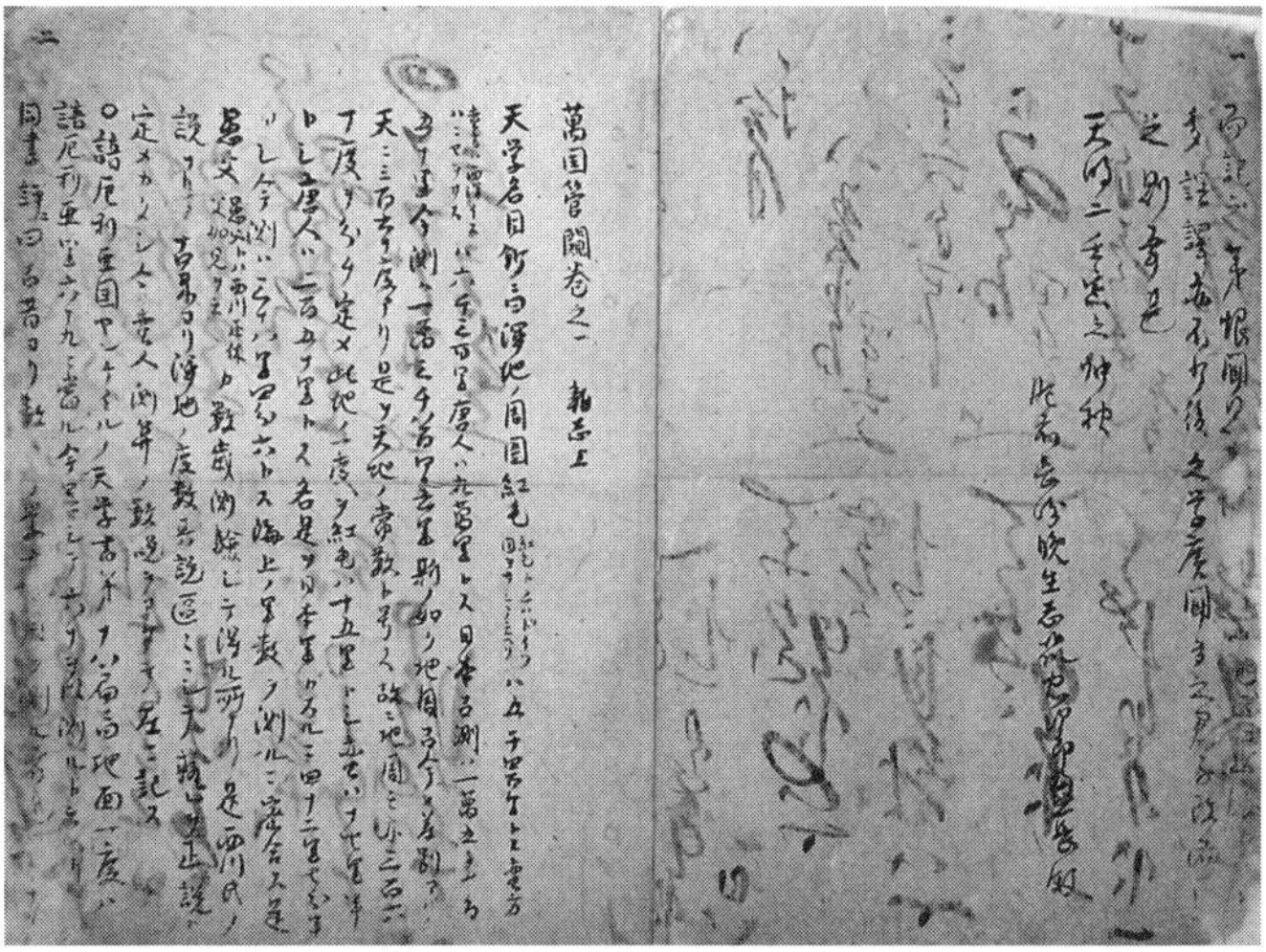

『万国管闚』上巻内題（長崎歴史文化博物館蔵）

『天文管闚』と並ぶ志筑忠雄最初期の著作。ケンペル『日本誌』蘭語版などの蘭書を主たる情報源としつつ，漢籍や漢訳洋書，時には和書の情報も交え，箇条書きで編まれた雑記帳。話題は，世界の地理，物産，動植物，文化風俗，歴史に及び，総計227項目を数える。「コツヒー」に言及した項目141は，珈琲の初出とされる。なお，目下，16点の存在が報告される写本のうち，長崎歴史文化博物館蔵本が最も原型に近いことが指摘されている（本文49～56頁参照）。

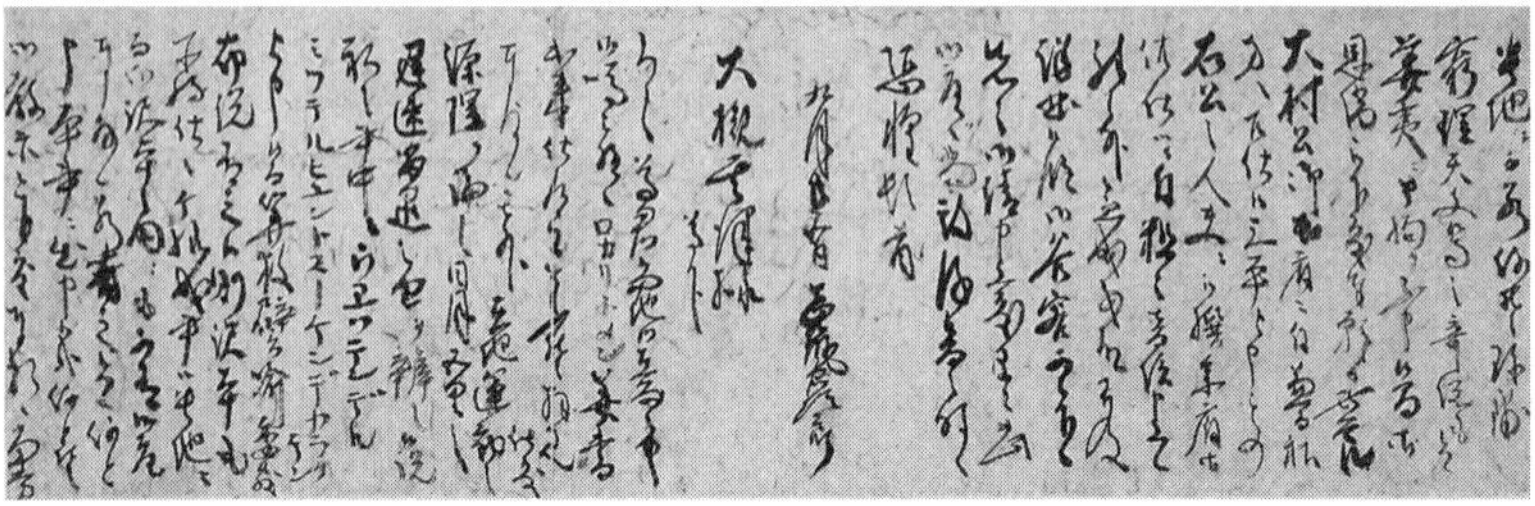

志筑忠雄差出大槻玄沢宛書簡（早稲田大学図書館蔵）

［前欠］
貴地にて若何そ珍鋪
窮理天文等之奇説も候はゝ
華夷には拘り不申候間御
恩借被下度奉願候而此節
大村公御出府に付兼て私
方へ召仕候三平と申もの
右公之人夫に被撰参府御
供仕候に付粗々音信申上候
殊之外急成義故不及
詳曲候段御［誤記か］答　容可被下候
先々御請申上度早々如此
御座候尚期後音之時候
恐惶頓首
　九月廿五日　志筑忠次郎
大槻玄沢様
　尊下

尚々尊君当地御在留之中
御噂被遊候ロカリトメン算書
出来仕候はゝとふそ拝見仕度
奉存候其外天地運動之
源理を論し日月五里之
遅速留退之由を弁し候説
私之書中にウエッテンデル
ミッテルヒユントスーケンデカラクテン
と申候て算数譬喩委敷
布説有之候則訳本も
所持仕候ケ様成書は貴地に
て御訳本之内にも可有御座
奉存候若有之候はゝ何と
申本書に出申候哉何とそ
御教示被下度奉願候当方
［後欠］

はしがき

江戸時代後期に生まれた志筑忠雄《しづきただお》は、蘭書（オランダ語で記された書籍）を通して、日本で初めてニュートン物理学を紹介した『暦象新書《れきしようしんしよ》』を著した人物として知られる。ほかにも、ネイピアの法則（球面三角法の基本定理）を案内するなど、忠雄は自然科学分野で稀代の才能を示したが、その慧眼《けいがん》と能力は、国際関係分野においてもいかんなく発揮された。

刮目すべき仕事は、何と言っても「鎖国」という日本語を創出したことで人口に膾炙《かいしや》する『鎖国論《さこくろん》』（享和元年八月一七日序）である。忠雄は、ロシア南下の情報に動揺する社会情勢の中で、ヨーロッパの日本観を把握することの重要性を看破し、大冊のケンペル『日本誌』蘭語版（Engelbert Kaempfer, 1651–1716: *De beschryving van Japan*）の中から、日本の対外関係を論じた附録第六編に着目し、情報提供のために訳出した。

さらに、絶筆となった『二国会盟録《にこくかいめいろく》』（文化三年正月）は、第二回ロシア遣日使節レザノフ

（Nikolai Petrovich Rezanov, 1764–1807）の長崎来航（文化元年九月〜同二年三月）を受け、清朝中国とロシアの国境を画定したネルチンスク条約締結の状況を訳出した書で、約五〇年後の日露和親条約（安政元年）の交渉・締結の際、責務を担った勘定奉行川路聖謨《かわじとしあきら》（一八〇一〜一八六八）と翻訳官箕作阮甫《みつくりげんほ》（一七九九〜一八六三）が、参考書として座右に置くような内容であった（鳥井裕美子「『鎖国論』・『二国会盟録』に見る志筑忠雄の国際認識」）。

加えて、これらの学問を支えた忠雄のオランダ語力は同時代の水準を超越しており、西洋文法カテゴリーを踏まえてオランダ語を理解・説明した革命的な蘭文法書と蘭文和訳論は、蘭学者をはじめとする一九世紀日本人のオランダ語読解力を飛躍的に向上させた。また、翻訳の際、後に自然科学分野の術語となった「引力」「重力」「弾力」「遠心力」「求心力」「真空」「分子」や、「鎖国」「植民」といった国際関係あるいは政治にまつわる新しい言葉を創出したことも、日本語史上重要な仕事であった。

忠雄は、宝暦一〇年（一七六〇）に生まれ、文化三年（一八〇六）に四七歳で死去した。通称忠次郎《ちゆうじろう》、名を盈長《みつなが》、忠雄。晩年には飛卿《ひけい》、季飛《きひ》と字《あざな》を名乗り、柳圃《りゆうほ》と号した。

忠雄は、三井越後屋の御用商家で長崎での落札商人であった中野家三代用助《ようすけ》の子として誕生した。安永五年（一七七五）に中野家が地役人株《じやくにんかぶ》（貿易などに携わった長崎土着の役人である「地役人」の家を継ぐ権利）を購入し、忠雄は一六歳にして阿蘭陀通詞《オランダつうじ》志筑家の養子となり、同家第八代として稽古通詞《けいこつうじ》（通詞の職制の中で下位にある職）に就任したが、病を得て休職に至る。通詞職の傍《かたわ》ら、あるいは休職中には体調が良い時に、蘭書の翻訳や、そこから得た知見をまとめるような執筆活動を行っていたが、再び病状が悪化し、天明六年（一七八六）に退役した。残り二〇年の人生は実家中野家に戻り、在職中から継続してきた天文学書の和訳に専念しながら、国際情勢の訳出にも手を出し、晩年には後進に向けたオランダ語学書の執筆を行う生活を送った。

並外れたオランダ語力と数学的思考力を持つ忠雄は、二〇歳頃から半生をかけてニュートン物理学書の和訳という前人未到の仕事に取り組んだ。具体的には、ジョン・キール『天文学・物理学入門』蘭語版（John Keill, 1671–1721: *Inleidinge tot de waare Natuuren Sterrekunde*）の訳出であり、公（公儀、社会）に対する貢献を目的として、公務ではなく私事として行った。若齢からその能力は突出しており、天明二年八月、二三歳の忠雄は体調不良で通詞休職中にあったが、キール蘭書訳出の嚆矢《こうし》である『天文管闚《てんもんかんき》』を訳出し、それと並行して、西洋のさまざまな事柄を記した雑記帳『万国管闚《ばんこくかんき》』を書き上げた。

それのみならず、忠雄は国際情勢に対する鋭敏な嗅覚の持ち主でもあり、第一回ロシア遣日使節ラクスマン（Adam Kirillovich Laksman, 1766-1806?）の来日（寛政四年九月～同五年七月）を受け、三六歳頃からロシア南下情報や西洋人の日本観など国際情勢に関わる新しい分野の翻訳に取り組みだした。その背景には、対外的な危機感に加え、幕府や藩へ学者としての仕官を強く望んでいた事情が窺《うかが》える。そのため、四二歳にしてケンペル『日本誌』蘭語版の附録第六編を『鎖国論』として訳出した際も、一介の商家である「中野」姓ではなく、過去の養家であった阿蘭陀通詞家の「志筑」姓をもって署名している。しかしながら、『鎖国論』と、二〇年以上の歳月を費やして完成させた『暦象新書』（享和二年一〇月朔日序）をもってしても仕官の願いは叶わず、以降の著作には、諦念《ていねん》から「中野」姓や「柳圃」号を署名し、後進の教導に当たるようになった。

瞠目《どうもく》すべきは、右の仕事の根幹となった言語力であり、忠雄は、同時代の水準を超越したオランダ語力を駆使して蘭書を渉猟《しょうりょう》するとともに儒学や国学にも精通し、その学識を元に史上初の蘭文和訳論を編んだ。それに加え、西洋天文学や数学を対象とした前代未聞の訳出活動を果たした科学的思考と、揺動する国際情勢と日本の対外危機を鋭敏に嗅ぎ取る国際的な視野と洞察力を備えた人物であった。

かような多岐にわたる仕事を成し遂げた空前の才能と情熱の持ち主である一方、病弱で後半生は人との交わりを絶ち、実家に蟄居《ちっきょ》して蘭書翻訳に専念した、という情報のみが広まった伝説的な人物でもある。近世後期の長崎を舞台背景としつつ、この謎と魅力に満ちた一学者の生涯を見ていこう。

ただし、忠雄の社会的活動は短く、かつ人生を跡付けられる一次史料がきわめて少ないため、第二章以下の主要な史料は、目下二五点確認されている生前の著述とならざるをえない。したがって、第二章（若き日の忠雄を扱う）／第三章（執筆活動への復帰後を扱う）／第四章（自然科学分野を中心に円熟期の忠雄を扱う）／第五章（オランダ語学分野を中心に円熟期の忠雄を扱う）／第六章（晩年の忠雄と没後を扱う）では、忠雄の仕事を手掛かりに、それぞれの時期に何に関心を抱き、どのような訳出・執筆活動を行ったか（内容）、そして署名や翻訳のあり方（様式）を検討することで、その生涯を見ていく方法をとる。

なお、これまで十分に検討されることなく「志筑」は「しづき」と読まれてきたが、現代の長崎では「しつき」と読む苗字もある。発音の同定にあたっては外国語史料が有効であるため、『オランダ商館長日記』を繙《ひもと》いて忠雄を探したが、名前は見当たらなかった。そこで忠雄が養子に入った志筑本家の歴代や、本家二代孫右衛門から枝分かれした別家歴代の人物名を探し、姓の読みを求めたところ、日本語の「しづき」と「しつき」の双方の読みに相当するオランダ語表記が認められたため、いずれとも定め難い（イサベル・田中・ファン・ダーレン「オランダ史料から見た長崎通詞――志筑家を中心に――」）。よって、本書では通例の読みである「しづき」に従う。

最後に、私の志筑忠雄研究は、長年にわたるヴォルフガング・ミヒェル先生の御教導を礎としており、また、さまざまな局面で、吉田忠先生をはじめ、織田毅氏、平岡隆二氏、佐藤賢一氏、吉田洋一氏から有益な御教示を賜った。記して深甚なる謝意を表します。

二〇二四年九月

大島明秀

目　次

口　絵

挿　図

挿表

第一　生い立ちと通詞の辞職

一　誕　生

誕生年

志筑《しづき》忠雄《ただお》は、長崎外浦町《ほかうらまち》（現在は万才町《まんざいまち》の一部）に居を構えていた落札商中野家三代用助《ようすけ》の五男として生まれた。忠雄の生年を記した史料は見つかっていないものの、享年を明記した史料は二つある。一つは『長崎通詞由緒書《ながさきつうじゆいしょがき》』、いま一つは長崎桶屋町に所在する真宗州大谷派の寺刹《じさつ》光永寺が有した『光永寺過去帳《こうえいじかこちょう》』である。

前者『長崎通詞由緒書』には「文化三寅年七月九日病死　仕候《つかまつりそうろう》」（『長崎県史　史料編第四』八二八頁）とのみある。一方、後者『光永寺過去帳』は、史料が現存しないものの、長崎の郷土史家古賀十二郎《こがじゆうじろう》が関係部分を次のように引用している。「文化三丙寅年の条」に「大什堂《だいじゆうどう》　徳馨《とくせい》　外浦町、中野忠次郎事、行年四十七歳　七月八日」（『長崎洋学史』上巻三三〇頁）。

二つの由緒書

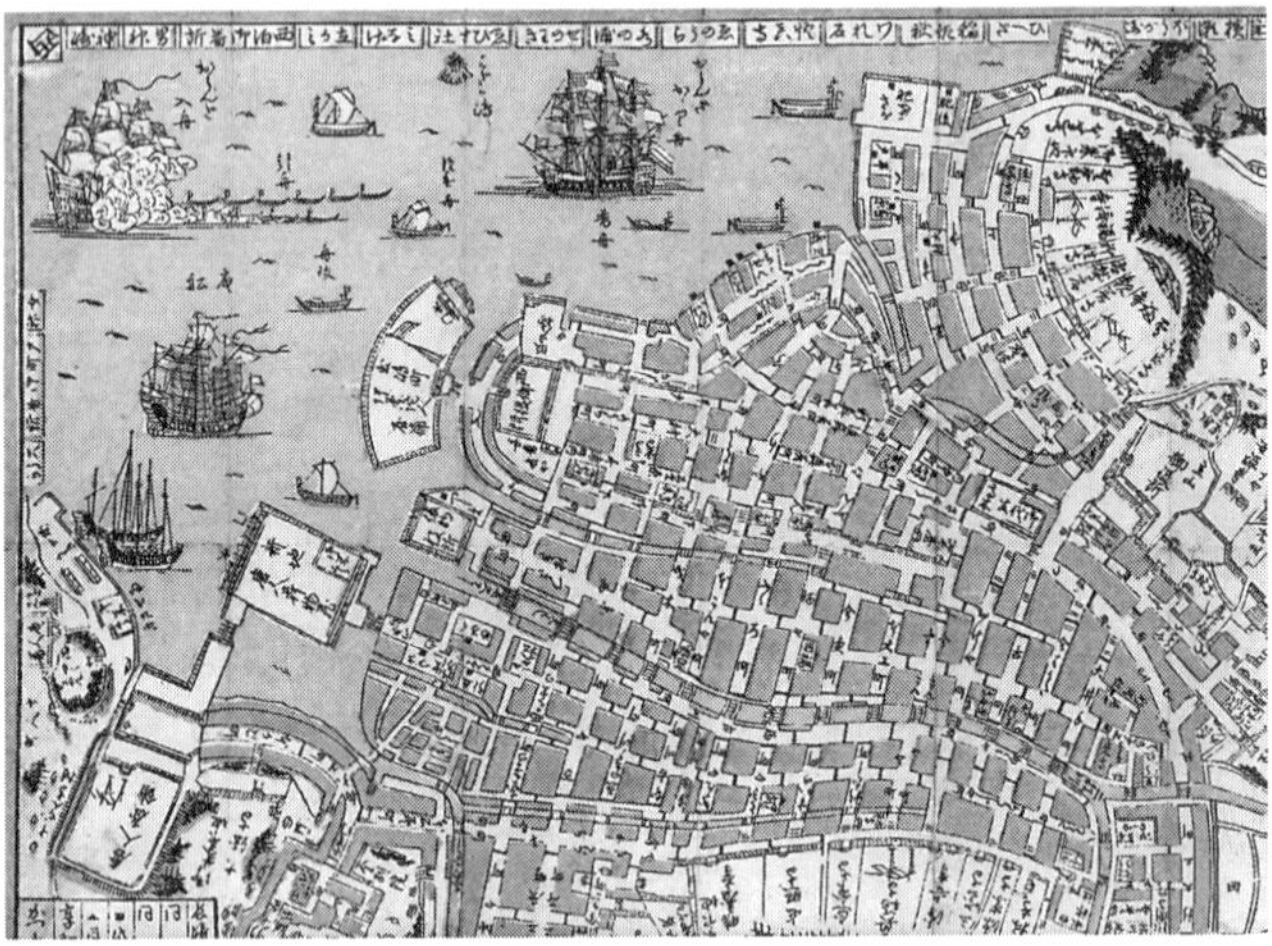

長崎の全体図（『肥前長崎図』享和２年版，熊本県立大学歴史学研究室蔵）

『長崎通詞由緒書』と『光永寺過去帳』の命日が一日異なることはさておき、両史料を突き合わせると、忠雄が文化三年（一八〇六）に四七歳で死没した事実が浮かび上がり、没年から遡《さかのぼ》ると、忠雄の誕生年は宝暦一〇年（一七六〇）となる。

なお、忠雄の墓は光源寺（現長崎市伊良林町）に存在したようであるが、古賀十二郎の記憶によれば、明治二六年（一八九三）頃に大槻如電《おおつきじょでん》（一八四五〜一九三一）が来崎した際、西道仙《にしどうせん》（一八三六〜一九一三）とともに捜索したものの失敗に終わり（「古色の保存（一）」）、その後現在に至るまで発見されていない。

志筑家歴代の事蹟を記した由緒書としては、『長崎通詞由緒書』のほかに、渡《わた》辺庫輔《なべくらすけ》が著書に引用した『己酉《きゆう》龍《りよう》太《た》書上《かきあげ》由緒書《ゆいしよがき》』（『阿蘭陀通詞志筑氏事略』三一～三二、六七～七一頁）がある。これらは長らく別史料と考えられてきたものの、改めて検討したところ、『己酉龍太書上由緒書』は、『長崎通詞由緒書』の志筑氏由緒書部分からの抜き書きと見てよい。

なぜなら、まず、史料の写しを作った渡辺庫輔の旧蔵書（長崎歴史文化博物館蔵渡辺文庫）に『己酉龍太書上由緒書』の原本や転写本が存在しないことが不審で、次に、両史料の記述を比較すると、表記などの些細な異同を除けばほぼ一致するからである。つまり、『長崎通詞由緒書』における志筑氏由緒書部分が志筑家第一一代龍《りよう》太《た》までの記載となっていることから、本由緒書を龍太の作成と推定した渡辺庫輔が、それに新たに題を付して著作で引用したものが『己酉龍太書上由緒書』と考えられるのである（大島明秀「志筑忠雄の通詞退役と仕官活動」）。

忠雄の命日

いずれにせよ、志筑氏由緒書部分が第一一代龍太当主時の嘉永二年（一八四九）まで記される『長崎通詞由緒書』は、忠雄が没してから四〇年以上を経た後世に編纂された史料にほかならず、加えて、忠雄の稽古通詞退役の年時が事実と異なるなど信憑性に欠ける面もある。よって、本書では『光永寺過去帳』に従い、忠雄の命日は文化三年七月八日とする。

二　実家中野家と家族構成

中野家と三井越後屋の関係

中野家は、長崎での三井越後屋の代理店として商品を扱う用達《ようたし》を務め、その資本を背景に落札権利を持つ本商人となった商家である。越後屋と中野家の関係の深さは屋号紋にも示されており、越後屋が「丸に井桁《いげた》三」（『江戸《えど》買物独案内《かいものひとりあんない》』下巻三三七丁裏）であるのに対し、中野家は「井桁に中」（『明安調方記《めいあんちょうほうき》　玉手箱《たまてばこ》』一四一丁表）であり、中野家の屋号紋は越後屋と同じ井桁を用いている（大島明秀「志筑忠雄の背景としての実家・中野家―家屋の敷地・通詞株・長崎社会での位置―」）。

中野家の来歴

中野家はもともと外浦町に住む牙儈《すあい》（仲買）で、越後屋の資金で落札を開始するのは享保七、八年（一七二二、一七二三）頃、中野用助が正式な落札商人となるのは享保一三年頃と推定される（森岡美子「三井越後屋の長崎貿易経営（一）」）。

博多年行司の後裔説

これに対し、中野家は博多の年行司も務めた商家中野家の後裔《こうえい》ではないかとする説もある。加えて、文政四年（一八二一）七月の年紀を有する同家系図の覚書（「中野用助系図」三井文庫蔵）の中野家初代利右衛門《りえもん》時の右肩に「初《はじめ》て入札支配申渡候《にゅうさつしはいもうしわたしそうろう》は」と注記が添えられていることと、文化四年に中野家で「用助百年相続の祝」という祝賀が開かれたことに着目し、越後屋と中野家の関係は、初代利右衛門が当主であった宝永頃（一七〇四～一七一一）に始まったものと推測する見解もある（松尾龍之介「志筑忠雄の実家—中野家に関するノート」）。

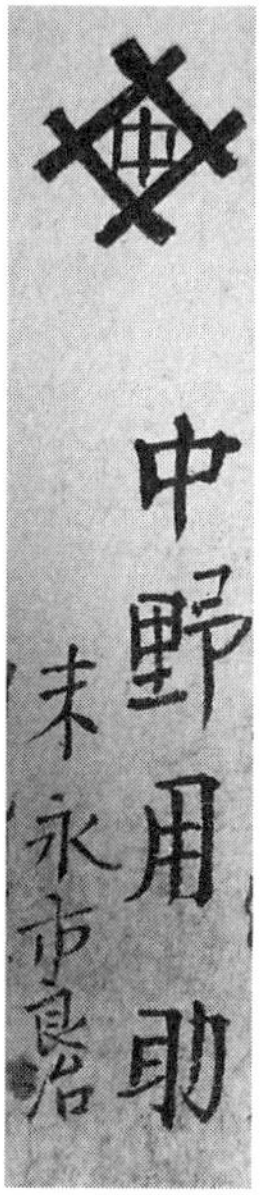

三井越後屋の屋号紋（『江戸買物独案内』下巻337丁裏より，国立国会図書館デジタルコレクション）と中野家の屋号紋（『明安調方記　玉手箱』⑵141丁表より，長崎歴史文化博物館蔵）

忠雄の両親と兄弟

「中野《なかの》用助《ようすけ》系図《けいず》」（三井文庫蔵）によれば、中野家初代利右衛門の跡《あと》を襲《おそ》ったのは息子用助で、その二代目用助は、金十郎《きんじゆうろう》、用七《ようしち》という二人の男子と、しかという娘を有した。三代目を後継したのは、二代目用助の息子ではなく、「泉屋甚次郎《いずみやじんじろう》実子文四郎《ぶんしろう》と申者」で、娘しかの夫であった。この三代目用助こそ忠雄の父である。三代目用助は、妻しかとの間に息子五人と娘一人をもうけた。男子は、四代目を継いだ長男用助、大坂で信濃屋を経営するも「不身持」で「大損」を出した次男文蔵《ぶんぞう》、地役人株《じやくにんかぶ》を購入して薬種目利《やくしゆめきき》となる三男伊三太《いそうた》、越後屋京本店に勤仕した四男浅太郎《あさたろう》、そして五男忠雄（忠次郎）の五人。

字「季飛」の意味

忠雄は晩年に「季飛《きひ》」という字《あざな》を使用しているが、五人の男子の末であったことから、排行《はいこう》で末弟を表す「季」を字に含んだのであろう（大島明秀「志筑忠雄の所用印ともう一つの字」）。なお、渡辺庫輔は、忠雄の著書『暦象必備《れきしようひつび》』（享和三年九月〜文化元年冬の間）に「季《き》龍《りよう》」という字を発見したと報告しているが（『阿蘭陀通詞志筑氏事略』五七頁）、現存する『暦象必備』は静嘉堂文庫蔵本のみで、そこには「季飛」とあり、「季龍」の存在は確認できない。

末次忠助に嫁いだ妹たき

三代目用助の一人娘はたきという名で忠雄の妹に当たり、後に忠雄の学問を受け継いだ長崎の商人で興善町乙名《こうぜんまちおとな》を務めた末次忠助《すえつぐちゅうすけ》（一七六五～一八三八）のもとに嫁いだ。ここで文化一〇年九月に忠助が作成した末次家の「由緒書」（長崎歴史文化博物館蔵）に妻たきの素性を確認すると、「一、妻　元薬種目利相勤申候《あいつとめもうしそうろう》　山本伊三太《いそうた》死妹」と説明されていることから、忠雄の兄である三男伊三太の養家の姓が「山本」であったことが分かる。

中野家家屋の立地

さて、出島に程近い外浦町に存在した中野家家屋の所在の特定にあたっては、長崎奉行から命を受けて小原克紹《おはらこくしょう》（一六九三～一七七七）が編纂に着手し、その死後も書き継がれた『長《なが》崎志続《さきしぞく》編』（明和五年～天保一〇年）が手掛かりになる。同書には、レザノフ来航一件（文化元年九月六日～同二年三月一九日）についての記述や図が認められるが、巻一三之上に「大波《おおは》戸《と》上陸道中《じょうりくどうちゅう》図《ず》」（森永種夫校訂『長崎文献叢書』第一集四巻五七六頁）があり、そこに「中野用助宅」が認められる（八頁掲載図）。当図によると、中野家は、出島の向かいに建てられた「西御役所《にしおやくしょ》」（長崎西奉行所）の門前の道路を越えてすぐ近くの所に位置し、外浦町の中でも奉行所方面から数えて二軒目という一等地に家屋を構えていた。また、「大波戸上陸道中図」の左上方に「中野用助宅」が描かれているが、その前には長方形のしるしをもって、「筑前持《ちくぜんもち》」の警固《けご》が置かれていたことが示されている。

中野家家屋の間取りと建物配置

さらに具体的に中野家家屋の間取りや建物配置を探るために、その見取り図を描いた

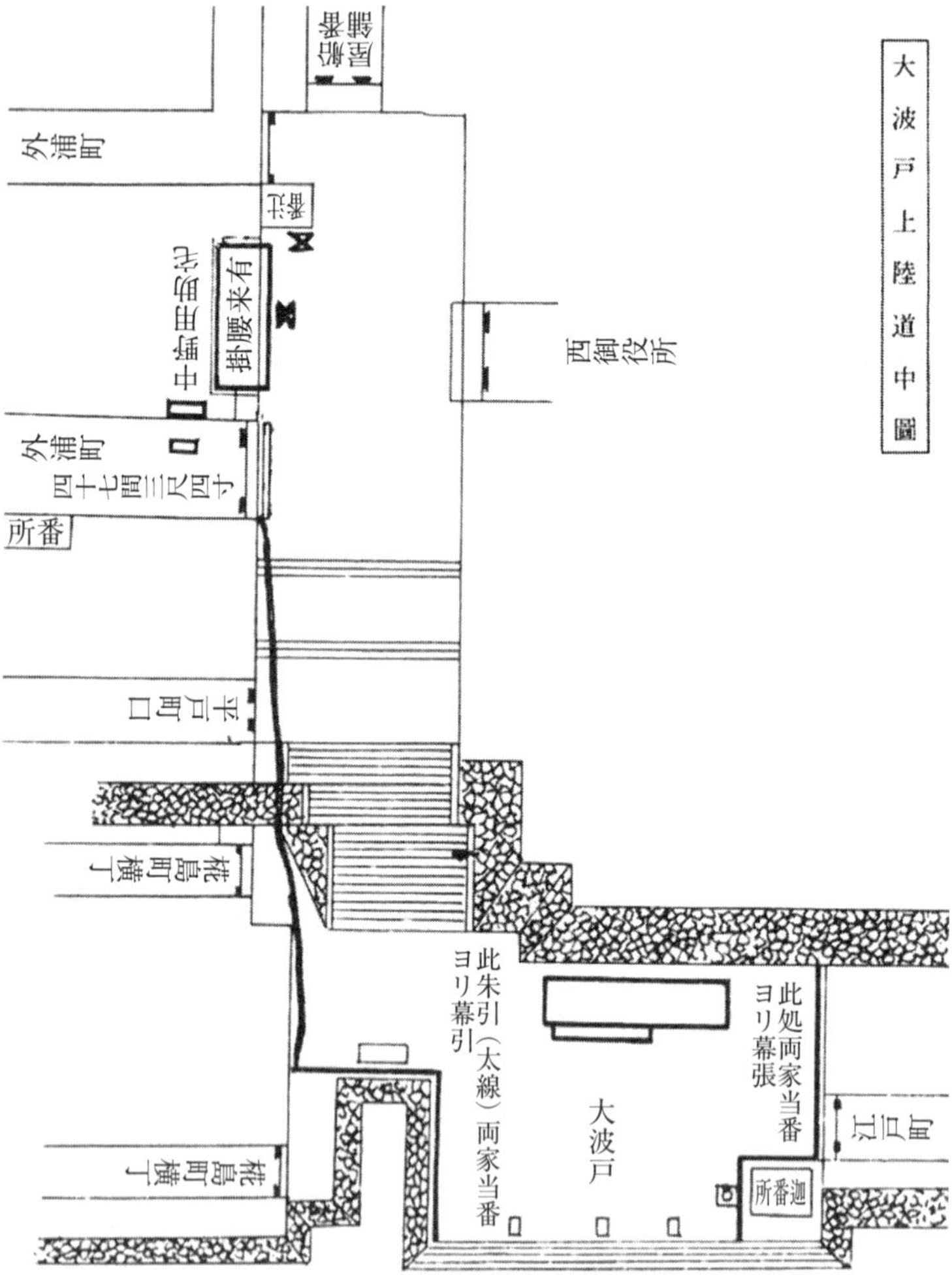

中野用助宅の位置（1）（森永種夫校訂『長崎文献叢書』第1集4巻576頁より）

『ロシア使節レザノフ来航絵巻』に見る中野家の外観

史料に着目する（「外浦町《ほかうらまち》屋敷《やしき》絵図《えず》」三井文庫蔵、一一頁掲載図）。当図を見る限り、一〇余りの部屋、三棟の土蔵、一棟の小屋、さらに中庭や井戸、湯殿二つ、雪隠三つ、加えて二階部分（ハシゴの存在から）を有する大邸宅であった。三つの土蔵に加え、「表《おもて》外浦町《ほかうらまち》通《どおり》八間」に面した一二畳の部屋が「反物《たんもの》造場《つくりば》　座敷《ざしき》兼帯《けんたい》」とあることから、住居と仕事場を兼ねていた家屋であることが分かる。特徴的なのは、奥が左に伸びた鍵形《かぎがた》の敷地となっていることである。ここから、忠雄の学問背景には、日常的に土蔵や作業部屋にオランダ渡りの物品が蔵され、日蘭貿易関係者が始終出入りする環境があったことが想定される。

ところで、幕府や長崎社会に衝撃を与えたレザノフ来航は絵巻に編まれたが、そこには外浦町も描かれている（一三頁掲載図）。あくまで絵図のため、奥行が明らかに不正確であるなど実情を反映していない部分が多々存在することを含みつつも、忠雄存命中の文化年間初期の景観が描かれていることから、本絵巻に中野家家屋の外観が見られるはずである。

すでに確認したように、『長崎志続編』では中野家家屋は外浦町に面しており、また、奉行所方面から数えて二件目であること、加えて家の前に筑前持の警固があることが示

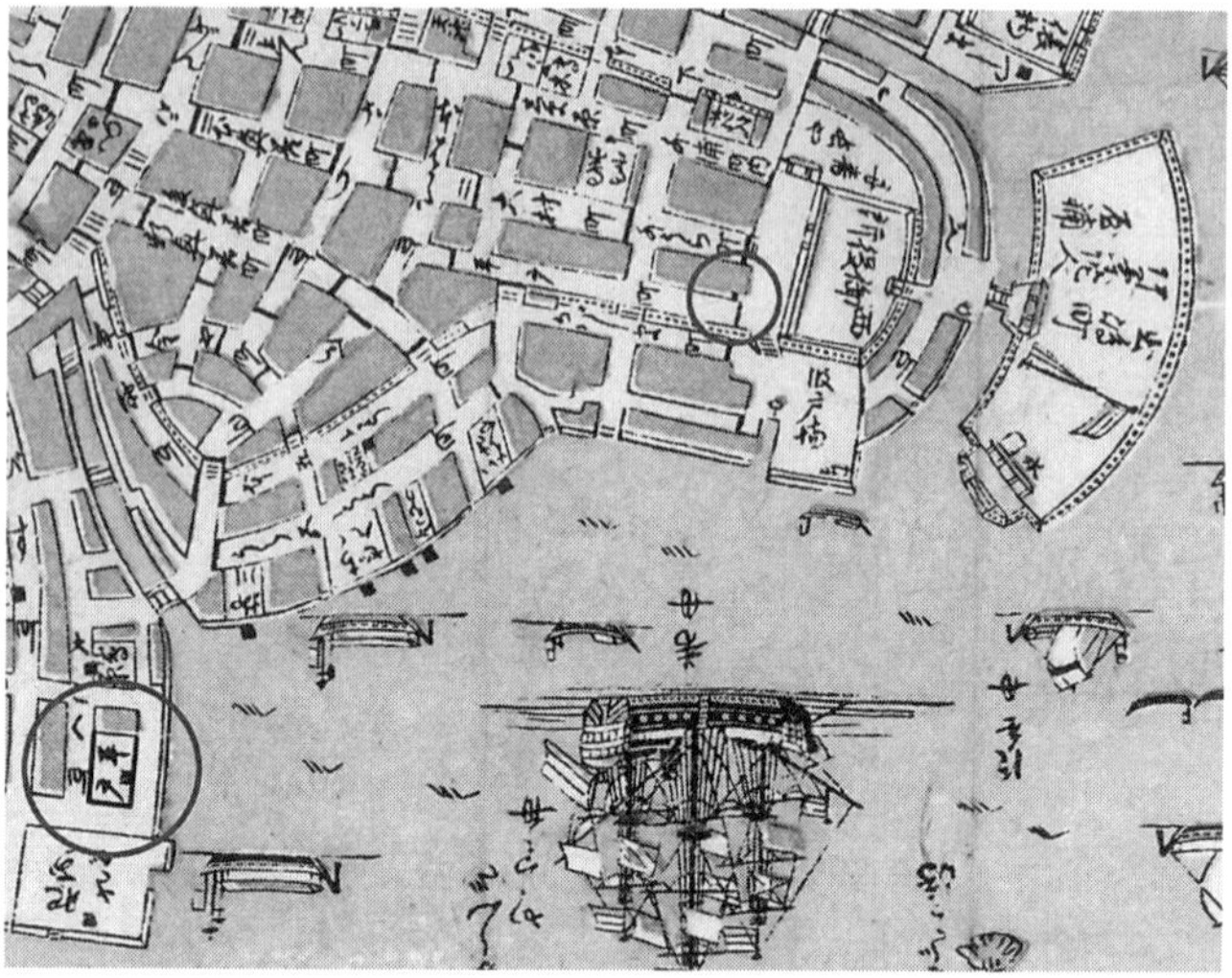

中野用助宅の位置（2）

2頁掲載『肥前長崎図』の反転・部分拡大図．中野家は，右上方の出島の対岸に位置する「西御役所」の左方にある「外うら町」の西御役所寄りに所在した．また，左下方角の「肥前さが」の上に位置する建物が平戸藩蔵屋敷．

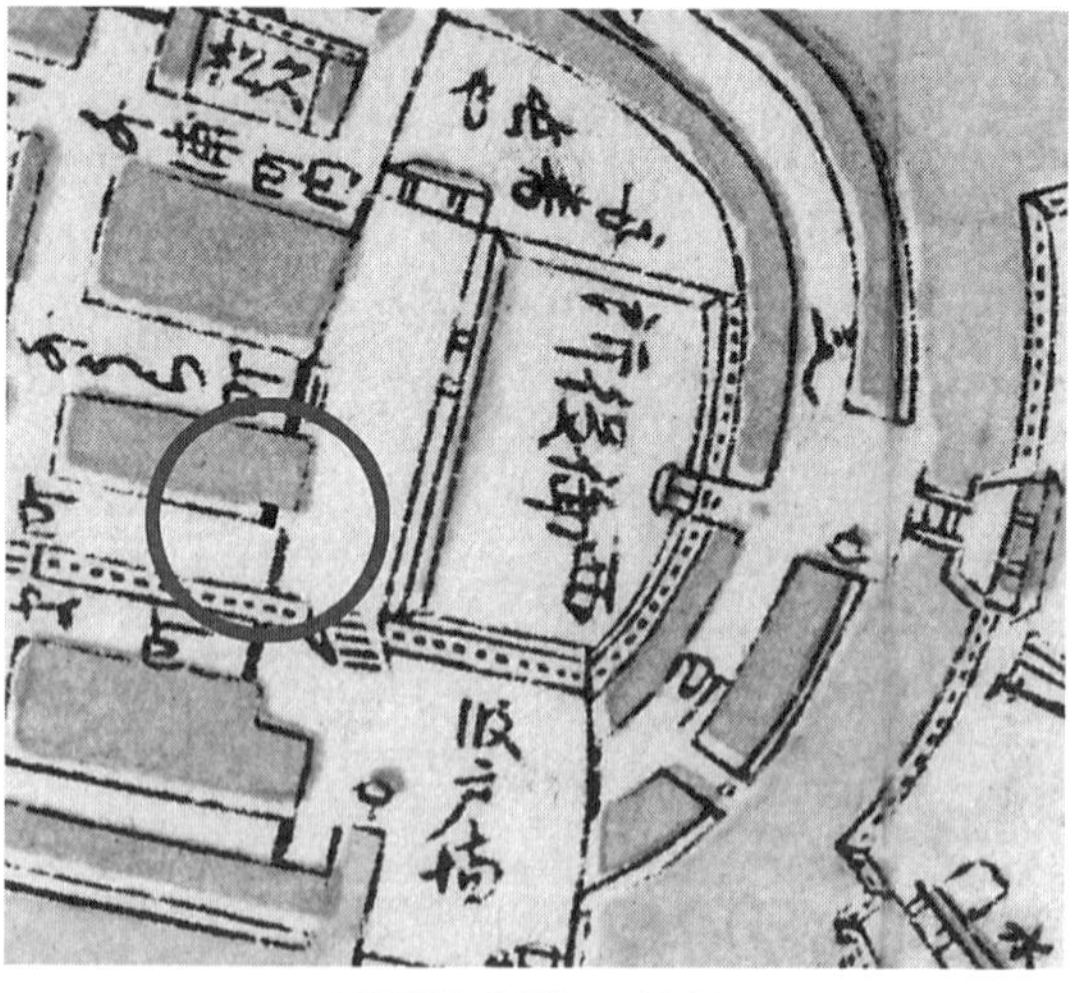

中野用助宅周辺の拡大図

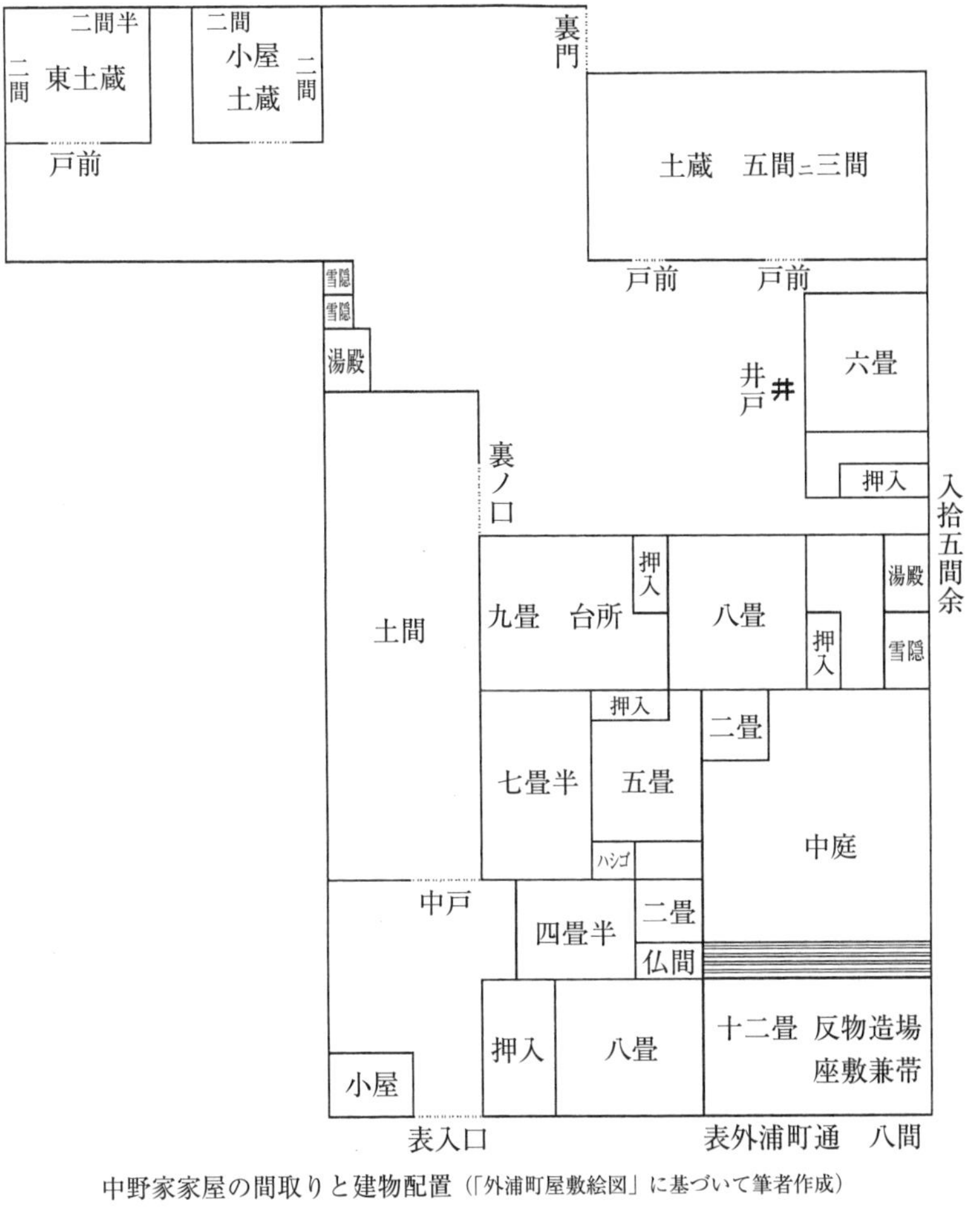

中野家家屋の間取りと建物配置（「外浦町屋敷絵図」に基づいて筆者作成）

されていた。当画像では絵巻の右側が切れているが、その先には西奉行所が所在する。「筑前堅《ちくぜんかた》メ」と記された警固が見えることから、その裏の線で囲んだ建物が中野家家屋を描いた部分となる。

『長崎惣町絵図』に見る中野家の立地

続いて、忠雄六歳時の明和二年（一七六五）頃に作成されたと見られる『長崎惣町《ながさきそうちょう》絵図《えず》』を用いて家屋の敷地を特定してみよう（一三頁掲載図）。当図は「絵図」と題しているものの、箇所銀《かしょぎん》（長崎の町が貿易に対する役を負っていることから、見返りとして家持《いえもち》の町人に配布した貿易利銀。町屋敷六〇坪相当を一箇所とする）の公平な配分を期するために制作された図で、明和年間（一七六四～一七七二）の正確な町割《まちわり》を示していると見てよい。

三箇所半の家持商人

当図の景観年代と「外浦町屋敷絵図」では作成年代が異なるため、その町割が一致しないものの、ここまでに確認した諸条件を踏まえると、太線で囲んだ部分が中野家家屋の敷地となる。「外浦町屋敷絵図」では外浦町に面した玄関部分が「八間」であったが、『長崎惣町絵図』では計「七間八尺四寸」。「外浦町屋敷絵図」では奥行が「拾五間余」であるが、『長崎惣町絵図』では「拾五間六尺」。表現の違いからか、わずかな誤差はあるものの、一致しているものと考えて差し支えない。そうすると、『長崎惣町絵図』で見れば、商家中野家は三箇所余りの家持町人ということになり、時代が降って「外浦町

中野家家屋の外観（『ロシア使節レザノフ来航絵巻　下』より，東京大学史料編纂所蔵）
中野家周囲をカットし，該当部分を線で囲った.

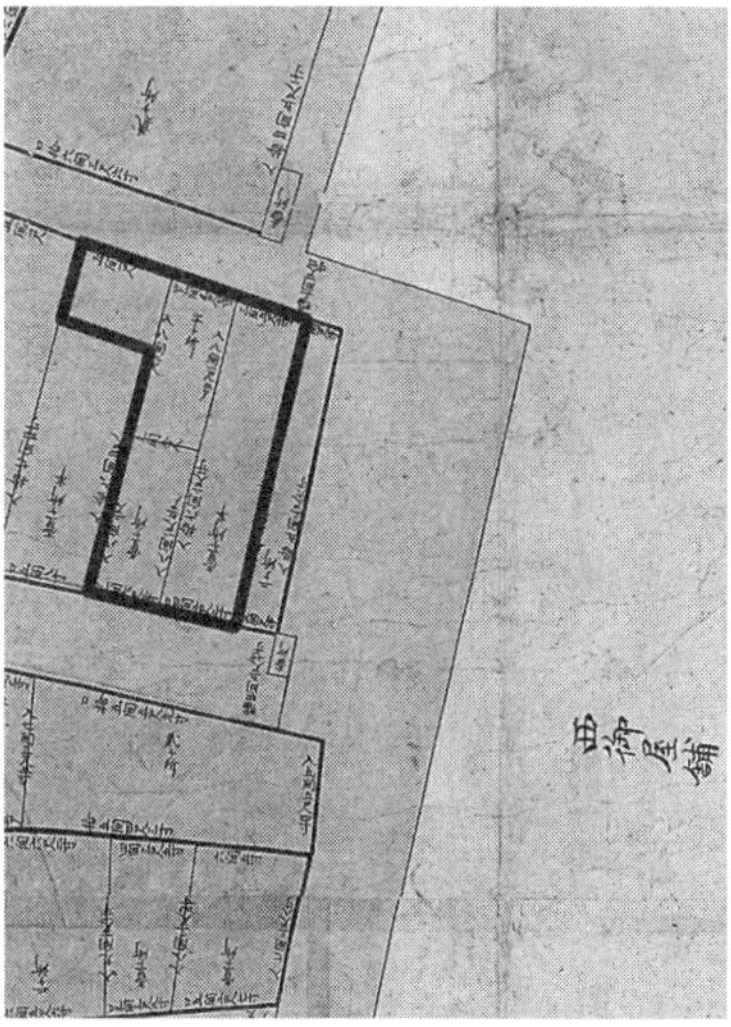

中野家家屋の敷地部分
（『長崎惣町絵図』より，長崎歴史文化博物館蔵）該当部分を線で囲った.

傾く家運

屋敷絵図」が描かれた頃には町割も変わって三箇所半であったものと目される。いずれにせよ、通詞就任以前および退役後の忠雄の生活と学問の基盤であった一八世紀後半から一九世紀初頭の中野家は、間違いなく相当の資産を有した商家であった（以上、本節全体を通して、大島明秀「志筑忠雄の背景としての実家・中野家―家屋の敷地・通詞株・長崎社会での位置―」）。

ところが、忠雄没後のことであるが、忠雄の兄である四代目用助の長男五代目用助（用七）の放蕩《ほうとう》から家運が傾く。三井から預かっていた上納金を使い込み、多額の未納を発生させる事件を起こしたため、中野家は文政三年に外浦町の家屋を借家とし、作り場と土蔵のあった樺島町《かばしままち》に移り、その他の抱屋敷をすべて売却する羽目《はめ》に陥《おちい》った。しかしながら、多額の借金と時代の荒波に苦しみながらも六代目中野用助とその後継も商才を発揮して苦境を乗り越え、少なくとも明治初年まで商業活動を展開した。ただし、明治三年（一八七〇）の三井越後屋への借金願いが確認できるのを最後に、中野家のその後の行方は定かでない。なお、忠雄が稽古通詞《けいこつうじ》就任前と退役後に暮らしていた外浦町の家屋は、青貝屋武右衛門《あおがいやたけえもん》に貸した後、天保九年（一八三八）に起こった長崎の大火で焼失した（森岡美子「三井越後屋の長崎貿易経営（一）」）。

三　養家阿蘭陀通詞志筑家

志筑家歴代〜七代まで

忠雄が養子に入った家は阿蘭陀通詞《オランダつうじ》志筑本家で、初代孫兵衛《まごべえ》、二代孫右衛門《まごえもん》、三代孫《まご》八《はち》、四代與左衛門《よざえもん》、五代善左衛門《ぜんざえもん》、六代善次郎《ぜんじろう》、七代孫次郎《まごじろう》、八代忠雄《ただお》（忠次郎）、九代次三郎《じさぶろう》、一〇代龍助《りようすけ》、一一代龍太、一二代龍三郎《りようざぶろう》の一二代にわたる。

なお、本家三代孫八の弟孫平《まごへい》が興した分家は八代を数え、志筑別家初代孫平以下の当主は、二代孫助《まごすけ》、三代孫平、四代孫兵衛、五代孫平、六代孫兵衛、七代清太郎《せいたろう》、八代禎《てい》之助《のすけ》であった（原田博二「阿蘭陀通詞志筑家について」）。なお、渡辺庫輔は忠雄が跡を襲った阿蘭陀通詞志筑家を別家としているが（『阿蘭陀通詞志筑氏事略』一頁）、二代目孫右衛門の長男孫八と次男孫平とが別家となっていることを踏まえると、長男が跡を継いだ方を本家と考えるのが筋で、よって忠雄が八代目を継いだ志筑家が本家となる。

『明和八年九月　阿蘭陀通詞由緒書』（『長崎県史　史料編第四』七九九〜八〇〇頁）には、初代孫兵衛と二代孫右衛門の事績が詳細に記されている。当史料によると、志筑家の元祖孫兵衛は平戸に生まれた。寛永二〇年（一六四三）にオランダ船が奥州南部に漂着した際、平戸藩第四代藩主松浦肥前守重信《まつらひぜんのかみしげのぶ》（一六二二〜一七〇三）の推挙により、江戸でオランダ人の通訳を務め、井上筑後守政重《いのうえちくごのかみまさしげ》（一五八五〜一六六一）を大いに助け、その功により褒美として切米三百俵十人扶持、さらには江戸須田町に屋敷を下賜された。数年江戸で勤務した後、長崎での通詞職を嘆願したところ、井上政重はこれを認めて長崎奉行馬場三郎右衛門（?〜一六五七）に一筆差し添え、孫兵衛は晴れて阿蘭陀通詞に任ぜられた。その後、寛文一〇年（一六七〇）九月一五日に他界した。

二代孫右衛門も先代と同じく平戸に生まれたが、通詞ではなく、船改役《ふねあらためやく》兼天草御用《あまくさごよう》達《たし》に就任した。延宝元年（一六七三）、長崎奉行所立山《たてやま》役所の普請に際し、旧富岡城《とみおかじょう》の用材を運搬した功が認められ、出島出入りを許可された。加えて、初代孫兵衛の由緒をもって次男孫平は阿蘭陀稽古通詞に任ぜられた。その後、元禄五年（一六九二）一一月二五日に没した（原田博二「阿蘭陀通詞志筑家について」）。

『明和八年九月　阿蘭陀通詞由緒書』は別家孫平の事績に終始するため、本家三代目以降は『長崎通詞由緒書』（『長崎県史　史料編第四』八二七〜八二八頁）の記載に基づくが、三代孫八から一〇代龍助までは、職と没年のみの簡潔な記述に留まる。

三代孫八は、天草御用達并同船改役を務め、宝永六年（一七〇九）正月一四日に病死した。

四代與左衛門は、先代と同じく天草御用達并同船改役を数年間務めたが、先祖の由緒をもって享保一七年（一七三二）阿蘭陀稽古通詞に任ぜられ、元文四年（一七三九）一〇月三日に病死した。

五代善左衛門は、父與左衛門の稽古通詞在任中の元文四年に口稽古に任ぜられ、さらに、同年父の跡職を相続、稽古通詞に任ぜられた。

六代善次郎は、五代善左衛門の養子で、宝暦一三年（一七六三）に跡を襲い、稽古通詞に任ぜられたが、安永二年（一七七三）病身を理由に退役、文化一一年（一八一四）六月二四日に病死した。

七代孫次郎は、六代善次郎の養子で、安永五年に相続、稽古通詞に就任したが、同五年病気を理由に退職、同年一二月一〇日病死した。

八代忠雄（忠次郎）の通詞就任年時

八代忠雄は、七代孫次郎の養子である。『長崎通詞由緒書』を引用すると、「安永五申年、［志筑孫次郎］養父跡職被仰付、稽古通詞罷成、仝《どう》六酉年病身罷成候ニ付、御暇奉願、文化三寅年七月九日病死仕候」とあり、すなわち、安永五年に跡を継いで稽古通詞となり、そして翌年（一七七七）に病身を理由に辞したと記されている。また、忠雄の養子となった九代次三郎も、忠雄の辞職年に合わせて安永六年に跡を継いで稽古通詞に任ぜられたとされる。しかしながら、この由緒書の記述は信用ならず、忠雄が退役したのは、さらに後年の天明六年（一七八六）であることが近年明らかとなった。正しい忠雄の退役時期と次三郎の稽古通詞就任時期については次節で述べる。

忠雄の妻帯の有無

さて、多病によるものか、性格や嗜好《しこう》に起因するものか、史料の現存状況の問題なのか、忠雄が妻帯したり、子を得たりしたことを示す記録は現存しない。通詞を辞した後、五男であるにもかかわらず実家に戻って生活していたことや、一人で部屋に閉じ籠って蘭書翻訳に専念していたとする伝説的な人物像からは妻帯した姿は想像できず、忠雄についての後世の証言にも妻帯していた様子は認められず、生涯独身であったようである。

忠雄の居住地

また、天明八年（一七八八）一一月二九日から寛政元年（一七八九）三月一七日の間に作成されたと推定される「長崎諸役人寺社山伏」に、忠雄の跡を襲った次三郎の名が認められることに着目してみよう。史料には通詞の名が列挙されるとともに、各人の居住地と給金が付記されているが、これによれば、次三郎は諏訪神社の東南に位置する出来大工町《できだいくまち》に居を構えており、給金は銀二貫七百目（現代の貨幣価値に換算すれば、約三〇〇万円前後）であった（原田博二「中西啓旧蔵「長崎諸役人寺社山伏」の作成年と阿蘭陀通詞の項の復元」）。

ただし、忠雄が出来大工町に住んでいたと考えるのは早計である。なぜなら、「養子」といっても、地役人としての通詞株を購入して役を得た場合、その後の居住地は人と事情によって事例はさまざまで、実家暮らしのままであることも少なくない。裕福な中野家に生まれ、給金を特に必要としなかった忠雄が稽古通詞となったのは、通詞が出島に出入りできる身分であったことが大きい。これらを勘案すると、忠雄が出島に程近い中野家の居宅を出たとは考えにくく、病気がちの体質もまた実家に留まることを選択する材料となったであろう。

『瓊浦紀行』に見る忠雄の居住地

加えて、大槻玄沢《おおつきげんたく》（茂質《しげかた》、磐水《ばんすい》、一七五七～一八二七）の長崎遊学日記『瓊浦紀行《けいほきこう》』は、稽古通詞であった忠雄が中野家で生活していたことを示唆している。同書には、長崎滞在中の天明六年正月一二日に玄沢が忠雄に面会したことが記されているが、そこには「暮時ヨリ山本伊惣太《いそうた》へ行ク、志筑忠次郎ニ逢フ。四ツ時帰ル」（『瓊浦紀行』早稲田大学図書館蔵三七丁裏）とある。ここに登場する山本伊惣太は、間違いなく忠雄の兄の薬種目利伊三太であり、すなわち玄沢は、忠雄の兄である伊三太を訪問し、そこで忠雄にも会ったと述べているのである。そうすると、わざわざ忠雄が伊三太の家で玄沢を待っていたとするよりも、忠雄も伊三太も中野家で暮らしており、そこで玄沢が二人に面会したと考える方が自然であろう。

志筑家の養子となり、九代目を継いだ次三郎の稽古通詞就任時期については次節で述べる。次三郎は寛政六年に稽古通詞から小通詞末席《こつうじまっせき》に昇格したものの、享和三年（一八〇三）に病身を理由に職を辞し、同年八月六日に病死した。

一〇代龍助は、九代次三郎の養子で、最初、愛次郎と称したようである（原田博二「阿蘭陀通詞志筑家について」）。享和三年に稽古通詞となったが、文化八年（一八一一）に病身を理由に退役、同年八月一四日に病死した。

一一代龍太（諱貞利）は、最初、武三郎と称したようである（原田博二「阿蘭陀通詞志筑家についてし」）。一〇代龍助の養子で、文化八年相続、稽古通詞に任ぜられたが、以後、文政四年（一八二一）小通詞末席、同一〇年小通詞並《なみ》、天保八年（一八三七）小通詞助《すけ》、同一四年小通詞、嘉永二年（一八四九）大通詞《おおつうじ》（五人扶持）を歴任し、文久三年（一八六三）退役、慶応四年（一八六八）三月五日、六七歳で死去した。

一二代龍三郎は、先代龍太の養子で、もとは堀達之助の第四子であった。安政五年（一八五八）に稽古通詞（無給）に任ぜられ、文久三年に相続、小通詞末席に昇格し、慶応二年まで勤務した。維新後は文部省や陸軍省に奉職し、明治一四年（一八八一）一一月二一日に病死した。なお、文書に基づくと弘化三年（一八四六）生まれとなるが、墓碑では嘉永元年の出生となっている。この誤差は、実際は嘉永元年に生を享けたものの、弘化三年生まれとして届けられたことに起因するものと推測される（原田博二「阿蘭陀通詞志筑家について」）。

中野家の経営戦略としての忠雄の通詞就任

すでに確認したように、中野用助の家屋は長崎西奉行所のすぐ裏の外浦町に所在していた。例えば、阿蘭陀通詞の中で最も影響力を有した吉雄《よしお》耕牛《こうぎゅう》（幸作、永章、一七二四〜一八〇〇）の家宅よりいっそう出島に近い立地であったことを勘案すると、オランダ渡りの商品を扱う落札商人としては、一等の場所を得ていたと考えるべきである。中野家の土蔵や作業部屋にはおそらくオランダ渡りの物品が山積し、家には貿易関係者が頻繁に出入りしていたであろう。忠雄が阿蘭陀通詞に就任する前と辞職した後の中野家での生活は、西洋の書物や器物、あるいは関係者に触れる機会に溢れていたはずである。

さて、右に見た中野家の環境や、出島に出入りできる身分を欲したことは、忠雄が阿蘭陀通詞を志した背景の一つではあるが、理由はそれのみではない。忠雄は兄弟の中で末弟に当たり、中野家は地役人株を買って五男である忠雄を志筑家の養子に入れた一方、三男伊三太についても株を買って養子に入れ、薬種目利としていた。通詞も薬種目利も貿易に関係する仕事であることを勘案すると、三代中野用助は、貿易関係情報の入手のため、すなわち経営戦略として、息子たちを能力に応じてそれぞれの職に就けたと見るべきであろう。

阿蘭陀通詞中山家への貸銀証文を手掛かりに経営戦略についていま少し述べると（「借用銀証文之事　差出申釣合書之事」文政六年一二月）、中野家は家屋の立地と仕事柄、阿蘭陀通詞たちと日常的に接していたのみならず、商売を有利に展開するため、貸銀を通じて通詞社会に影響力を及ぼしていたことが想定できる。つまり、通詞の地役人株を購入できた背後には、中野家の財力とともに同家の通詞社会に対する力が働いたものと考えられるのである（大島明秀「志筑忠雄の背景としての実家・中野家―家屋の敷地・通詞株・長崎社会での位置―」）。

阿蘭陀通詞に対する中野家の影響力

とにかく、三代中野用助は経営戦略から三男伊三太を薬種目利の養子とし、それに続いて、五男忠雄も阿蘭陀通詞志筑家の養子とした。忠雄を通詞とした安永六年に三代用助は隠居しているが、おそらく家族にとって最大の懸念であった末男を首尾よく片付け、肩の荷を下ろしたことが、隠居を後押ししたものと推察される。

四　稽古通詞の退役とその背景

安永六年退役説

近年、忠雄の通詞退役年時について相次いで新説が唱えられている。以下、研究史を追いながら確認してみよう。

天明二年退役説

通詞家の基礎史料である『長崎通詞由緒書』には、忠雄（忠次郎）が志筑家に養子に入り、同家八代として稽古通詞に就いていた時期は、何度か確認した通り「安永五申年、養父〔志筑孫次郎〕跡職被仰付、稽古通詞罷成、仝六酉年病身罷成候ニ付、御暇奉願、文化三寅年七月九日病死仕候」（『長崎県史　史料編第四』）と記される。この史料によって、忠雄は安永五年（一七七六）に一七歳にて稽古通詞に就任したものの、すぐ翌年に「病身」につき退役したものと長らく考えられてきた。

ところが、近年、新史料が発掘され、相次いで右の退役年に疑問が呈された。その第一は原田博二の発見で、氏は、天明二年（一七八二）の内容と推定される『地役人分限帳《じやくにんぶげんちょう》』に「志筑忠次郎」の名が見えることを根拠に、少なくとも同年まで忠雄が通詞であったことを指摘した（「阿蘭陀通詞志筑家について」）。

ここで同年八月に忠雄が編んだ『天文管闚《てんもんかんき》』（天明二年八月序）の序文の一部を取り上げてみよう。

思はざるにも一旦病を得て蟄居《ちっきょ》既に年を経るも、支体猶《な》ほ未だ平らかならざるがごとし。毎《つね》に身に寸分の功無きを懐《おも》ひ、空しく公禄の重を辱《はずかし》むること、太息に暇《いとま》あらず。是故に保養の暇あれば則ち必ず紅毛の語を訳し、聊か以て憤悶《ふんもん》を解《ほど》くなり。

（原文は訓点付漢文。大崎正次「「暦象新書」天明旧訳本の発見」）

思いがけなく罹病し、それが原因で体が思うようにならず、数年間蟄居の身であることが記されている。そして、療養の時間があれば必ず蘭書翻訳をし、しかもこの行為によって「憤悶を解」いていたという。いずれにせよ、「蟄居」という発言から、この時通詞を休職していたことが窺《うかが》える。

辞職願「預かり」説

由緒書の記述と原田の議論を踏まえた上で、吉田忠は、「蟄居」を手掛かりに、安永六年に忠雄は「病身」から辞職願を出したものの「預かり」扱いとなっていたのではないかと推察し、さらに推測を広げ、体調の回復がおもわしくなかったであろうこと、「公禄の重を辱むること」への恥辱に耐えられなかったであろうこと、翻訳・研究への没頭を決意したであろうことなどを挙げ、天明二年に完全に辞したとする見解を示した（「志筑忠雄—独創的思索家」）。

九代目次三郎の通詞就任年は天明六年

原田・吉田説をさらに覆す可能性を秘めた第二の新たな展開は、『オランダ商館長日記』に基づいたイサベル・田中・ファン・ダーレンによる発見である。志筑家八代目である忠雄の跡を襲った九代目次三郎は、これまで『長崎通詞由緒書』に基づいて安永六

天明五年三月一五日時点での通詞在職

年に就任したと考えられていたが、氏は、天明六年五月二八日（西暦一七八六年六月二四日）に、次三郎が商館長へ稽古通詞となったことを報告に参上したとする記述を拾い上げ、そこから、その時点まで忠雄が通詞として登録されていた可能性を示唆した（「オランダ史料から見た長崎通詞―志筑家を中心に―」）。

これら一連の発表によって、長らく志筑忠雄研究の基礎史料とされてきた『長崎通詞由緒書』の怪しさが露呈した。少なくとも忠雄の通詞退役年時を安永六年とした記載が事実と異なることは、もはや言を俟《ま》たない。

ここで「天明乙巳三月望日　肥崎陽晩生《ひきようばんせい》志筑盈長《しづきみつなが》叙《じょ》」との年紀・署名が認められる『鈎股新編《こうこしんぺん》』に着目する。右の天明乙巳は天明五年、望日は一五日の謂《いい》である。

同書は上巻しか現存していないが、その序、題言ならびに上巻の内容から、ジョン・キール『天文学・物理学入門』蘭語版を底本として平面三角法を訳した一書であることが判明している（小林龍彦「中野忠雄輯「三角算秘傳」について」）。その盈長の名を用いた忠雄の自序に次のような興味深い一文が認められる。

今猥《みだ》りに紅毛訳司《こうもうやくし》の後《うしろ》に侍《じ》し、是を以て彼の数書の旨を略《ほぼ》通じ得るなり。（原文は漢文。『鈎股新編』長崎歴史文化博物館蔵三丁裏）

右の「猥」は自己を謙遜する言葉で、「後」とは下級の位、「侍」は仕えることを意味することから、現代語訳すると、「今いかがわしくも阿蘭陀通詞の下役として仕えており、そういうわけでキールの数学書の内容をおおよそ理解することができた」という意味である。つまり、この一文は、「今」、すなわち天明五年三月一五日時点で忠雄が稽古通詞であったことの証言なのである。加えて、忠雄にとって通詞社会にいることに旨みがあったことも分かり、また、『天文管闚』に見られた屈辱感に満ちた自虐的な発言が確認できないことから、この頃までに忠雄が現場復帰していたことが窺える。

大槻玄沢の史料に見る次三郎の就任時期

続いて、天明五年一一月一五日から翌年三月二六日まで長崎に遊学した大槻玄沢の文章に目を移そう。玄沢は滞留中の日録や見聞を、前掲『瓊浦紀行』および『寄崎次第《ききしだい》』（早稲田大学図書館蔵）に記している。ただし、『瓊浦紀行』が日記である一方、『寄崎次第』は随筆であり、書中に玄沢江戸帰府後の天明七年に稽古通詞となった小川《おがわ》猪之助《いのすけ》の名が見えることから、長崎で得た情報に新たな情報を加え更新した史料と想定される。

さて、玄沢は阿蘭陀通詞の名簿を『寄崎次第』に掲載しており、そこには阿蘭陀通詞目付、大通詞、小通詞、小通詞助、小通詞並、小通詞末席、小通詞末席見習に次いで稽古通詞二五人の名が記載され、その中に「志筑忠次郎」の名は見当たらず、「志筑次三郎」のみ認められる。稽古通詞二五名は就任の早い順に並べられていることを踏まえ、以下、次三郎の就任時期を絞り込むために、前後の人名を記し、その就任年を山括弧で補って示す。

稽古通詞［……］森山儀助《もりやまぎすけ》〈天明四年〉、志筑次三郎、品川友三郎〈不明〉、松村武十郎〈不明〉、西吉太郎《にしきちたろう》〈天明六年〉、小川猪之助〈天明七年〉［……］。（『寄崎次第』早稲田大学図書館蔵三九丁裏〜四〇丁表）

これを踏まえて『オランダ商館長日記』を繙《ひもと》くと、稽古通詞としての森山儀助の初出は天明四年九月二三日（西暦一七八四年一一月五日）であることから、それより少し前に就任していたものと思われる（イサベル・田中・ファン・ダーレン「阿蘭陀通詞家系図（Ⅲ）小川・森山家」）。ここから、次三郎の就任時期は、儀助と天明六年に稽古通詞に就いた西吉太郎の間、すなわち天明四年九月頃から同六年に絞られる。ただし、特に理由がない限り、稽古通詞に就任してから商館長に報告するまで半年以上もの時間が空くのは不自然と言わざるを得ない。

オランダ商館長パルケレールに対する次三郎の通詞就任の報告時期

天明六年五月二八日当時の商館長はヨハン・フレデリック・ファン・レーデ・トット・デ・パルケレール（Johan Frederik van Reede tot de Parkelaar）で、前年の一〇月二一日から翌天明六年一〇月晦日（西暦一七八五年一一月二二日〜一七八六年一一月二〇日）まで在職していた。次三郎が天明五年一〇月二一日以前に稽古通詞に就任していたとすると、前商館長に新任の報告をすることはあっても、パルケレールに行う必要はない。他方、一〇月二一日以降の年内就任であったならば、商館長は正月から江戸参府に出発して長期不在となるため、ただちにパルケレールに報告していたであろう。そうなると、やはり次三郎は天明六年、参府で商館長不在の間に通詞に就任し、五月の長崎帰着を待って報告に参上したと見るのが妥当である。

それでは、ここまでの検討を踏まえて忠雄の通詞退役および次三郎の通詞就任を整理すると、次の二つの可能性に絞ることができる。

（A）天明五年三月一五日以降、同年内に忠雄退役、翌六年に次三郎就任。

（B）天明六年に忠雄退役、同年に次三郎就任。

『長崎通詞由緒書』の信憑性

改めて前に掲げた『長崎通詞由緒書』の文言を検討すると、辞職年時を示す「仝〔安永〕六酉年」が誤っていることは先に見た通りであるが、内容ではなく史料の「記載」が誤っている可能性が考えられる。この史料において九代目次三郎の稽古通詞就任年時は「安永六酉年、養父〔忠雄〕跡職被仰付、稽古通詞罷成」とあり、明らかに時期を誤っているが、これは先代である忠雄の記載と辻褄《つじつま》を合わせたことによるものであろう。すなわち、次三郎の就任が天明六年となれば、忠雄の辞職年時を記した「仝六酉年病身罷成候ニ付、御暇奉願」の「仝」は、史料作成時か転写時のどこかの段階で誤って伝わったもので、本来は「安永」ではなく、「天明」であったのではなかろうか。

『瓊浦紀行』に見る玄沢と忠雄の対面

ところで、『瓊浦紀行』によれば、玄沢は長崎滞在中、天明六年正月一二日、二月二日、（二月一五日は姓のみ記載されるため忠雄と確定できない）、三月九日の少なくとも三度忠雄に接見しているが（吉田忠「大槻玄沢、玄幹父子の西遊と志筑忠雄」）、いずれも「中野」ではなく「志筑忠二（郎）」と、「志筑」姓でその名を記している。一方で、『寄崎次第』に掲載される稽古通詞の名簿には、忠雄（忠次郎）の名はなく、次三郎の名のみ記されている。さらに地役人株の存在を考えると、両名が同時期に「志筑」姓をもって並立するような事態はありえない。ただし、前述したように、『寄崎次第』は江戸帰府後に新しい情報を交えて作成されたと見られるため、『瓊浦紀行』と噛み合わない記載があっても特に不思議ではない。

『蘭訳梯航』に見る玄沢と忠雄の対面

玄沢は後年『蘭訳梯航《らんやくていこう》』巻之下（文化一三年四月）で、忠雄との交遊を回想しているが、初めて接見した折のことを「天明五六年ノ際、彼地ニ遊ビシ頃、彼人偶々《たまたま》翁ガ寓居［本木良永宅］ヲ訪ヒ、翁モ亦彼家ニ到リ」と記している（『洋学　上』三九〇頁）。先に掲げた『瓊浦紀行』からは、玄沢と忠雄は兄山本伊三太の紹介で天明六年正月一二日に初めて出会ったように読めるが、疑わしくも仮に『蘭訳梯航』の記述を信用するならば、初対面は天明五年一一月一五日から翌年正月一二日の間となり、最初は忠雄側が出入りし、「偶々《たまたま》」出会ったという。しかしながら、もし忠雄がすでに「病身」で無職となっていた場合、家柄も身分も格上であった阿蘭陀小通詞助の本木《もとき》良永《りようえい》（一七三五～一七九四）の居宅に「偶々」訪問するような軽率な行動は慎んだであろうし、また、良永宅で「志筑」姓を名乗ることも控えたであろう。

忠雄の現場復帰

　ここで忠雄の研究活動に注目してみると、天明二年八月から同五年までは毎年精力的に一点か二点の訳書を仕上げるような体調に回復した。前に示したように、『鈎股新編』序で、自身が阿蘭陀通詞の下役として勤務していることを証言しており、少なくとも天明五年三月一五日時点で稽古通詞であったことは間違いなく、また、同序には『天文管闚』序で見せたような屈辱感に満ちた自虐的な発言は認められず、さらに翌年春に大槻玄沢と数度接見している様子からしても、忠雄は現場復帰も果たしていたものと目される。

忠雄の通詞退役は天明六年

一方、天明六年からは一転して動きが止まり、寛政五年（一七九三）一二月に「混沌分判《こんとんぶんぱん》図説《ずせつ》」（のち『暦象新書《れきしょうしんしょ》』下編に所収）というごく小さな宇宙生成論を著すまで、実に約八年間、『火器発法伝《かきはっぽうでん》』（天明七年四月）という短編を除けば、訳書・著作の完成を見ることはなかった。その背景に天明五年冬か翌六年春頃から病状が悪化しだしたことを想定すると、退役理由が「病身」であることにも筋が通る。加えて、中野家の経営戦略からすると親類縁者に通詞を有しておきたいことは間違いなく、にもかかわらず、中野家が忠雄の実家への出戻りを許したのは、やはり稽古通詞を継続しえないような体調となったことが背景にあったと見られ、その際、地役人株の売却または譲渡先の見通しが立ってから辞職させたことは想像に難くない。

以上を勘案して、前に掲げた（B）、すなわち志筑家八代目忠雄は天明六年（の五月二八日以前）に退役し、同年（の五月二八日まで）に九代目次三郎が跡を襲ったと考える。

閉塞的な通詞社会

なお、忠雄の稽古通詞退役の背景には、「病身」以外の事情も少なからず存在している。まず、忠雄が稽古通詞を務めていた頃の通詞の役職とその配置状況について見ておこう。時代によって異なるが、前掲の『寄崎次第』によれば、通詞は目付と大通詞を筆頭に、以下、小通詞、小通詞助、小通詞並、小通詞末席、小通詞末席見習、稽古通詞、稽古通詞見習、内通事と続く。忠雄が務めた稽古通詞は二五人もの在職者が認められる一方、その一つ上の役職の小通詞末席見習は一人しかいないように、昇進できるのはわずかな人数であった（『寄崎次第』早稲田大学図書館蔵三九丁裏〜四〇丁表）。そこから四段階ほどの昇任を経て小通詞、さらには大通詞にまで上り詰めるとなると、ひとかたならぬ狭き門であった。とりわけ安永・天明年間（一七七二〜一七八九）は全体的にほとんど異動がなく、「稽古通詞」のまま通詞職を終える人物も存在するなど、家柄の良い者を除いて通詞社会は出世の見通しが立たない閉塞的な状況であった。当時志筑家からは大通詞が出たこともなく、出世を考えると絶望的な状況であった。

稽古通詞の業務

次に、「稽古通詞」の職務内容を見てみよう。幼少期に通詞を務めた石橋政方《いしばしまさかた》（一八四〇〜一九一六）の経験が聞き書きとして伝わっている。

もとより十歳にもならぬ子供の事で、何が何やら一向に分かりもしなかったが、それでも朝早く出勤して、上役の人々がしきりにチーチーパーパーいうのを呆れて聞いていた。（石橋思案「福地の叔父様（桜痴居士の少年時代）」）

かつて大槻如電は、長崎の町医師吉雄圭斎《よしおけいさい》（一八二三〜一八九四）からの伝聞に基づいて「俗事に迂《うとく》、且つ口舌《こうぜつ》の不得手《ふえて》なるため、同僚の侮弄《ぶろう》を招」いたことを忠雄の辞職理由としたが（『日本洋学編年史』二二九頁）、右の石橋政方の証言を信用する限り、稽古通詞は「口舌」をもって立ち回る必要はなく、その職務内容は、「十歳にもならぬ子供」が通詞の仕事をただ見ているだけの、文字通り子ども扱いの仕事であった。時には商館長に会話の練習をつけてもらう機会もあったようだが（片桐一男『阿蘭陀通詞の研究』五一〜五四頁）、あくまで初歩の内容にすぎなかった。

かような能力不要の閑職を、忠雄は一七歳から二七歳まで一〇年間務めた。周囲より随分年長で稽古通詞となったことに相当の屈辱感を覚えたであろうし、その後もかような職務では各種の訳書で見せた才能や学識を発揮する機会もなく、また、家柄と人間関係だけが要の通詞社会ではその能力が評価されることもなく、蘭書に接する旨みはあっても、挫折の日々であったことは容易に想像がつく。

通詞の本質は「商人的な役人」

さらに、「稽古通詞」の忠雄が観察していた通詞という仕事の本質は「商人的な役人」であった。大半の通詞は知的好奇心を持って西洋の学問に取り組むどころか、正確なオランダ語の通訳・翻訳でさえも眼中になく、ただ自身の立場に利があるように弁舌を巧みに使い分けたり、都合に応じて原文とは異なる訳文を作成したりして御用をこなしつつ、利権を活用して儲けを得ることを主眼としていた。

通詞社会で病んだ忠雄

ところで、前に引用した『天文管闚』序の最後部には「是故に保養の暇あれば則ち必ず紅毛《こうもう》の語を訳し、聊《いささ》か以て憤悶《ふんもん》を解《ほど》くなり」という記述が認められるが、何と忠雄は療養の時間には必ず蘭書翻訳をし、しかもこの行為によって「憤悶を解」いていたというのである。忠雄の「病気」が身体的な疾患が原因であれば、天明二年八月に『天文管闚』と大部の『万国管闚《ばんこくかんき》』の二作を書き上げたことや、翌年以降の精力的な翻訳活動の説明がつかない。よってその「病気」は、精神疾患に起因するものと考えるのが妥当であろう。

ともあれ、不世出の才能と並々ならぬ蘭学への情熱を持ち、さらに学者としてのしかるべき地位と職務を渇望していた忠雄の通詞退役の背景に、「病気」とともに、「稽古通詞」という仕事、「通詞」社会、そして「通詞」としての将来に嫌気がさしていたことが存在していたことに留意せねばならない（以上、本節全体を通して、大島明秀「志筑忠雄の通詞退役と仕官活動」）。

中野家への出戻り

禄を得る手段を失った忠雄を中野家が養い得た根底には、ひとえにその財力が存在した。また、経営戦略の一環として送り込んだ通詞職を辞した忠雄を再び受け入れたのは、オランダ語ができる人間を家に置いておくことの利点、やはり経営戦略としての判断からであろう。そうすると、蟄居して蘭書に耽《ふけ》っていたとする、巷間に流布していた忠雄像はやや誇張された人物像であったと言わざるを得ない。無為徒食の者を中野家が置いておく事態は考えにくく、折に触れて多少なりとも家業の手伝いをさせていたと考えるのが自然である。

通詞退役後の蘭書入手方法

通詞社会のネットワークから外れた忠雄が、いかにして蘭書を入手し得たのか、という疑問について三点の可能性を提示する。第一に、舶来品を扱い、また、貸銀を通じて通詞社会に影響力を持っていた商家中野家の立場、人脈ないしは財力から手に入れた。第二に、稽古通詞時代や蘭語教授などを通じて培《つちか》った人脈などを通じて譲り受けた、または借用・閲覧した。そして第三に、藩の蔵書を借用・閲覧した。

松浦静山蔵蘭書の閲覧方法

ことに第三点については、忠雄が平戸藩の蔵書を底本として、『字義的・実践的聖書釈義』(Matthew Henry: *Letterlyke en prakticale verklaring over den geheelen Bybel of het oude en nieuwe Testament.* Delft, Reinier Boitet, 1741)や、その他蘭書の訳出にあたったことが指摘されている。その背景には、平戸藩主松浦静山《まつらせいざん》(一七六〇~一八四一)からの翻訳要請が存在するが、それは通詞志筑家の由来が一七世紀の平戸藩にあることから、静山は忠雄を家臣のように見なし、訳業を命じたものと考えられている(松田清『洋学の書誌的研究』四七三~四七七頁)。

ただし、武家でもなかった商家中野家に戻り、無職の「中野忠雄」となった忠雄が、平戸まで出かけ、城中に入って藩の蔵書を閲覧するような状況は想像し難い。藩（武家）と一介の商人身分の者との関係や接点を考えると、中野家から直線距離で七〇〇メートル余りの大黒町（現長崎市大黒町）にあった平戸藩蔵屋敷を通じて、静山からの要請や藩蔵書籍の貸借が行われたと見るのが自然である（大島明秀「志筑忠雄の背景としての実家・中野家――家屋の敷地・通詞株・長崎社会での位置――」）。

第二　学問への熱情と献身

一　天文学書『暦象新書』訳出の開始

『暦象新書』の草稿

現存する志筑忠雄《しづきただお》の著訳書のうち、最も古いものは天明二年（一七八二）八月の序を有する『天文管闚《てんもんかんき》』と『万国管闚《ばんこくかんき》』である。このうち前者は『暦象新書《れきしょうしんしょ》』上編の草稿であり、忠雄の訳出過程を探りうる重要な資料である。唯一の写本が旧広島市立浅野図書館に所蔵されていたが、太平洋戦争の戦火により烏有《うゆう》に帰した。

現在に至るまで別写本の存在は確認されていないものの、資料が消失する前に大崎正次が論文「「暦象新書」天明旧訳本の発見」において、『天文管闚』の部分的な翻刻と概要を記しており、ここからある程度内容が窺《うかが》い知れる。以下、同稿に従って論述を進める。

『天文管闚』序に見る忠雄の想い

さて、『天文管闚』の序についてはすでに一部引用したところであるが、ここで改めて全文を掲げよう。

人なるものは万物の霊にして五虫の長たり。華夷異なると雖《いへど》も人情は一つなり。伝へ聞くに、古昔或るは能く鳥獣の語を解る者有るなりと。況《いは》んや蛮語においてをや。予、紅毛訳家の業を継ぎてより以来《このかた》、蛮書を読み、蛮語を誦《じゆ》するに未《いま》だ曽《かつ》て懈《け》怠《たい》せざるなり。然《しか》るに、思はざるにも一旦病を得て蟄居《ちつきよ》既に年を経るも、支体猶《な》ほ未だ平らかならざるがごとし。毎《つね》に身に寸分の功無きを懐《おも》ひ、空しく公禄の重を辱《はずかし》むること、太息に暇《いとま》あらず。是故に保養の暇あれば則ち必ず紅毛の語を訳し、聊《いささ》か以て憤悶を解《ほど》くなり。今積みて篇を為し、名づけて『天文管闚』と曰ふ。其言陋《いや》しくして其文拙し。以て人に見するに足らざるなり。自ら訳して自ら書し、自ら序して自ら読むのみ。時に天明二年仲秋。崎陽晩生。（原文は訓点付漢文。大崎正次「「暦象新書」天明旧訳本の発見」）

序の署名は「崎陽晩生」が認められるばかりであるが、大崎正次が『暦象新書』との比較をもって忠雄稿であることを証明済みである。全体的に中華思想が色濃く反映した言葉遣いで記された序は、忠雄の社会的かつ心的状況の吐露、そして本の成立事情に展開する。その部分を現代語訳してみよう。

阿蘭陀《オランダ》通詞《つうじ》に就任して以来、蘭書の読解やオランダ語の発話練習を怠ったことがない。しかしながら、思いがけなく「病」を患い、数年蟄居を余儀なくされる事態となり、いまだ体調は万全でない。全く功績を挙げていない身でありながら、公禄を得ていることは屈辱であり、忸怩《じくじ》たる思いである。そのため、保養の時間があれば必ず蘭書和訳を行い、そのことで憤悶を少し和《やわ》らげている。その訳稿が積み重なり一編となったのが『天文管闚』である。言葉が卑しく、文章が拙いので、人に見せるようなものではない。自分のために訳し、書き、序を付し、読むのみの稿である。

公に対する貢献としての蘭書読解

ここには、『天文管闚』はまだ完成の域に達した訳稿ではないとする忠雄の自覚が見て取れる。そして、それ以上に注目すべきは、忠雄が、オランダ語や西洋科学に対する関心ではなく、公に対する貢献を翻訳の動機として唱えている点である。従来、忠雄の訳出動機は「西洋科学への興味」でのみ説明されてきたが、忠雄を理解するには、「蘭学に対する好奇心」以上に、「公に対する貢献」という視点が重要である（大島明秀「志筑忠雄の通詞退役と仕官活動」）。

『天文管闚』の底本キール原著『天文学・物理学入門』

『天文管闚』の底本の原著者はジョン・キールという人物で、イギリス・オックスフォード大学の天文学教授を務めるとともに、同大学でニュートン物理学を初めて講義した一人でもあった。ラテン語で行われたその物理学講義録は、大学生向けの教科書として一七〇一年に『物理学入門』（*Introductio ad veram physicam*）という名で上梓され、ついで一七一八年には天文学関係の講義が『天文学入門』（*Introductio ad veram astronomiam*）という一冊となった。

並行してキールは王立協会の機関誌『フィロソフィカル・トランザクションズ』（*Philosophical Transactions*）に英語論文「引力の法則及び他の物理学の原理について」（On the Laws of attraction and Other Principles of Physics, 1708）を掲載し、また、求心力の法則に関するラテン語の二論文 Epistola ad Clarissimum Virum Edmundum Halleium Geometriae Professorem Savilianum, de Legibus Virium Centripetarum, 1708., Observationes in ea quae edidit Celeberrimus Geometra Johannes Bernoulli in Commentariis Physico Mathematicis Parisiensibus Anno 1710, de inverso Problemate virium Centripetarum. Et eiusdem Problematis solution vova, 1714. を発表した。

リュロフスの蘭訳

オランダ・ライデン大学天文学教授ヨハン・リュロフス（Johan Lulofs, 1711-1768）は、上記を含めたキールによる六編の論文・講義録などを一冊に編み、そこに自身の注釈も付してオランダ語に訳した『天文学・物理学入門』（Inleidinge tot de waare Natuur- en Sterrekunde）

を一七四一年に刊行した。構成は六巻から成り、第一巻は「物理学入門」(Inleidinge tot de waare Natuurkunde)、第二巻は「天文学入門」(Inleidinge tot de waare Sterrekunde)、第三巻は「平面および球面三角法の原理」(Grondbeginzelen van de Platte en Klootsche Driehoeks-rekeninge)、第四巻は「対数の方法と計算について」(Over den Aart en Rekeninge der Logarithmen)、第五巻は「求心力の法則について」(Over de Wetten der Middelpunt-zoekende Kragten)、そして第六巻は「引力の法則および他の物理学の原理について」(Over de Wetten der Aantrekkinge, en andere Grondbeginzels der Natuurkunde)である。

INLEIDINGE
TOT DE WAARE
NATUUR- EN STERREKUNDE,
OF DE
NATUUR- EN STERREKUNDIGE LESSEN
VAN DEN HEER
JOHAN KEILL, M.D.
Savilaansch Hoogleeraar in de Sterrekunde te Oxfort, en Medelid van de Koninglyke Maatschappy der Wetenschappen te Londen.
Waar by gevoegt zyn deszelfs Verhandelingen
OVER DE
PLATTE EN KLOOTSCHE DRIEHOEKS-REKENINGE,
OVER DE
MIDDELPUNTS-KRAGTEN
EN OVER DE
WETTEN DER AANTREKKINGE.
Uit het Latyn vertaald, en met eenige Aantekeningen en Byvoegzels verrykt
DOOR
JOHAN LULOFS, M.D.V.K.
Doctor in de Regten en in de Philosophie, Medelid van de Koninglyke Maatschappy der Wetenschappen te Berlyn.
TE LEIDEN,
By JAN EN HERMANUS VERBEEK,
M D CC XLI.

キール『天文学・物理学入門』
蘭語版標題紙(架蔵)

忠雄はこのリュロフス蘭訳本を底本として和訳に当たり、『天文管闚』を嚆矢《こうし》として、爾後《じご》、『動学指南』『鈎股《こうこ》新編《しんぺん》』『求力法論《きゅうりょくほうろん》』『火器発法伝《かきはっぽうでん》』『法蘭国三角形《オランダこくさんかくけい》紀元《きげん》』『三角算秘伝《さんかくさんひでん》』『三角提要秘算《さんかくていようひさん》』『暦象新書』『日蝕絵算《にっしょくえさん》』を訳出していく(次頁表1)。

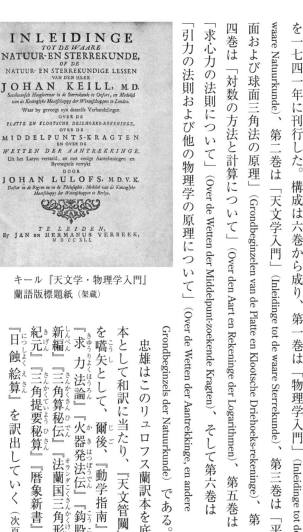

表1　キール『天文学・物理学入門』蘭語版と志筑忠雄の訳出箇所

キール『天文学・物理学入門』の章題	該当する志筑忠雄訳書
1　物理学入門（Inleidinge tot de waare Natuurkunde）	『動学指南』（1782年8月から1785年1月前後頃） 『暦象新書』中編の一部（1800年10月1日序） 『火器発法伝』第16課など（1787年4月）
2　天文学入門（Inleidinge tot de waare Sterrekunde）	『天文管闚』（1782年8月序。「星学指南評説」部分のみ1785年1月加筆か） 『暦象新書』上編（1798年6月序） 『日蝕絵算』第11-14課（1804年1月）
3　平面および球面三角法の原理（Grondbeginzelen van de Platte en Klootsche Driehoeks-rekeninge）	『鈎股新編』巻之上（1785年3月15日序） 『三角算秘伝』（1785年3月15日以降、1803年10月30日以前） 『法蘭国三角形紀元』（1785年3月15日以降、1803年10月30日以前） 『三角提要秘算』（1803年10月30日）
4　対数の方法と計算について（Over den Aart en Rekeninge der Logarithmen）	該当書なし
5　求心力の法則について（Over de Wetten der Middelpunt-zoekende Kragten）	『暦象新書』下編巻之下の一部（1802年10月1日序）
6　引力の法則および他の物理学の原理について（Over de Wetten der Aantrekkinge, en andere Grondbeginzels der Natuurkunde）	『求力法論』（1784年11月）

（出典）　吉田忠「『暦象新書』の研究」112〜116頁を加筆訂正して作成.

ただし、忠雄は『天文学・物理学入門』の全訳は果たしておらず、その仕事はあくまで同書（第四巻を除く）各巻からの部分訳であることに留意せねばならない。

『天文管闚』と『暦象新書』の関係

それでは『天文管闚』と『暦象新書』の目次（章立て）を比較すべく、対応関係を示してみよう（次頁表2）。

表現や構成が幾分改められている箇所はあるものの、それでも『天文管闚』上巻と『暦象新書』上編巻之上、さらに『天文管闚』下巻と『暦象新書』上編巻之下が対応していることは一目瞭然である。なお、『天文管闚』および『暦象新書』上編で忠雄が訳出した箇所は、キール『天文学・物理学入門』第二巻の「天文学入門」である。

次に、『天文管闚』の目次に後続する凡例は次の三点から成る。

一、此書ハ蛮説ノ本意ヲ訳スル而已。其学ノ真偽邪正ニ至テハ別ニ弁説アルヲ以此ニ略ス。見ル人察シタマエ。

一、書中用ル所ノ相印ハ蛮方ノ文字ニシテ、本書ノ通リニ是ヲウツス。若シ改テ漢字トナストキハ却ツテ紊乱ノ患ヲナサン事ヲ思フガ故ナリ。

一、第一篇視動ハ眼中ヲ云、第二篇視動ハ覚不覚ヲ云、第三篇重天ハ天文ヲ云、第四篇弁疑ハ右旋ヲ証ス、第五篇廻転ハ左旋ヲ証ス。

表2　『天文管闚』と『暦象新書』の目次構成の比較

『天文管闚』巻之上	『暦象新書』上編巻之上
視動上	視動上
視動下	視動下
重天	天体上
弁疑	天体下
測算定法之起原	衆動帰一訣
廻転	諸曜廻転
諸曜廻転	諸曜一転
『天文管闚』巻之下	『暦象新書』上編巻之下
蛮星七曜記	
	諸陽行道交角
六曜離太陽遠近	六曜離太陽
六曜一周時数	六曜一周
七曜球大	七星大小
六曜斜規	諸曜行道
	諸曜運行
蛮星星種記	異星
彗孛	客星
歳差	
客星	
	彗孛
	歳差
星学指南評説	附録天体論

（注）１字下げで示した細目は，目次には挙がっていないものの比較上重要な細目．

（出典）大崎正次「「暦象新書」天明旧訳本の発見」102頁掲載表を一部改訂して作成．『暦象新書』は，東北大学附属図書館狩野文庫蔵本と同館林文庫蔵本を用いた．

右の凡例第一点に述べられているように、『天文管闚』本文では忠雄はほとんど自注を付しておらず、わずかに見える忠雄の発言は意味の浅いもので、『暦象新書』に忠雄の意見が豊富に加えられているのと対照的である。ついで、第二点に掲げられているように、『天文管闚』本文ではアルファベットや火星を示す♂のような挿図の符号はそのまま転写され、訳術上未熟な術語は、原語の音を表す漢字を当て、そこに仮名を添えて示している。第三点は内容紹介である。

『暦象新書』は文体が一貫しているのに比し、『天文管闚』の文体は、①漢文（序文、上巻末尾の奥書、下巻「蛮星星種記」）、②平仮名交りの和文（下巻「星学指南評説」）、③片仮名交りの和文（その他すべて）といったように、三種の文体が用いられ、推敲が十分でない様子が見て取れる。加えて、忠雄は『天文管闚』上巻末尾に底本の説明を記しているが、そこで、キール『天文学・物理学入門』蘭語版の出版者フェアベーク（H. Verbeek）をオランダ語訳者と誤っている。『天文管闚』写本が現存しない以上、これ以上内容の詳細やすべての文章については確かめるべくもないが、大崎正次が紹介した内容から判断しても、どうやら二三歳時の忠雄は、オランダ語や蘭書の書誌にまだそれほど精通していなかったようである。

「星学指南評説」に見る忠雄の西洋天文学観

『天文管闚』下巻の最終篇「星学指南評説」の末尾には、奥書に該当する文章が二つ記され、第一奥書には「盈長」の名が記され、第二奥書は「天明五年春正月」という年紀を有する。おそらく『天文管闚』がいったん完成した際に序（天明二年八月）を付し、後から「星学指南評説」（天明五年正月）を加えたのではないかと推測される。

二つの奥書は、『朱子語類《しゅしごるい》』『易経《えききょう》』『荘子《そうじ》』『爾雅疏《じがそ》』『列子《れっし》』や、佐々木高貞（塩冶《えんや》高貞）の後醍醐天皇への竜馬〔駿馬〕進奏の故事（典拠はおそらく『太平記』巻一三）を踏まえて書かれたものであるが、忠雄の西洋天文学に対する見方が窺える点でも興味深い。例えば、第一奥書では「今や欧羅巴の人機巧の術を好み、形器の天学を専にす、事理の採るべきを知て、陰陽の測るべからざるを知らず。」と批判する。つまり、西洋人は（計算や測量の）技術を好み、もっぱら形而下の天文学を行っているが、道理の要諦《ようてい》を知る一方、（実体のない形而上の）陰陽が測り知れないことを理解していないと述べているのである。

第二奥書でも同様に、「機巧の術」について「（星を測定する器具・技術は）和漢は略にして戎夷《じゅうい》（西洋人）は精なり」、「（西洋人は）天を玩《もてあそ》ふ事を好んで、天を敬することをしらず」、「異方（西洋）の天学は形色名声の末に止て精微の理に達せず。是を以証を引、譬《たと》を設ること明白なりと雖、又唯線を画し、形を比ぶるに過ぎず。」と指摘する。西洋人が証明や例えに優れているといっても、ただ線を引き、形を比べているにすぎず、天を理屈で弄んで敬わないようでは、天学の深奥には達しないというのである。

西川如見の影響

右の批判的発言は、長崎の天文地理学者西川如見《にしかわじょけん》（一六四八〜一七二四）が唱えた、天体を「命理の天」（宋学の「理」の理論を基底とする測量できない形而上の天）と、「形気の天」（形而下の天）に二分して捉える発想を背景とする。如見によれば、「命理の天」も「形気の天」も天体を構成する一部であるので、天文学は基本的に両者を含む学問体系であるという（『天文義論』東京大学附属図書館駒場図書館蔵一丁表〜二丁裏）。

ともあれ、忠雄は、西洋の社会・文化が日本とは別のものであること、すなわち世界の複数性を理解していた。その一方で、中華思想で彩った文章を綴《つづ》った姿勢には、西洋天文学を優位とし、憧憬《しょうけい》するような心情は見出し難い。

『動学指南』の概要

さて、『天文管闚』に続き、大崎正次は、旧広島市立浅野図書館に存在した『動学指南』にも言及する。ただし、『天文管闚』についてはある程度の概要を紹介したものの、『動学指南』については『暦象新書』との対応関係のみを記すにとどまる。また、『天文管闚』の場合とは異なり、『動学指南』と『暦象新書』との間に目次（章立て）レベルでの一致は認め難いため、細目レベルでの対応関係を次頁の表3に示した。

細目から見える内容を比較すれば、『動学指南』が『暦象新書』中編の一部の草稿であることは間違いない。なお、忠雄が訳出した箇所は、キール『天文学・物理学入門』第一巻の「物理学入門」であるが、大崎正次が『動学指南』の構成や内容にまで踏み込

表3　『動学指南』と『暦象新書』において対応する内容細目

『動学指南』巻之上	『暦象新書』中編巻之上
重説	重力
動学指南例	
力勢多寡	
転輪体動法凡例	
第一大法	加力変速
第二大法	加力変速
重動	重動
画輪速力無増減之論	画輪速力無増減
転輪動法	旋輪体動法
『動学指南』巻之下	『暦象新書』中編巻之下
行道真形明証	諸曜行道真形
星行画積二同論	星行応三角積起源
求心力疑問	求心力疑問
相引力疑問	求心力疑問
気障疑問	諸気障碍
正斜二輪一周日時	衆動一貫比例起源
正輪大小一周遅速之事	衆動一貫比例起源
薄気之説	薄気（「衆動一貫比例起源」より前に配置）

（出典）　大崎正次「「暦象新書」天明旧訳本の発見」102頁掲載表を一部改訂して作成．『暦象新書』は，東北大学附属図書館狩野文庫蔵本と同館林文庫蔵本を用いた．

んでいないので、「物理学入門」中の、具体的にどこからどこまでを訳したのかが定かでない。

ところで、『動学指南』末尾の奥書に「（天地は）実に終え難く、窮め難く、測り難く、識《し》り難し。此書を閲するに、以て一理有ると為すは可なり。」（原文は漢文）とあり、ここでも忠雄は、西洋の計測と数学による天文学は「一理」にすぎず、宇宙を人間には計り知ることができない存在としている。キール『天文学・物理学入門』にとどまらず、大量の蘭書に目を通し、大部の和訳に従事しながらも、西洋の学問を批判的に見る忠雄の姿勢は印象的である（以上、『天文管闚』および『動学指南』については、大崎正次「「暦象新書」天明旧訳本の発見」）。

二　世界地理への関心

『万国管闚』の執筆

『天文管闚』を訳出した天明二年（一七八二）八月、忠雄は『万国管闚』というもう一つの著作を編んでいる。序に天明二年八月の年紀と「肥前長崎晩生志筑忠次郎盈長」の署名を備えた『万国管闚』は、世界の地理的事項についての雑記帳で、決して構成や内容が整理されたものではないが、各地域についての知見を書き留めた覚書のような著述である（口絵・五四頁掲載図）。

なお、『万国管闚』は複数の写本が確認できるが、長崎歴史文化博物館蔵本が原型と見做しうるため、以下、同書を用いる。

書式、構成、内容

『万国管闚』の書式は、日本で初めての珈琲への言及とされる項目一四一を例にとると、「〇阿蘭陀ノ常ニ服スルコツヒート云モノハ、形豆ノ如クナレトモ実ハ木実ナリ」（三〇丁表）とあるように、各項目の頭に丸印を用いて列挙した一つ書形式である。これら項目の総数は従来二二五と指摘されてきたが（吉田忠「志筑忠雄『万国管闚』について」）、筆者が改めて確認したところ、総計二二七を数えた。

本の構成は、序、ならびに上巻「巻之一　雑志上」（一五二項目）と下巻「雑録下」（七五項目）で構成される。上巻は「雑志」という題名通り、各国のさまざまな地理、気候、風俗、動植物、魚類などが雑然と記される。下巻も「雑録」という標題となっているが、「南亜墨利加《アメリカ》志」「北亜米利加志」「地中海辺志」「西域志」の四部に分かれている。

また、巻二から巻六までの巻数表示は認められないが、最後の「西域志」にのみ、本文と同筆の墨書で「万国管闚　巻七」と付されている。各巻の構成と項目の関係は表4

忠雄二三歳時の蘭学の素養

に示した。

『万国管闚』執筆に際し、用いられた蘭書については、後にその附録論文を『鎖国論《さこくろん》』として訳出するケンペル『日本誌』蘭語版が挙げられる（吉田忠「志筑忠雄『万国管闚』について」）。『万国管闚』中には言及が三箇所確認でき、具体的な該当箇所は、地周一度の距離の東西比較を述べた項目二の末尾、ペルシャ国がリハ国を滅ぼし、牛を崇拝する宗教を廃したことを記した項目二二の前半、燕の巣について『日本誌』を参照した項目一一二である。

【項目二の該当部分】

又ケンフルト云者日本ノ事ヲ記スル書ニ、日本ノ二十五里ヲ以一度トスト云ヘリ。蛮流ノ測ニヨリテ考ント欲セハ、必日本廿五里ノ法ニヨラン事可ナランカ。（『万国管闚』二丁裏）

【項目二二の該当部分】

ケンフル曰、古昔波斯《ペルシヤ》国王、利未亜《リビア》ノリハ国ヲ亡シテ、其アピス等ノ数法ヲ廃ス。アピス

表4　長崎歴史文化博物館蔵『万国管闚』の構成と項目数

内　　容	項目番号	項目数
序		
雑志上	1～152	152
雑志上	(1～33)	(33)
雑志二	(34～152)	(119)
雑録下	153～227	75
南亜墨利加志	(153～171)	(19)
北亜米利加志	(171～179)	(8)
地中海辺志	(180～191)	(12)
西域志	(192～227)	(36)

ハ牛ノ霊号ニシテ、国ノ法ニ牛ヲ供養シ尊フ事アルヲ云。（『万国管闚』七丁裏〜八丁表）

【項目一一二】

ケンフル、唐人ニ問フ。燕窩《えんか》ハ何物ソヤ。答曰、燕海中ノ海月ヲ取テ窩ノ下ニ置ク。久フシテ、エンストナルト云。（『万国管闚』一二丁表〜裏）

この時に用いた底本が、一七二九年の蘭語初版か、一七三三年の蘭語再版かは不明であるが、いずれにせよ、忠雄は『万国管闚』を著した二三歳時までに、ケンペル『日本誌』蘭語版の全体に目を通し、ある程度内容を把握していた様子が見て取れる。

加えて、『万国管闚』下巻の「南亜墨利加志」「北亜米利加志」「地中海辺志」「西域志」のいくつかの記述が、平戸藩楽歳堂文庫の旧蔵本であった『傑作精選東西インド海陸紀行集』（*Naaukeurige versameling der gedenk-waardigste zee en land-reysen*）を典拠としていることを、松田清は指摘している（『洋学の書誌的研究』五三三〜五三四頁）。

また、項目一〇六（『万国管闚』二〇丁表）の参照書物として「シカットカームル」が挙げられている。これはケーニヒスベルク大学教授ヴォイト（Johann Jacob Woyt, 1671–1709）が、最新の医療情報を簡潔に記した『医事宝函《いじほうかん》』の一七四一年蘭語版（*Gazophylacium medico-physicum of Schat-kamer der genees- en natuur-kundige zaaken*）のことである。その他、項目六〇には

「トトノイス」（二〇丁表）、項目六一には「アムブジスパーレ」（二〇丁表）とあるが、前者は『草木誌』（*Cruydt-boeck*）の執筆で周知される博物学者レンベルトゥス・ドドネウス（Rembertus Dodonaeus, 1517–1585）で、後者は近代外科の父と称されるパレ（Ambroise Paré, 1510–1590）のことであり、ドドネウスやパレが著した何らかの書物にも目を通していたことが分かる（吉田忠「志筑忠雄『万国管闚』について」）。

これまで忠雄は西洋科学の文脈でのみ理解されるところが大きかったが、蘭学者といえども、一体に幼少時は漢学の学習を基底としており、長じてからオランダ語の習得に向かう順序で勉学の過程を辿《たど》る。

そこで、この時期の忠雄が身に着けていた和漢の学問的素養を探ると、前述したように、『天文管闚』「星学指南評説」では、『易経』『荘子』『爾雅疏』『列子』『太平記』を典拠としたほか、宋学や西川如見の著書を読み込んでいた。加えて、『万国管闚』中には、如見の次男であった西川正休《せいきゅう》（一六九三～一七五六）の『天学名目鈔《てんがくめいもくしょう》』、清代初期の游芸《ゆうげい》の手に成る『天経或問《てんけいわくもん》』（和刻本は西川正休訓点）、在華イエズス会士南懐仁《なんかいじん》（Ferdinand Verbiest, 1623–1688）の漢訳洋書『坤輿外記《こんよがいき》』といった天学書名、ならびに軍記物語と推測される『天草記』の名が見える（吉田忠「志筑忠雄『万国管闚』について」）。

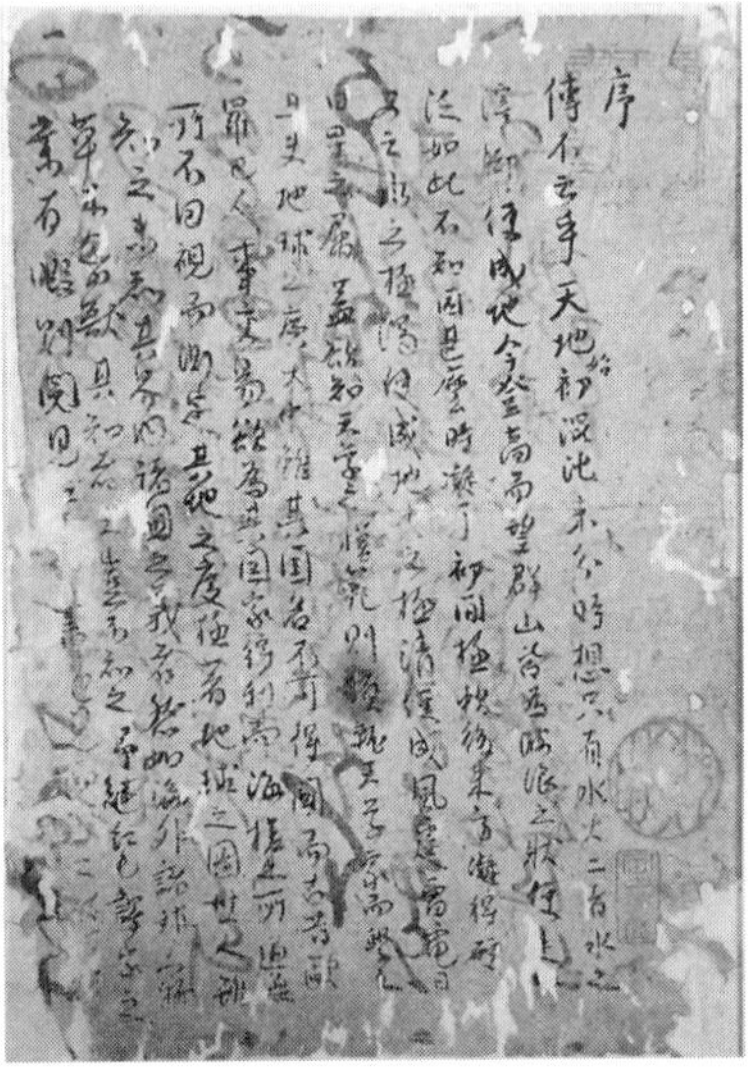

『万国管闚』序１丁表（長崎歴史文化博物館蔵）

さらなる忠雄の嗜《たしな》みは『万国管闚』序の前半部分に窺える。

云はざるを伝ふるか。天地の始初にして混沌未分の時、想ふに只《ただ》水・火の二者有りて、水の滓《し》脚《きやく》便《すなは》ち地を成す。今高きに上りて望まば、群山皆波浪の状を為すは、便ち是水泛《すいはん》此の如し。甚《なに》に因ってか知らず、麼時《もじ》凝《かた》まり了《おは》る。初間極めて軟にして、後来方《まさ》に凝まりて硬きを得ん。亦云く、水の極めて濁れるが地を成し、火の極めて清きが便ち風・霆《かみなり》雷電・日日星の属を成す。（原文は漢文。『万国管闚』一丁表）

序は「伝不云乎（云はざるを伝ふるか）」に始まり、世界の原初には水と火の二つしかなく、水の澱《おり》が地になったのであろうこと、高い所から望むと山々が波形をしているのは、水がそのように波打っていたからであること、どのような時に凝固したか分からないが、はじめはごく柔らかかったものが、後に固まって堅くなったのであろうことが述べられ、さらに、別説によれば、水のごく濁った部分が地になり、火のごく澄んだ部分が風や雷や日星の類になったとする伝統的な天地観に基づいた記述が続く。

『天文管闚』「星学指南評説」第一奥書でも部分的に用いられた当該部分について、吉田忠はその典拠が『朱子語類』「巻第一　理気上」であることを突き止めたが（「志筑忠雄『万国管闚』について」）、底本の確定までには至らなかった。

和刻本に限定しても、抄本まで含めると朱子関係の著作は数多あり、忠雄が用いた底本の特定は困難を極めるが、ここでは山崎闇斎《やまざきあんさい》（一六一九〜一六八二）が編んだ『朱書抄略《しゅしょしょうりゃく》』（延宝九年八月）に着目したい。

まず、唐本・朝鮮本・和刻版、いずれの『朱子語類』「巻第一　理気上」においても、志筑引用に該当する部分は、終わりの方の目立たない場所に存在する一方、『朱書抄略』では上巻本文の冒頭「天地凡六十九条」の第一条に配置されており、最も目に留まる位置に配されている（『朱書抄略』本文一丁表〜裏）。

とりわけ留意すべきは、『朱書抄略』に付されている編者山崎闇斎の序である。前述したように、「伝不云乎」という文句を皮切りに忠雄の『万国管闚』序は展開するが、

『朱書抄略』に付された闇斎序もまた「伝不云乎」に始まる（『朱書抄略』序一丁表）。また、諸書で揺れが認められる「清」および「日」の用字も一致しており、以上から『万国管闚』序の典拠は山崎闇斎『朱書抄略』と確定する（以上、『万国管闚』については、大島明秀「志筑忠雄「万国管闚」の文献学的研究」）。

物産に対する関心

ところで、阿蘭陀大通詞吉雄《よしお》耕牛《こうぎゅう》が好例であるが、当時の通詞の学問といえば、医療・薬草関係書の訳出か、オランダ語関係書の執筆が第一で、また、通詞は医事の教授や薬の販売を副業とする権利を有していた。ところが、即物的な学問に関心が薄かったのか、実家が裕福であったためか、かかる実学や兼業に忠雄の食指はそれほど動かなかったようである。

それでも忠雄は、『天文管闚』と『万国管闚』を執筆した翌天明三年二月、「崎陽　志筑忠次郎」の署名をもって『海上薬品記《かいじょうやくひんき》』（津市図書館稲垣文庫蔵）を成している。同書は、本草学書の例に倣《なら》い、薬用とする西洋の薬種（植物・動物・鉱物）の形態・産地・効能などを複数の蘭書から抜き書きしたもので、前述ヴォイト『医事宝函』およびショメール『家政事典』（Noël Chomel, 1633–1712: *Huishoudelyk woordboek*）のほか、大航海時代以降の新世界の拡大に伴ってプリニウス（Gaius Plinius Secundus, AD 23–79）『博物誌』の内容を増補した

『増広五巻本博物誌』蘭語版（*Des wijd-vermaerden natuurkondigers vyf boecken*）を参照したことも確認できる。

忠雄は大槻玄沢《おおつきげんたく》と交友を持っていたが、その玄沢の文章を後世に編んだ『磐水《ばんすい》先生随筆』第三冊に所収される「志筑忠次郎訳書抜萃《ばっすい》」（早稲田大学図書館蔵巻之五、一〇丁表〜一九丁表）は、『海上薬品記』の中から、ショメール『家政事典』の記述を抜いて転写したものである（吉田忠「志筑忠雄―独創的思索家」）。

また、ここまでにヴォイト『医事宝函』の名がたびたび登場しているが、安永期（一七七四〜一七八一）頃の編と見られる『シカットカームル外科書』（架蔵）という外題を有する抄訳が存在する。架蔵本には「中野忠次郎」の署名が認められ、通詞就任以前に忠雄が成した訳出本である可能性も考えられるが、書名である「シカットカームル」を著者と誤っているなど、真偽のほどは定かでない。ともあれ、『海上薬品記』以降、忠雄が医事関係の訳出に精力を注いだ様子は確認できず、天文学や国際情勢の理解に関係しない当該分野に対する忠雄の学問的な熱意は薄かったようである。

その他、前述したプリニウス『増広五巻本博物誌』の抄訳である『海上珍奇集《かいじょうちんきしゅう》』（国立国会図書館蔵）という写本が存在する。延岡藩主内藤家が旧蔵した該書は、『万国管闚』

前後に成立したと見られ、転写過程で生じたと推測される「志築長盈《「志築盈長」》」という署名（「志筑盈長」の誤記）を有することから、元は忠雄の訳書であった可能性がある（アニック・ミト・ホリウチ「『海上珍奇集』における人間と動物をめぐる言説」）。

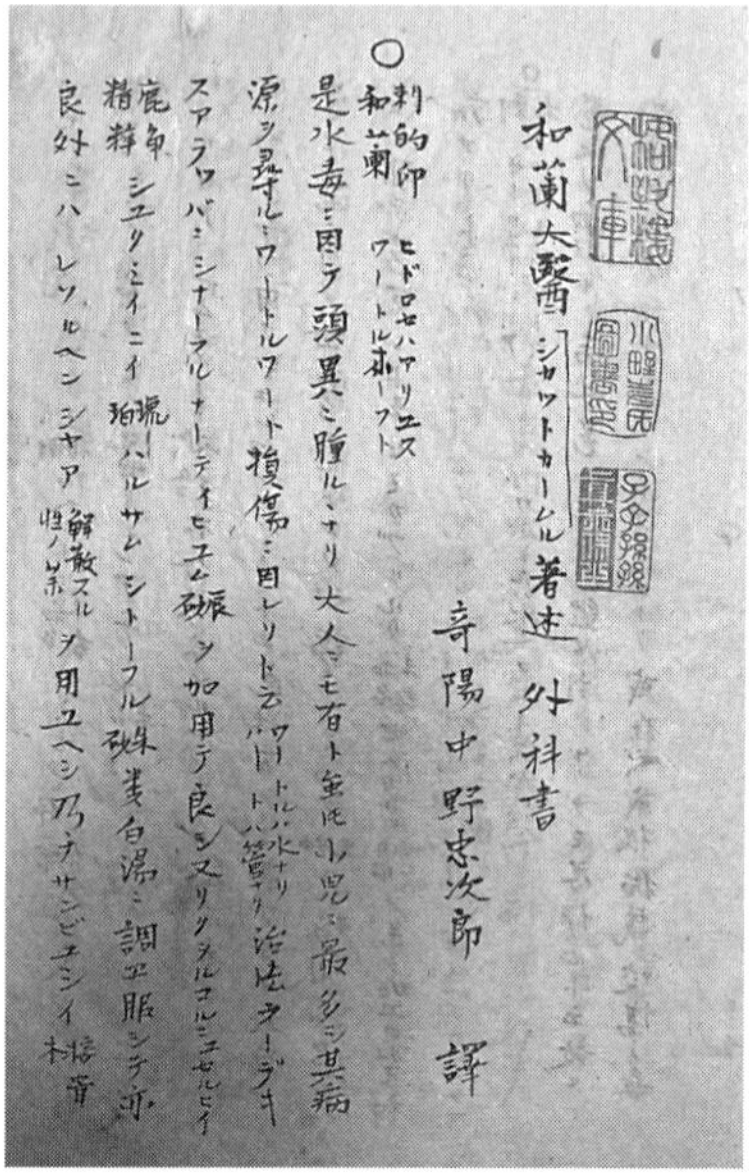

『（外題）シカツトカームル外科書』内題１丁表（架蔵）

国際情勢に対する関心の高まり

しかしながら、ここで重要なのは、『万国管闚』（あるいは『海上珍奇集』）の執筆以降、忠雄は海外地理、あるいは薬種や動物といった物産に対する関心を完全に失い、ラクスマン来航を契機に、その情熱と能力を、ロシアの他領侵略の来歴や国際条約締結の経緯など、国際情勢の訳出に向けることである。

三　力学・数学・弾道学への展開

ニュートン的物質構造理論への接近

天明四年（一七八四）一一月、忠雄は「志筑忠次郎」名義で『求力法論』という訳書を成稿した。同書は、キール『天文学・物理学入門』蘭語版の第六巻「引力の法則および他の物理学の原理について」（Over de Wetten der Aantrekkinge, en andere Grondbeginzels der Natuurkunde）を訳出したもので、ニュートン科学の粒子、真空、重力、物質量の概念を、伝統的な気の理論を援用して理解した試みで、天文学というよりは、むしろ化学的な議論への接近であった。『求力法論』については、吉田忠の研究に沿って内容を見ていく。

本文は三〇按に及び、原文の訳を出し、そこに忠雄の解説を加えるという書式を採っている。例えば、冒頭の「第一按」を見てみよう。

【第一按】

（訳文）もし今小分の実素あれば、則ち以て能く広大の域を充満せしむべくして、その沖虚孔竅《ちゆうきよこうきよう》の全径はあらゆる有長の線より短きなり。また曰く、その諸々の属子、各々相去中間は、あらゆる有長の直線より小なりと。

（忠雄注）実素ハ真空無間ノ体也。今少許《ばかり》ノ実素アルトキハ以テ能ク広大ノ際ニ偏満セシムベシ。然ドモ其体質芋茎ノ如クニシテ実セズト雖ドモ、又能ク其諸竅ノ全径ヲシテ至小至短ナラシムベシ。属子トハ合積シテ此物ノナル所ノ者ヲ云。仮令《たとえ》バ一年ノ属子ハ月ヲ大属子、又最後属子トス。日此ニ次ギ、時又是ニ次ギ、刻又是ニ次グ。何《いずれ》モ皆属子ナリ。

「ナチュールコンスト」第五篇ニ云。仮令バ其広大塡星《てんせい》行道ノ全径ノ如クナル大球ノ真空ナルアリトモ、又ヨク一寸立法ノ実素ヲ以テ充タシムルニ足レリ。故ニ一寸立法面ヲ以テ片トナシ其厚サ無量小ナルトキハ、其広無量大、是ヲ中空トナシ無量小球ニ造レバ、其数亦無量ナリ。以テ有量ノ域ニ充ツベシ。（訳文部分の原文は漢文。『洋学　下』一四頁）

忠雄注には「実素」「属子」「真空」などの術語が見えるが、忠雄はstof（物質）というオランダ語を「実素」と訳し、particula（粒子）には「属子」（『暦象新書』では「分子」）、ijdel（真空）には「真空」という訳語を初めて当てた。

宇宙理解についての忠雄の知的基盤

一般に、文化的背景の差異によって原文と訳には理解のずれが生じるが、近世後期の

「知」の様相においても同様の現象が確認できる。特に不可視の問題に関しては、原文著者と訳者・読者の知的基盤の異なりによって、時として受容者が十全に理解することは難しい。忠雄の（宇宙理解の）知的基盤は、陰陽五行説や宋学の気の理論などの伝統的な宇宙観に拠って立つ。そのため、忠雄は一見ニュートン物理学を理解できていたようで、実は本質的に誤解していた部分が多々存在する。

気の概念による化学理解の限界

この宋学における気は、ガス状の連続的物質として想定されており、非連続的物質である粒子とは異なる。気の理論では、この連続的な一気が聚散（濃密化と希薄化）して物が生成消滅すると考えられている。全空間に充満した一気が聚散すると質になる。質とは可視的で有形の存在である一方、気は不可視かつ無形の存在である。質は一気の聚積によって生成したため、散ずると一気に戻る。かように気と質とは連続的で、流動的、そして可逆的であった。

さて、ニュートン（Sir Isaac Newton, 1642–1727）の考案した理論では、物質は微粒子より構成されており、物質内部には空虚な空間（孔竅）があり、そして孔竅《こうきよう》には真空が存在するという。ではどのように物質が形成されているというのか。ニュートンによれば、最小微粒子同士が凝集し、より大きな微粒子を構成し、このより大きな微粒子がさらに一段大きな微粒子を形作るというように、凝集とその結果の複合体の合成という階梯《かいてい》を繰り返し、漸次段階的により大きな微粒子を構成するという微粒子の累積的階層であった。また、おのおのの大きさの微粒子の複合体の内部には孔竅が存在し、その真空部分の体積の総和は物質部分の体積の総和に等しいとしたことから、微粒子と孔竅とが互いに入り組んで次第に大きな微粒子を形成していくという入れ子型のモデルであった。これを踏まえて忠雄の理解を考えると、気は無形の物質で至る所に充満しているため、何も物質が存在しない「真空」は説明できない概念となる。つまり、忠雄は「真空」という日本語を造りながらも、「真空」概念を正確に理解できなかったのである。

なお、忠雄が考える属子（粒子）とは、実素（物質）を分解した微小部分にすぎず、分割以前の元の性質を有することを想定していた。ところで、西洋にはエフルヴィア（effulvia）という概念があり、これは物体から流出する微粒子のことで、一面に広がり、また、物質内に浸透する性質があり、これを放出する物体にそれと分かるほどの重量または容積の減少を生ぜしめず、他の物体に作用を及ぼすものであった。キール著書の蘭訳者リュロフスは uitvloeizel と訳し、忠雄は『求力法論』第三〇按でこれを「放気」と訳出した。気の理論による粒子論解釈は、自身の知的基盤に発したものであったが、エフルヴィアを知ることで忠雄は理解への確信を深めたであろう。

『求力法論』訳出の意義

ところで、忠雄はどうして『求力法論』の訳出に挑んだのであろうか。末尾にその狙いが記されているので援《ひ》いてみよう。

三十按ニ述ル所ハ、万ノ功、夫ノ大本ナル故ニ、天学者ハ以テ天行ノ理ニ至ルノ功ヲ助ケ、医流ノ人ハ以テ病症・薬効等ノ事ヲ悟ルノ助トナルモノナリト云リ。凡諸ノ理ヲ窮ルニ、書モ亦ヨク物ノ本源因縁ヲ云コトアレドモ、此書ハ其源ノ又源ヲ言フ者ナル故ニ、学者先ヅ是ヲ悟テ後ニ諸書ヲ修ルトキハ、牽合附会穿鑿《せんさく》ノ論アル事ヲ免《まぬか》ルベシ。（『洋学　下』五二頁）

忠雄は、天文学や医学といった諸学問の根幹部分となる学問であることから『求力法論』を訳出したという。自身の知的基盤である気の理論に拠ったため、ニュートン流の物質構成モデルの正確な理解には至らなかったが、新しい物質構造についての理論を導入したことや、訳出に伴って数々の術語の創出を果たしたことなど、未知の窮理学に対する挑戦としては、一定の成果を挙げたものと見てよいだろう（以上、『求力法論』については、吉田忠「蘭学管見—西洋近代科学の受容」参照）。

三角法修得への挑戦

前に『天文管闚』や『動学指南』という作品から、忠雄がキール『天文学・物理学入門』蘭語版の第一巻・第二巻の和訳に従事していたことを見てきたが（四二頁表1参照）、並行して第三巻の訳出にも取り組んでいた。同巻は三角法を扱った「平面および球面三角法の原理」（Grondbeginzelen van de Platte en Klootsche Driehoeks-rekeninge）で、特に球面三角法は、航海中に計算によって緯度を割り出すために必要な計算法であった。

訳書名は『鈎股新編』。長崎歴史文化博物館にのみ所蔵されていることから、以下、同書を用いる。

『鈎股新編』の構成

『鈎股新編』の構成は序、題言六則、目録、本文から成り、著者名は「志筑盈長」の名が表示される。「題言六則」の一則において、忠雄は「奇児《ケイル》氏なる者の著す所に『三《さん》隅経《ぐうきょう》』といふもの有り。曰く、斯《こ》れ天学家の要《い》る所の算術なり。」（原文は漢文。『鈎股新編』五丁表）とし、天文学に必要な計算法であることを説く。さらに忠雄は、第二則で「此書本名『三隅経』にして今『鈎股編』と名を改むるは、其類を以てするのみ。亦未だ適当と為さず。三隅と之《これ》鈎股とは同じくする所有り。異なる所有るは詳に「名義編」に見る。故に此に略す。」（原文は漢文。『鈎股新編』五丁裏）とする。ここで忠雄が述べているのは、本来の書名はキールが著した『三隅経』（三角法のこと）であるが、『鈎股編』と改題した。和算における「鈎股」と比較した場合、異同があるので適切な命名ではない、

角の概念のない中国・日本の数学

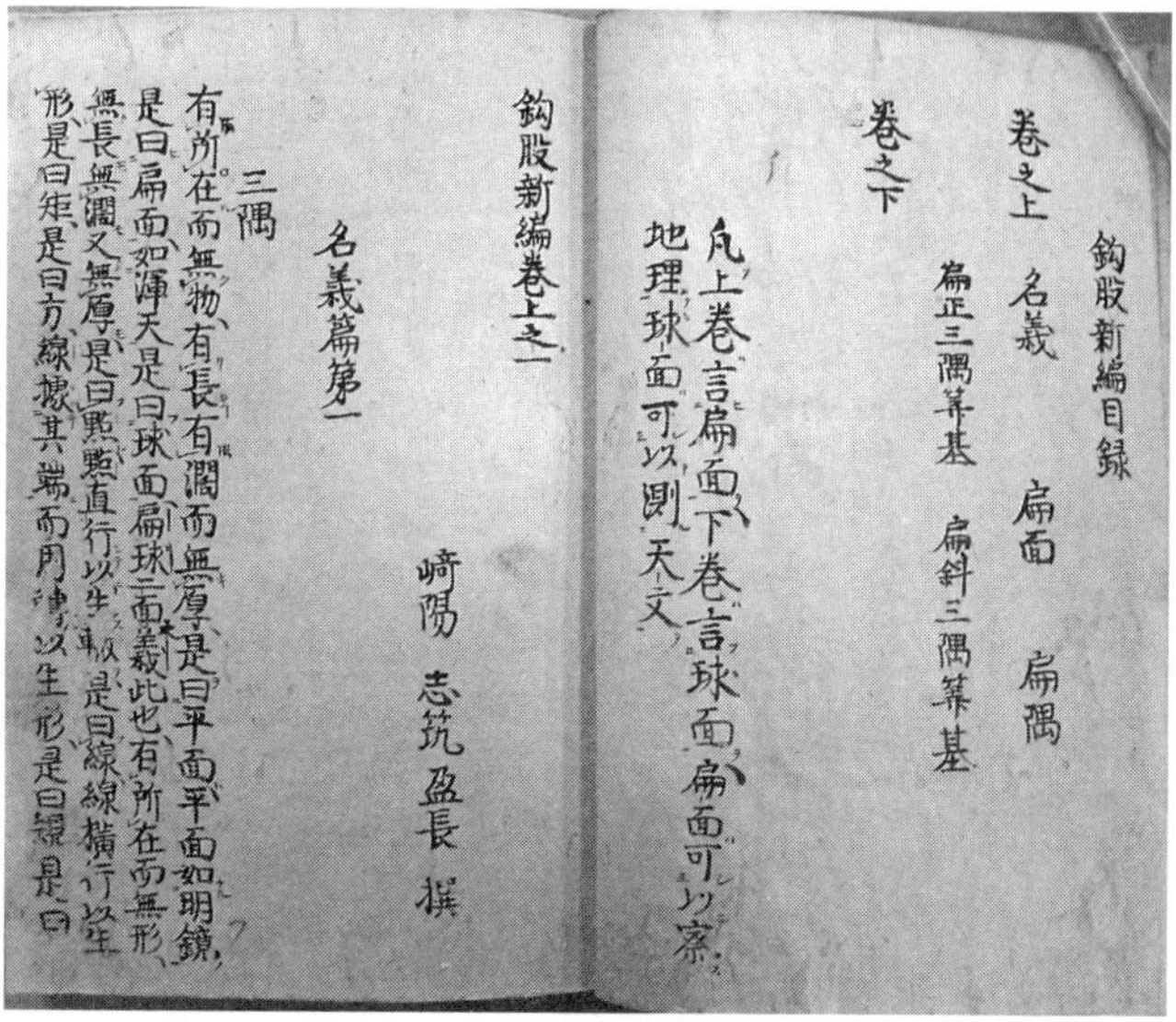
鉤股新編目録
巻之上　名義　扁面　扁隅
扁正三隅羃基　扁斜三隅羃基
巻之下
凡上巻言扁面下巻言球面扁面可以察地理球面可以測天文

鉤股新編巻上之一
名義篇第一
崎陽　志筑盈長　撰
三隅
有所在而無物有長有濶而無厚是曰平面平面如明鏡是曰扁面如渾天是曰球面扁球二面義此也有所在而無形無長無濶又無厚是曰點點直行以生是曰線線横行以生形是曰矩是曰方線據其端而円轉以生形是曰

『鉤股新編』巻之上，目録と内題１丁表（長崎歴史文化博物館蔵）

という内容である。

標題に用いた「鉤股」は、古代中国の数学書『周髀算経《しゅうひさんけい》』（前二世紀頃）や『九章算術《きゅうしょうさんじゅつ》』（前二世紀頃〜前一世紀頃）に確認できる術語で、直角三角形の直角を挟む二辺のうち、短辺を「鉤」、長辺を「股」とし、さらに斜辺を「弦《げん》」と呼ぶ。この伝統的な言葉を用いて訳出した忠雄であったが、「亦未だ適当と為さず」と、改題に対する戸惑いを隠さなかった。その背景には、そもそも日本や中国の数学には角という概念がなく、幾何学的証明は、三平方の定理（弦の二乗＝鉤の二乗＋股の二乗）と相似三角形の定理を基礎としていた事情が存在する（藤原松三郎『日本数学史要』二八一頁）。すなわち、東アジアの伝統数学には三角法が存在せず、忠雄にとっては、三角法の理解そのものより、角度や三角表を用いた数学の新たな用語の訳出が困難極まる仕事であったのである。

『鉤股新編』巻之上の内容

さて、『鉤股新編』は巻之上しか現存しないが、「目録」から上下巻の章立てが分かる。巻之上は「名義　扁面　扁隅　扁正三隅算基　扁斜三隅算基」（『鉤股新編』長崎歴史文化博物館蔵六丁裏）の五項目を扱い、最初の「名義」は用語の定義を意味する。定義付けを済ませた後、三角法の説明に移るが、議論の主な内容は平面上の直角三角形と斜三角形の紹介である。忠雄はキール原典中の命題と図に即して計算を中心に展開しているが、その具体的な訳出箇所は、「平面および球面三角法の原理」の前半部分を占めている「平面三角法」（Platte Driehoeks-Rekeninge）である。

中華思想的な眼差し

巻之上に認められる術語の訳は模索が見られ、後に編んだ『三角提要秘算』（享和三年一〇月晦日）に比すると、洗練されてはいない。また、文章の成熟度や術語の訳の困難さなどの問題に加え、序が中華思想を反映した文章であることも目を引く。序は西洋人のことを「紅夷《こうい》」と称して「紅夷算術鉤股新編序」と題し、序の文中には「夷《い》」や「夷《い》戎《てき》」という表現が頻出する。中でも次の発言は印象的である。

惟《た》だ夫《そ》れ欧羅巴《エウロッパ》被髪《ひはつ》の人にして、其地中国を距《へだ》つこと其幾千万里か知らず。其国君臣有り。父子有り。而《しか》るに忠孝の教無し。武備有り。法律有り。而るに礼楽の化無し。（原文は漢文。『鈎股新編』一丁表）

おそらく『礼記』「楽記篇」に基づいて発した右の言によれば、西洋社会では人が髪を結わず、その位置は中国から幾千万里離れているか分からないほど遠くに存在する。そして、そこでは「忠孝の教」（主君に対する忠誠と、親に対する誠心の奉仕についての教育）と「礼楽の化」（社会秩序を定める礼と、人心を感化する音楽による教化）がないという。これらがない国を中華思想では「夷」とすることから、西洋人を「紅夷」と称したことにも合点がいく。

それにしても、『万国管闚』を編述した忠雄がかような文章を記していることや、図と計算と説明を主とする数学的内容の本を思想的な文体の序で飾り付けたところに違和が生じる。

『鈎股新編』巻之下の内容

ところで、『鈎股新編』巻之下は現存を見ないが、前述した「目録」から内容を推測することができる。「凡《およ》そ上巻は扁面を言ひ、下巻は球面を言ふ。扁面以て地理を察《み》るべし。球面以て天文を測るべし。」（原文は訓点付き漢文。『鈎股新編』六丁裏）とあることから、巻之下は球面三角法を対象としたものであった。とは言え、巻之下が実際に成稿したかどうかは不明であるが、たとえ巻之上のみであっても、西洋数学の内容を西洋書から直接訳出した営為に注目すべきであろう（以上、『鈎股新編』については、小林龍彦「中野忠雄輯「三角算秘傳」について」参照）。

弾道学への展開

『鈎股新編』成立の翌天明六年、忠雄は稽古通詞《けいこつうじ》を辞し、中野家に戻った。体調の悪化が推測されるものの、それでも執筆活動は継続し、天明七年四月に『火器発法伝』という小冊を編んだ。標題からは「火器の発法」に関する技術書であることが想像されるが、実際はそれとは異なり、内容はごく初歩の弾道論で、空気抵抗を無視した上での重力場における放射体の運動論とも言うべきものである。

訳出箇所について忠雄は「啓児《ケイル》子著す所の『窮理編』の第十六巻の中」（原文は漢文。『火器発法伝』静嘉堂文庫蔵一丁表）と示している。キール『天文学・物理学入門』第一巻「物理学入門」には第一六課の表示は認められないものの、第一五課の直後に「かの高名なホイヘンスが遠心力および円周運動について報告した考察の証明」（De Betogingen van de Beschouwingen welke de berugte Huygens heeft opgegeeven omtrent de Middelpunt-vliedende Kragt, en de Beweginge in een Cirkel）という、フォリオ判三〇頁以上に及ぶ文章があることから、ここの一部を訳出したものと考えられる。ところが、『火器発法伝』には、第一五課以外のオランダ語文や忠雄自身の知見や考えを記した部分が多々あり、訳書というよりは、むしろ蘭書の内容を自身の考えで編みなおした忠雄の著作として理解した方が良いだろう。

『火器発法伝』の構成は、大意、凡例、目録、本文（一二章）の四部分から成る。「大意」に「兵家者流の用を為す。故に今特《た》だ之《これ》を伝ふるのみ。」（原文は漢文。『火器発法伝』一丁表）とあるように、忠雄は兵学者に役立てることを目的として同書を編んだという。

本文の第一章から第三章は、弾丸の鉛直上方の最高到達距離の求め方や、弾丸の描く放物線の描き方、発射速度や発射角度を求める方法など理論的な側面から弾丸発射の技術的な問題を扱う。第四章は忠雄による創見で、前章で発射角度には二種あり、小さい角を「俯発《ふはつ》」、大きい角を「仰発《ぎょうはつ》」として紹介したが、この「俯発」と「仰発」を応用し、高い塀を飛び越して向こう側にある的に弾丸を命中させる方法を理論的に述べている。第五章は物体の上昇・落下の運動を、慣性の法則と落下法則で説明、図で式を導き出している。かように第五章から第一二章は、これまでの事項を理解し、その基礎を悟らせる法則が、重力理論、物体落下法則との関連において述べられている。

弾道に対する忠雄の理論を視覚的に理解する一例として、巻末に掲載されている五つの図のうち「図之一」を取り上げ、これを用いて解説している第一章を追ってみよう。なお、便宜上「図之一」のアルファベットの漢字表記をローマ字に改めた。

忠雄は、まず、AKを地平とし、AからCに向かって発射した場合、AMKという放物線（焼截《しょうせつ》線《せん》）を描いてKに着弾することを述べる。次に、AKを四分した点をDとし、AとDから垂直にEとCをとる。そしてACを結んだ線から垂直に線を引き、AEを伸ばした先と交わる点をBとする。この時Cは放物線の高さであり、同じ力でAから垂直方向に発射した際の到達限界点がBとなることを説く。以上が第一章の概要である。

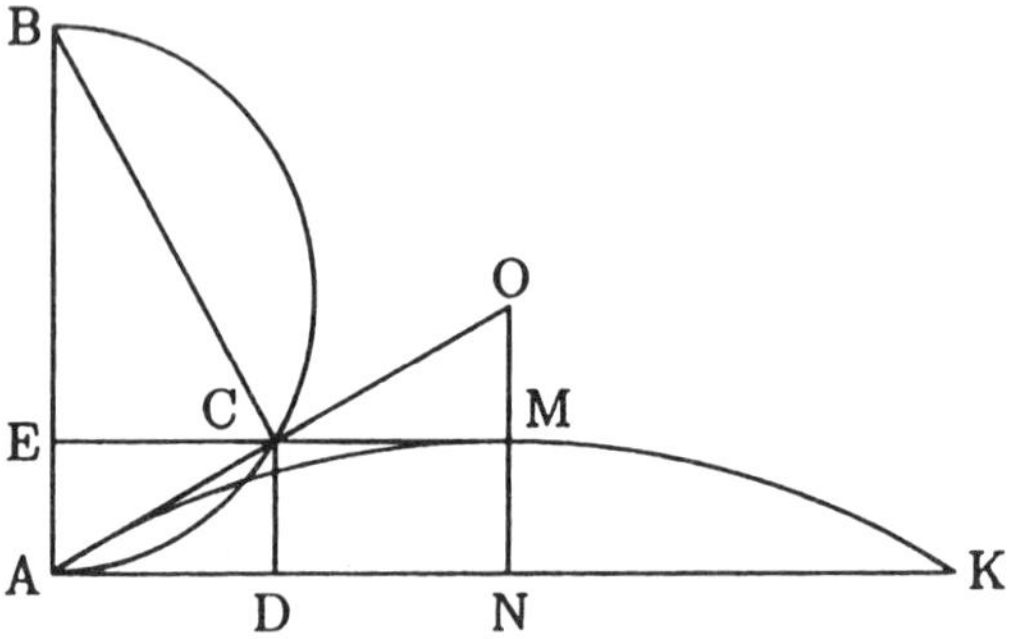

弾道理論（『火兵学会誌』10-1，3頁より）
『火器発法伝』図之一の概要．アルファベットの漢字表記をローマ字に改め，点と線以外の情報は省いた．

放物線としての弾道理解

ともあれ、『火器発法伝』の意義は、弾道を放物線として理解したこと、すなわち、それまで経験論的段階で止まっていた日本の砲術に、力学という新しい理論を持ち込んだことであった。空気抵抗を無視した理論のために現実とは乖離《かいり》したものになった点に問題があったが、後世、妹聟で門人であった末次忠助《すえつぐちゅうすけ》を介して忠雄の学問を伝受した熊本藩士池部啓太《いけべけいた》（一七九八〜一八六八）が、この点を克服した弾道学を作り上げていく。

ただし、右の事例を除けば、兵学者に役立てることを目的として編まれた『火器発法伝』が同時代や後世に与えた影響はほとんど見当たらず、弘化・嘉永期（一八四四〜一八四八）から隆盛を誇った高島流砲術にも内包されるものではなかった（以上、『火器発法伝』については、大森実「志筑忠雄「火器発法伝」について」参照）。

四　交友関係と学問背景

学習環境

長崎の代表的な学問所は、正保四年（一六四七）に創建され、向井元升《むかいげんしょう》（一六〇九〜一六七七）以来、代々向井家が祭酒を務めた儒学教育所である聖堂であった。おそらく商家中野家に生まれた忠雄の身分では、聖堂に通うことは叶わなかったに違いない。

吉村迂斎との関係

中野家の裕福さを勘案すると、私塾や家庭教師を通しての教育が想定できるが、これまで長崎の漢詩人吉村迂斎《よしむらうさい》（一七四九〜一八〇五）が師の一人とされてきた。

忠雄の代表作『暦象新書』のある種の写本に「迂斎序」が付されており、長崎の郷土史家古賀十二郎《こがじゅうじろう》がこれを紹介し、「吉村迂斎が志筑忠雄の為《た》めに作った序」と述べたことで、忠雄が迂斎門であるという認識が作られていった（『長崎洋学史』上巻三四八～三四九頁）。しかしながら、その「迂斎序」とされてきた序は、実は南部藩の漢学者下田三蔵（一七五〇～一八二〇）が付したものであり、迂斎は三蔵序を有した写本を転写しただけである。この事実から、迂斎と忠雄を繋ぐ唯一の根拠が失せ、両人の師弟関係を証明するものはなくなった（大島明秀「伝吉村迂斎序を付したのは誰か―志筑忠雄「暦象新書」受容史の一駒―」）。

本木良永との関係

また、二五歳年長の阿蘭陀通詞本木良永《もときりようえい》（一七三五～一七九四）も、これまで忠雄の師の一人として挙げられてきた。「通詞」という立場や天文学を訳したこと、さらに忠雄と同じ「外浦町《ほかうらまち》」に居を構えていたことなどが、良永・忠雄の師弟関係が説かれるようになったものと推測される。

ところが、良永と忠雄の接点は全く見出せない。例えば、良永は、オランダ科学協会会員で、主に航海術の研究と教育で功績を挙げたコルネリス・ドウエス（Cornelis Douwes, 1712-1773）が記した『オクタントとその用法の説明書』（*Beschryvinge van het octant en deszelfs gebruik*）という小冊を『象限儀用法《しょうげんぎようほう》』（天明三年五月）として訳出しているが、後年、忠雄も異版の同本を『オクタント之記』（寛政一〇年五月序）という書名で訳している。良永が解釈や想像を交えた「和解《わげ》」を作成したのに対し、忠雄は現代で言う「翻訳」の水準で訳しており、訳文の精度や姿勢が全く異なるところを見る限り、両者の間に師弟関係を見出し難い。それ以上に不審なのは、先行する訳書『象限儀用法』についての記載が『オクタント之記』にいっさい見られないことである。良永が師であったならば、良永やその著作に言及しないはずはなく、このことからも良永と忠雄は師弟と呼べるような関係ではなかったことが見て取れる（大島明秀「「和解」から「翻訳」へ—*Beschryvinge van het octant en deszelfs gebruik* の訳出に見る本木良永と志筑忠雄—」）。

従来唱えられてきた師弟関係は邪推や曲解に基づく事実誤認であり、明確に師であったことを証明できる人物は目下のところ存在しないが、中国やオランダ渡りの商品を扱っていた中野家に貿易関係者が出入りし、忠雄は幼時から漢蘭の物品や情報、とりわけ書物に日常的に接する環境にあったことは疑いない。また、稽古通詞時代にオランダ人や他の通詞たちから学んだことも少なからず存在したことは想像に難くない。

大槻玄沢との交友

江戸帰府後に仙台藩医江戸定詰に任ぜられた大槻玄沢は、前述したように、天明五年（一七八五）一一月一五日から翌年三月二六日まで長崎に遊学し、その間に忠雄と交友している。具体的には、天明六年正月一二日、二月二日（二月一五日は姓のみ記載されるため忠雄と確定できない）、三月九日の少なくとも三度である（吉田忠「大槻玄沢、玄幹父子の西遊と志筑忠雄」）。

それから約三〇年後の文化一三年（一八一六）四月、玄沢は『蘭訳梯航《らんやくていこう》』という随筆を記し、巻之下で忠雄との面会を次のように回想している。

> 翁、天明五六年ノ際、彼地ニ遊ビシ頃、彼人〔忠雄〕偶々《たまたま》翁ガ寓居ヲ訪ヒ、翁モ亦彼家ニ到リ、其話説スル所ヲキクニ、専ラ暦算ヲ好ンデ「ケール」トイヘル西哲ノ暦術ノ書ヲ訳スルノ稿ヲ起セリト。コレハ翁ガ更ニ弁ヘザル所、議論ニモ及ズ。他ノ諸件ヲ

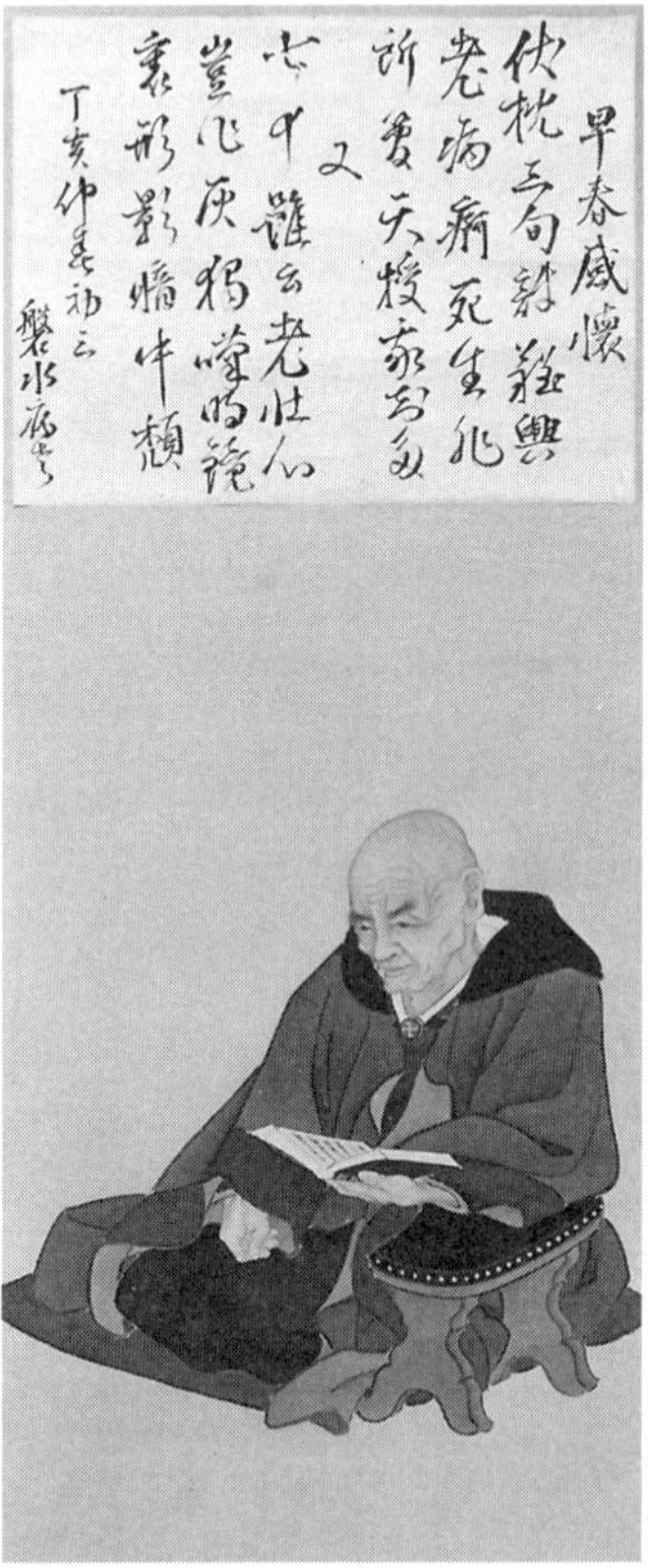

大槻玄沢画像（小田百合画・大槻磐水讃，早稲田大学図書館蔵）

談論シテ、志ヲ述ベタリキ。嘗《かつ》テ、医薬ノ事ヲ訳シタル小冊ヲ他人ノ手ヨリ示セルヲ見タリシニ、コレハ尋常訳司等ノ訳スル書ニ勝レルモノトモ覚ヘズ。唯其人、篤ク好ンデコノ学ニ耽リ、後必ズ事ヲ済スベキトイフ事ハ知レリ。滞留暫時ノ間タリトイヘドモ、互ニ往来シ、東帰ノ後モ書信ヲ通ジタリ。唯恨ム、遠境道隔リ、且彼ハ多方病ニシテ恒ニ伏、枕ニ日ヲ終ルトキキ、遂ニウトウトシク過ギ行キ、既ニ廿年ニ近フシテ、（『洋学 上』三九〇頁）

右によれば、玄沢は交友の始まりを忠雄からの偶然の訪問であったと記憶しているが、これは日記『瓊浦紀行《けいほきこう》』と齟齬をきたしており、実際のところは、玄沢が忠雄の元を訪れたのが最初の面会であったものと推察される。玄沢は、忠雄が暦算を好み、キール蘭書を訳していたことに言及しつつ、その学問への情熱を称える。その一方で、かつて忠雄が訳した医薬書の小冊を閲覧したことに触れ、その翻訳力は一般の通詞並であったという評価を下している。それでも、長崎滞留中は往来し、江戸帰府後も書簡を交わしていたという。

大槻玄幹との交友

ところが、江戸・長崎間が遠かったことと、忠雄の病状が常に思わしくなかったために、いつしか文通は途絶え、二〇年弱の歳月が流れた。

享和・文化ノ初年、豚児・楨等〔玄幹と大槻平泉〕、遊方崎陽ノ地ニ到リシコトアリ。シカレドモ、彼病客ノ死生・存亡ノコトヲモ審《つまびらか》ニセザレバ、一書ノ音問《おんもん》ニモ及ザリキ。然ルニ、郷人末次某〔末次忠助〕ナル者アリ。児等ニ告テイフ、「吾郷ニ中野柳圃先生ト云人アリ。西学博治ノ人ナリ。往テ面晤《めんご》セザルヤ」ト。ココニ於テ、某生ヲ介シテ、某家ニ到ル。柳圃、児ニ一面シテイフ、「吾足下ノ翁ト旧アリ。今、子ヲ見ルコト、猶翁ニ再会スルガ如シ」ト。児、コレヲ聞テ怪ム。吾翁、嘗テ何等ノ寄言、コノ人ニアルコトナキヲ。柳圃乃筐笥《きょうし》ヲ探テ、翁ガ書信一通ヲ出シ、証セリト。此ニ於テ、始テ其旧誼《きゅうざ》アル事ヲ弁ゼリ。（『洋学　上』三九〇～三九一頁）

享和末年から文化初年（一八〇三～一八〇四）にかけ、息子の玄幹《げんかん》らが長崎遊学する機会に恵まれた。しかしながら、文通が途絶して二〇年近く経過し、忠雄の生死さえ分からない状況であったので、事前に手紙を出すことはなかったが、玄幹らは長崎で出会った末次忠助の仲介を得て、忠雄との面会を果たすこととなった。

玄幹を一瞥した忠雄は、父玄沢と旧好があったこと、そして玄沢の面影が重なることを伝えたものの、父から忠雄の話を聞いたことのなかった玄幹は信じなかった。そこで忠雄は、旧誼の証拠として箪笥より玄沢からの書簡を出して見せたという。

玄沢宛忠雄書簡の内容

おそらくそうした文通の一つであろう書簡（の断簡）が、早稲田大学図書館に現存している（口絵「志筑忠雄差出大槻玄沢宛書簡」）。「九月廿五日、志筑忠次郎、大槻玄沢様尊下」とのみあり、正確な年次は不明であるが、内容は、中野家の召使であった「三平」が、急に大村侯の江戸参府の御供となり、上京する運びとなったことの知らせであった。興味深いのは、本題の前に「貴地にて若何《もし》ぞ珍鋪《めずらしき》窮理・天文等之奇説も候はば、華夷《かい》には拘《こだわ》り不申候間《もうさずそうろうあいだ》、御恩借被下度奉願候《ごおんしゃくくだされたくねがいたてまつりそうろう》」と言い添えていることで、ここから忠雄と玄沢が、書物に関する情報交換と貸借を行う間柄であったことが分かる。また、追伸には次のように記されている。

尚々尊君当地御在留之中、御噂被遊候《おうわさあそばされそうろう》「ロカリトメン算書」出来仕候はは、とふそ拝見仕度奉存候《はいけんつかまつりたくぞんじたてまつりそうろう》、其外、天地運動之源理を論し、日月五里之遅速・留退之由を弁し候説、私之書中に「ウエッテンデルミッテルヒユントスーケンデカラクテン」と申候て、算数《さんじゅ》・譬喩委敷布説有之候《ひゆくわしきふせつこれありそうろう》。則訳本も所持仕候。ケ様成書《かようなるしょ》は貴地にて御訳本之内にも可有御座奉存候《ござあるべくぞんじたてまつりそうろう》。若有之候《もしこれありそうら》はば、何と申本書に出申候哉《や》。何とそ御教示被下度奉願候《ごきょうじくだされたくねがいたてまつりそうろう》。当方（以下欠損。早稲田大学図書館蔵）

忠雄は、長崎滞在中に話題とした「ロカリトメン」が完成したので見てほしいと言う。

「ロカリトメン」とは対数（logarithmen）のことであり、すなわち忠雄は、キール『天文学・物理学入門』蘭語版の第四巻「対数の方法と計算について」の訳出を終えたことを述べているのである。続いて、天地の運動原理と日月の動きについて論じた「ウエッテンデルミッテルヒユントスーケンデカラクテン」に論が及ぶが、これは第五巻「求心力の法則について」を指す（吉田忠「大槻玄沢、玄幹父子の西遊と志筑忠雄」）。

さらに、『仏説《ぶつせつ》無量寿経《むりようじゆきよう》』などの経典に登場する「算数・譬喩」という表現を用いて、これが詳細に説かれた右の本に類するものが江戸にあるかを玄沢に尋ねている。以上のように、玄沢の江戸帰府後も忠雄との交友関係は継続し、書籍の情報交換や書物貸借を行っていた。

「夷視」される蘭学

ところで、忠雄の幼少年時は「蘭学」は、どのような位置づけの学問であったのだろうか。阿蘭陀通詞吉雄耕牛は、杉田玄白《すぎたげんぱく》『解体新書《かいたいしんしよ》』（安永三年八月）に序を寄せているが、その冒頭で「阿蘭《オランダ》の国は技術に精なり。凡そ人の心力を殫《つく》し智巧を尽してなす所の者は、宇宙にその右に出づる者なきなり。」（原文は漢文。『洋学　下』二〇八、三一九頁）と賛辞を述べている。しかし一方で、「今にして後、我が東方の人、始めて蘭人の医に精にして、大いに人に益あることを知らん。」（原文は漢文。『洋学　下』二一〇、三二〇頁）と発言していることから、「蘭学」の意義が世間に認知されていない同時代の様子が窺える。

仙台藩医で「蘭学者」として名高い大槻玄沢が、初学者用に「蘭学」の概要を説明した入門書『蘭学階梯《らんがくかいてい》』（天明八年冬序跋）の序跋《ばつ》に注目してみよう。福知山藩第八代藩主朽《くつ》木昌綱《きまさつな》（一七五〇～一八〇二）の序では、中国と「漢学」に批判的な眼差しを投げかけながら、「天地人才、果たして支那の諸説に什百《じゅうひゃく》なり。」（原文は漢文。『洋学　上』三一八～三一九頁）と評し、「蘭学」が「漢学」より優れていることを主張する。幕府の奥医師桂川《かつらがわ》家四代甫《ほ》周国瑞《しゅうくにあきら》（一七五一～一八〇九）も、跋で「蘭学」を「有用の学はこれにしくはなし。」（原文は漢文。『洋学　上』三七一～三七二頁）と称賛する。しかしその一方で、「また何ぞ西夷視せんや。」（原文は漢文。『洋学　上』三七二頁）と慷慨《こうがい》を隠さない。

甫周の発言から、当時はいまだ「華夷思想」が色濃く存在し、「蘭学」を「夷視」する思潮が、忠雄らを包んでいたことが理解できよう。「蘭学」に対する賛辞があったとしても、それは「夷視」される「蘭学」の地位向上のために記されたにすぎない。前に『鈎股新編』序で見た忠雄の西洋に対する存外低い評価や中華思想にまみれた言葉は、かかる時代の空気の中で形成されたメンタリティを基底として発現したものであったのである。

忠雄のマインドセット

ここで天明年間（一七八一～一七八九）における忠雄の状況や発想を再確認しておくと、わけて肝要なのは次の五点である。

第一に、病気を患いながらも蘭書翻訳に余念がなかったこと。第二に、天明二年に著した『天文管闚』序で「毎《つね》に身に寸分の功無きを懐《おも》い、空しく公禄の重を辱《はずかし》むること、太息に暇《いとま》あらず。」と述べているように、通詞もしくは蘭書和訳の仕事を公に対する奉仕と捉えていたこと。第三に、長崎の先哲であった西川如見の議論に基づき、天体を「命理の天」（宋学の「理」の理論を基底とする測量できない形而上の天）と、「形気の天」（形而下の天）に二分した上で、東アジアの天文学が前者に長じ、西洋のそれを後者に長《た》けた学問としたこと（四六～四七頁参照）。この理解は後に執筆する『四維図説《しいずせつ》』にも反映している。第四に、世界の複数性を理解しつつも、西洋（オランダ）を中国や日本の下位に位置づけた発想を有していたこと。そしてそれは、華夷思想の枠組みにおいて世界を眼差していたことに起因していた。第五に、天明六年に阿蘭陀通詞を辞し、その後は商家中野家に戻り、無職の身で蘭書和訳を続けたこと。

公のための学問

これまでの先行研究は、忠雄を「蘭学好き」の「通詞」とした上で、多くは『暦象新書』を取り上げ、肯定にせよ否定にせよ、時代の限界性を見つつもその天才性を称賛する論調にあった。しかしながら、忠雄は確かに「蘭学」を好んだが、その発想の基底には、幼少年時からの漢学の素養が横たわり、「華夷思想」に基づく世界の見方や、公に対する自身の（仕事の）位置づけへの強い意識が存在した。忠雄の学問は趣味嗜好にとどまるものではなく、また、決して出版や名声を求めたものでもなく、あくまで公のためのものであった。そのマインドセットの下に蘭書を翻訳し続けた忠雄の姿勢は、通詞を辞職してから没するまでの二〇年余りの期間も変わることはなかった。

第三　学問の変容と再仕官の夢

一　長崎に伝播したロシア南下情報

翻訳・執筆活動の停滞

志筑忠雄《しづきただお》が取り組んだ最初期の訳書は主に天文学と地理志であったが、ただに西洋への関心から訳したのみならず、『天文管闚《てんもんかんき》』序および『鈎股新編《こうこしんぺん》』序に見えるように、忠雄は阿蘭陀稽古通詞《オランダけいこつうじ》として公に録を賜っていることや、役人として国家に益を成すべきことなどを強く意識していた。しかしながら、現実には、病状の悪化により思うようにいかなくなり、天明六年（一七八六）に忠雄は通詞を退役した。翌年四月に『火器発法伝《かきはっぽうでん》』という小著を編んだ後、寛政五年（一七九三）一二月に「混沌分判図説《こんとんぶんぱんずせつ》」（『暦象新書《れきしょうしんしょ》』の附録部分）というごく小さな宇宙生成論を著すまで、実に六年八ヵ月もの間、翻訳執筆活動は停滞しており、この間の病状の深刻さが窺《うかが》い知れる。

ロシア南下についてのベニヨフスキーの警告

ところで、忠雄の通詞就任（一七七六）の少し前から、長崎ではロシア南下に対する不安が駆り立てられる事件が起こり出した。その嚆矢《こうし》は、明和八年（一七七一）にオランダ商館長に届けられたハンガリー出身の軍人ベニョフスキー（Móric Benyovszky, 1746–1786）による警告である。

ベニョフスキーは、ポーランドの軍人として対ロシア抵抗組織に加わったものの、ロシアの捕虜となった。脱走を試みるものの失敗し、カムチャツカ半島への流刑となったが、そこで他の流刑囚とともに反乱を起こした。現地の司令官を殺害し、船を奪い取ると、西暦一七七一年五月にカムチャツカを脱出、オホーツク海に出航した。食糧備蓄のないまま二ヵ月間海を漂い、ようやく阿波国徳島藩に流れ着いた。しかしながら、藩主より食料と水の供与を受けたものの、上陸は許されず、土佐を経て、奄美大島に寄港した。ベニョフスキーは、動機は不明ながら、奄美大島でオランダ商館長宛の手紙四通を託した。その中の一通に、目下ロシアのガレオット船二隻とフリゲート艦一隻が日本近海を調査中で、翌年に松前と北緯四一度三八分付近の諸島を攻撃する計画であることを書いた。いわゆる「ハンベンゴロウの警告書」である。この「ハンベンゴロウ」という呼び名は、ベニョフスキーが手紙の中でドイツ語風に「von Bengoro」と署名しており、それをオランダ語風に「ファン・ベンゴロ」と日本側が読んだことに由来する。ただし、当時のカムチャツカには日本に遠征するほどの大規模な軍事施設は皆無で、その内容は空言であった（森永貴子『ロシアの拡大と毛皮交易』一九〜二一頁。水口志計夫・沼田次郎編訳『ベニョフスキー航海記』三二六頁）。

対外的な危機感の高まり

この「ハンベンゴロウの警告書」は根拠のない虚言であったが、阿蘭陀通詞吉雄耕牛《よしおこうぎゅう》らを通じ、安永年間（一七七二〜一七八一）にその内容が広く知られるようになった。安永四年（一七七五）から六年にかけて長崎に遊学した兵学者林子平《はやししへい》（一七三八〜一七九三）や、安永七年に長崎を訪れた豊後国国東《くにさき》の思想家三浦梅園《みうらばいえん》（一七二三〜一七八九）に衝撃を与えたほか、子平の友人で仙台藩医であった工藤平助《くどうへいすけ》（一七三四〜一八〇一）も安永九年に長崎を訪れた際に情報を耳にし、これを受けて『赤蝦夷風説考《あかえぞふうせつこう》』（天明三年正月）を編んだ。かように、千島南下をはじめとする現実味を帯びたロシアの侵略話が官民に広まり、老中田沼意次《たぬまおきつぐ》（一七一九〜一七八八）も蝦夷地調査に着手する。さらに天明六年にも松前に異国船が現れる事件が起こった。千島や北海道東部ではなく、松前沖にまでロシア船と思われる大船が出現したということは、北門対策の重要性を認識させるものであった（木崎良平『光太夫とラクスマン　幕末日露交渉史の一側面』九七〜一〇一頁）。

ロシア情勢の情報提供と対応策の提言

安永七年の成立と目される吉雄耕牛『魯使北京紀行《ロシペキンきこう》』を端緒として、天明期（一七八一〜

（一七八九）に入ると、ロシア情勢や松前・蝦夷地を対象とした研究や提言が活発に成されるようになる。安永末期から天明・寛政期の状況を窺うために、この時期に成立したことが明確に分かる著作を八六・八七頁の表5に示した。

ベニョフスキーの書簡により、安永期に胚胎《はいたい》したロシア南下に対する憂慮は、天明期に入ると深刻さを増し、ロシア情勢についての情報提供が活発化し、また、蝦夷地開発をはじめとする対応に関わる提言や議論が盛んに提示されるようになった。

第一回ロシア遣日使節ラクスマンの来航

寛政四年九月三日、ロシア船エカテリーナ号が別海町パラサン沖に到着し、五日に根室港に入港した。同船には、ロマノフ朝第八代ロシア皇帝エカテリーナ二世（Yekaterina II Alekseyevna, 1729–1796）の命を受けた遣日使節ラクスマンが乗船していた。ラクスマンは上陸した根室で越冬し、翌年松前で漂流民大黒屋光太夫《だいこくやこうだゆう》（一七五一〜一八二八）、小市ならびに磯吉の日本送還を名目に、ロシアと日本との通商関係の樹立を求めた（森永貴子『ロシアの拡大と毛皮交易』一二五頁）。

幕閣内で議論が交わされ、結果、ロシアの申入れを漂流民の受け取りだけに限り、通商を拒否した。ところが、ラクスマンを追い払うにあたって、幕閣内の関係樹立に対する拒絶の意向とは裏腹に、通商の要望があるならば長崎へ回航せよという指示と、入港

（表5続き）

寛政5年（1793）	篠本廉『北槎異聞』	
	桂川甫周『魯西亜志』	
	桂川甫周『北槎聞略』	
	前野良沢『魯西亜本紀略』	
	最上徳内『北辺秘事』	
	『亜魯斉人来朝記』	
寛政7年（1795）	志筑忠雄『阿羅祭亜来歴』	
寛政9年（1797）	本多利明『経世秘策』	
	高橋寛光ほか『蝦夷巡覧筆記』	
	大原左金吾『北地危言』	
寛政10年（1798）	本多利明『西域物語』	
寛政12年（1800）	最上徳内『蝦夷草紙後編』	
寛政13年・享和元年（1801）	本多利明『蝦夷道知辺』	
	志筑忠雄『鎖国論』	
	高橋重賢ほか『松前志』	

表5　安永末期から天明・寛政期に編まれたロシア情勢や松前・蝦夷地に関わる著作

年　　次	著　者・書　名	備　　考
安永7年（1778）	吉雄耕牛『魯使北京紀行』	
安永9年（1780）	橘国雄『蝦夷志略』	
天明元年（1781）	松前広長『松前志』	
天明3年（1783）	工藤平助『赤蝦夷風説考』	下巻が先に成立（天明元年）
天明6年（1786）	林子平『海国兵談』	上梓は寛政3年
	青島俊蔵ほか『蝦夷拾遺』	
天明7年（1787）	『魯西亜国紀聞』	
天明8年（1788）	古川古松軒『蝦夷松前及津軽渡海之図』	
天明9年・寛政元年（1789）	林子平『三国通覧図説』	
	前野良沢『東砂葛記』	
	本多利明『蝦夷拾遺』	
寛政2年（1790）	最上徳内『蝦夷草紙』	
	松前広長『夷酋列像附録』	
	最上徳内『蝦夷国風俗人情之沙汰』	
寛政3年（1791）	烏有山人『千島異聞』	
	本多利明『赤夷動静』	
	『松前出帆漂流話』	
寛政4年（1792）	加藤肩吾『魯西亜実記』	
	小林豊章『蝦夷草木図』	
	上原熊次郎『蝦夷方言』	
	『松前東蝦夷地阿魯西亜人来船』	

証「信牌《しんぱい》」をロシア側に与えたため、貿易許可の意思を示したものという解釈を生ぜしめることとなった。いずれにせよ、ラクスマンの来航は、幕閣の中で対外関係のあり方を再確認させるとともに、ロシア南下に対する国内の危機意識を高める事件となった（藤田覚『近世後期政治史と対外関係』二五～三六頁）。

無職で政治的な力や当局についての情報源を持たず、政情に明るくなかった忠雄も、長崎の世情や学問動向から着想を得て国際情勢の研究に舵《かじ》を切り、『阿羅祭亜来歴《オロシヤらいれき》』（寛政七年二月）の訳出に着手する。

二　国際情勢への着眼

翻訳・執筆活動の再始動

忠雄は天明六年（一七八六）に通詞を辞し、翌年四月に小冊『火器発法伝』を編んだ後、六年以上もの間、完全に鳴りを潜める。おそらく病状が悪化し、翻訳執筆活動に取り組めるような状態ではなかったのであろう。復活の兆しが見えたのは、寛政五年（一七九三）の後半である。忠雄は、同年一二月（西暦一七九四年一月）に「混沌分判図説《こんとんぶんぱんずせつ》」を執筆した。この小稿は、後に改訂して『暦象新書《れきしょうしんしょ》』（享和二年一〇月朔日序）に所収されることになるが、忠雄が独自に唱えた日本初の宇宙生成論で、カント＝ラプラス（Immanuel Kant, 1724–1804; Pierre-Simon Laplace, 1749–1827）の太陽系成因に関する星雲説に類似するものと評価される。

ただし、「混沌分判図説」は、全くの新たな取り組みというわけではなく、キール『天文学・物理学入門』の上巻・中巻を『天文管闚』『動学指南』として訳出した知見に基づいて、自身の宇宙観をまとめた小著であった。この間、病床に伏していた状況を推察すると、翻訳執筆活動の再始動の仕事としては、内容も分量も適当であったと思われる。

国際情勢への着眼

「混沌分判図説」の執筆と並行して、忠雄はロシアを念頭に置いた国際情勢の訳業という新たな仕事に目を向けていた。その嚆矢が、寛政七年二月に完成した『阿羅祭亜来歴』で、これが「志筑忠雄」名義で発表した最初の著作である（巻末著作一覧参照）。左に『阿羅祭亜来歴』の奥書を示すが、引用にあたっては、洲本市立図書館蔵本を底本に、横浜市立大学鮎沢文庫蔵本をもって校訂した。

右は和蘭《オランダ》人フランソイス・ハレンテインが著せる『印度志』の初巻の中に間出せり。其書、享保九年【清雍正二年】に成就せり。莫斯哥未亜《モスコウビア》は本国也。リユスは其所領の全地の名なり。和蘭にてはリユスといひ、羅甸《ラテン》にてはリユシヤといふ。即今のオロシヤと呼ふを是とすとあり。然れはリユシヤを謬《あやま》りてロシヤと呼ひ、亦転してオロシヤといふか、或は又オの字を加ふるにも意義あることにや。（隅付き括弧は割注部分。『阿羅祭亜来歴』洲本市立図書館蔵八丁裏〜九丁表。横浜市立大学鮎沢文庫蔵五丁裏〜六丁表）

ここに記されているのは、「和蘭人フランソイス・ハレンテインが著せる『印度志』の初巻」を訳したことと、ロシアの呼称についてである。訳出の動機は記されていないが、間違いなくラクスマン来航に触発されて訳出に動いたものと見られる。なお、「ラ」の右に付された丸印は、この「ラ」が「L」ではなく、「R」の音であることを示している。

大槻玄沢の跋文

『阿羅祭亜来歴』には交友のあった大槻玄沢《おおつきげんたく》の跋が付されているが、その年紀が「癸亥［一七九三］十月」とあることから、やはり寛政五年の秋頃から、忠雄の体調は徐々に交友や翻訳を行うことができる程度に回復したことが窺える。それでは玄沢が寄せた跋文を見てみよう。

茂質［大槻玄沢］按《あんずる》に、此題名『魯西亜《ロシア》人《じん》止白里《シベリア》併《へい》有《ゆう》来歴《らいれき》』などと改へし。原名の如なれは、魯西亜《ロシア》本地の濫觴《らんしょう》来歴の様に聞ゆる也。本編訳する所、慶長二、三年以来、韃地シベリア地方に侵掠せし来歴なり。蓋《けだし》止白里《シベリア》は昔し曠漠《こうばく》、韃靼《だったん》と称せし地なり。

伯多禄《ピョートル》帝の時に至て、阿比河《オビがわ》より大韃靼の東北の尽頭《じんとう》、大東洋に至るまで悉《ことごと》く併呑す。本国に服属せしより、総称して魯西亜韃靼《ロシアだったん》と云。「ヒブネル」が地誌「ゼヲガラヒイ」に詳なり。桂氏〔桂川甫周〕嘗《かつ》て訳文あり。『魯西亜志《ロシアし》』と名く。宜《よろしく》併せ見るへし。
（『阿羅祭亜来歴』洲本市立図書館蔵九丁表～裏）。

ここに述べられているのは、まず、忠雄が付した原題名では、読者がロシア本土の濫觴来歴についての書物と誤解しかねないため、題を『魯西亜人止白里併有来歴』などに変更すべきである、という趣旨である。『阿羅祭亜来歴』には『魯西亜志附録《ロシアしふろく》』という別題名の資料も存在するが、この跋文から、忠雄の付した原題名に「来歴」という言葉を含むことは明らかで、『阿羅祭亜来歴』が原書名であることも分かる。

ついで、ロシアのシベリア併有史を記した『阿羅祭亜来歴』の内容を紹介しつつ補足し、最後に「「ヒブネル」が地誌「ゼヲガラヒイ」」に言及する。これは、一七六九年に上梓《じょうし》されたヒュブネル『一般地理学』蘭語版（Johann Hübner, 1688–1731: *Algemeene Geographie*）を指し、寛政五年に桂川甫周国瑞《かつらがわほしゅうくにあきら》が、そのロシアの部分を『魯西亜志』という題名で訳出した。内容はロシアの自然的環境、境界、領土併有史、風俗、政治、産業、教育にわたり、同書と比べると、忠雄の『阿羅祭亜来歴』は、その一部を補足するような小冊でしかなかったことは否《いな》めない。

底本『新旧東インド誌』の訳出箇所

『阿羅祭亜来歴』が、五巻から成る二つ折判のファレンテインの蘭書『新旧東インド誌』（François Valentyn, 1656–1727: *Oud en nieuw Oost-Indiën*, 1724–1726）の一部を抄訳したものであることは指摘されてきたものの、その正確な訳出箇所は示されてこなかった（『鎖国時代日本人の海外知識―世界地理・西洋史に関する文献解題―』九四〜九五頁）。

訳出時の底本は不明ながら、一八世紀中に『新旧東インド誌』の重版は刊行されていないため、初版を用いて訳出したものと見てよい。忠雄が訳出した箇所は、第一巻の第二編第三章のうちの、一一三頁の左段下方、欄外注に「北の東インドに陸路で行く新しい道が発見される」（Een nieuwe weg naar Oostindiën in 't Noorden, te land, ontdekt.）と記されたところから一一五頁の冒頭まで、計一八にわたる段落である。該当部分は、一五九六年または九七年から一七二二年にかけて、年次を追ってロシアが東方に進出した来歴を描いたくだりであり、途中、シベリアを併有した経緯や、ロシアと清朝中国が国境を画定したことで周知される、ネルチンスクでの会談（西暦一六八九年九月七日署名）の経過も記されている。

翻訳姿勢と原文の改変

忠雄は注を付しながら原文に即して丁寧に訳しているものの、時折要約している部分や、意図的に脱落させた箇所が見られる。ロシア皇帝テオドールが没した一節を例に挙げると、『阿羅祭亜来歴』では原文に見られる正確な日付は落ちている（*Oud en nieuw Oost-Indiën*, vol. 1, p. 113.）。中国人とロシア人が領土をめぐって衝突する一節においては、原文では皇帝イワンとピョートルの名前が明記されているが（p. 113.）、『阿羅祭亜来歴』では内容を要約した上で、単に「莫斯哥未亜《モスコウビア》人」（『阿羅祭亜来歴』洲本市立図書館蔵本三丁表。横浜市立大学鮎沢文庫蔵二丁裏）と改められている。

ただし、本文の終結部分の、皇帝ピョートルがペルシャに遠征しながらも清にも目配りして遺使を送ったくだりでは、正確な日付（一七二二年二月二五日）はやはり脱落しているものの、一方で忠雄は前に避けたピョートルの名前を訳出している（pp. 113, 114.）。原文にはさまざまなロシア皇帝の名前が何度も登場することから、おそらく忠雄は文脈に特に必要ないと判断した場合に訳出を避けたものと推察される。いずれにせよ、かかる一連の営為から、忠雄が詳細な日付にまでこだわらなかったことや、文脈によってロシア皇帝名の訳出を意図的に行わなかった箇所があることが分かる。

キリスト教に関わる記述の訳出回避

忠雄の改変はこれにとどまらず、明らかにキリスト教に関わる記述を回避している様子が窺える。まず、一六八九年七月三一日にネルチンスクで行われたロシアと清の会談をめぐるくだりでは、deze Jezuiten（これらのイエズス会士たち p. 114.）という語を含んだ従属節の訳が脱落している。さらに後続文に登場する De vaders Jezuiten（イエズス会神父たち p. 114.）という語については、「通事二人」（『阿羅祭亜来歴』洲本市立図書館蔵五丁裏。横浜市立大学鮎沢文庫蔵四丁表）と、原文から離れた内容に改変されている。

忠雄は、後年著した『鎖国論《さこくろん》』（享和元年八月一七日序）でも、キリスト教の色を薄める仕掛けを施《ほどこ》している。ただし、それに加えて『鎖国論』の本文や注には、時折植民地活動やキリスト教に対する反感・嫌悪を示す訳の改変、あるいは忠雄の付記や注が認められるものの（鳥井裕美子「ケンペルから志筑へ―日本賛美論から排外的『鎖国論』への変容―」）、『阿羅祭亜来歴』の段階ではかかる営為は確認できない（以上、本節全体を通して、大島明秀「志筑忠雄「阿羅祭亜来歴」の訳出とその書誌」）。

いずれにせよ、ラクスマン来航の翌年に記された桂川甫周『魯西亜志』や前野《まえの》良沢《りょうたく》（一七二三〜一八〇三）の『魯西亜《ロシア》本紀《ほんぎ》略《りゃく》』といった仕事と比べると、忠雄の『阿羅祭亜来歴』は、これらの一部を補足するような小著でしかなかったが、忠雄にとって初めての国際情勢についての訳業であり、これまで西洋天文学の訳出に専心してきたことからすると、一大転機であった。

また、通詞を退役して中野家に戻った忠雄が、『阿羅祭亜来歴』の訳出にあたって、「志筑忠雄」名義を用いたことには留意すべきである。これが「忠雄」という名の初出と見られるが、そのことより、過去の養家であった阿蘭陀通詞家「志筑」姓を用いていることが重要である。おそらく忠雄は、政治的な内容の訳書である『阿羅祭亜来歴』が有力者の目に留まることを期待し、一介の「商人」の姓ではなく、かつて「通詞」であった時の志筑姓を用いたものと目される。爾後《じご》、忠雄は国際情勢にまで手を伸ばして翻訳活動に勤《いそ》しんでいくが、それはただに国家の益のみを目的とするのみならず、自身の仕官活動をも念頭に置いた仕事でもあった。

三　海外への眼差し

オクタントの伝来

『阿羅祭亜来歴』の成稿から約三年後、忠雄は『暦象新書』と並行して、『オクタント之記』（寛政一〇年五月序）を訳出した。書名に見えるオクタント（八分儀）とは、天文航法用の測量器具の名称である。四五度（円周三六〇度の八分の一）の円弧を用いることからこの名がある。

オクタントの原理

ここでオクタントの原理と使用法を図説しておくと、観測者はEから覗き、示標桿《じひょうかん》IBをスライドさせ（示標桿に連動して鏡H、鏡Iはスライドする）、鏡Hのところで水平線と天体Cとが一致するように動かす。「鏡をある角度回転させると、その反射光は二倍の角

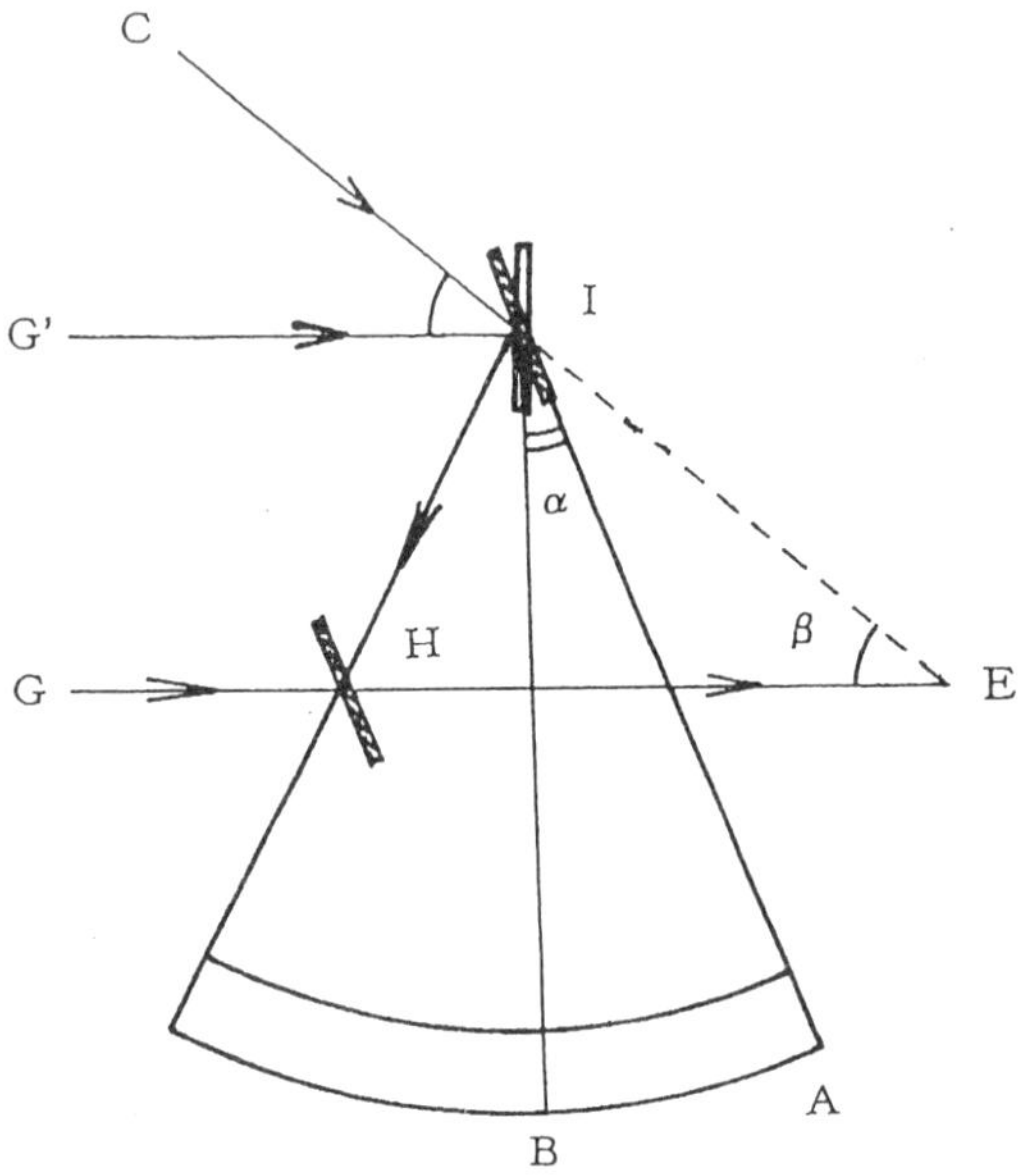

オクタントの原理図
（中村士「天文方の光学研究」319頁より）

度回転する」という初等光学の定理から$2\alpha = \beta$が成立するため、円弧AB上に二倍の目盛りを刻んでおいて、そうして天体高度を読み取るようにした測量器具である（中村士「天文方の光学研究」）。

なお、器物としてのオクタントの伝来時期の確定にあたっては、三浦梅園による長崎見聞記『帰山録《きざんろく》』（安永七年）の記述が手掛かりとなる。

吉雄〔耕牛〕亭奇貨《きか》多し。只此時長崎熱鬧《ねっとう》、其奇貨を遍く見、其説を詳に尽す事能はず。今に是を憾む。亭上阿蘭陀琴、望遠鏡、顕微鏡、天球、地球、ヲクタント、タルモメートル、其外奇物種々を見る。（『帰山録』上一〇六六頁）

右のように、梅園が珍奇物に溢れた阿蘭陀通詞吉雄耕牛の自宅でオクタントを見たことを証言していることから、少なくとも、安永七年（一七七八）までに測量器具オクタントが日本に伝わっていたことは確かである。

オクタントの取扱説明書

一八世紀後半、オランダから天文航法用の測量器具であるオクタントの使用法を記したドウエスの蘭書『オクタントとその用法の説明書』（*Beschryvinge van het octant en deszelfs gebruik*）が日本に輸入され、これを底本として、阿蘭陀通詞を務める本木《もとき》良永《りょうえい》と、阿蘭陀稽古通詞を辞して中野家に戻っていた志筑忠雄とが、それぞれに写本で訳出した。

阿蘭陀通詞本木良永の訳出

著者ドウエスはとりわけ航海術の研究と教育で功を成した人物で、一七四八年にアムステルダムの一般船員学校（Algemeen Zeemanscollegie）の教師となり、後に州立海軍士官学校（Edel Moogende Collegie ter Admiraliteit）の数学教員や、海軍士官と航海士の国家試験官も務めた。オランダ科学協会の会員でもあったドウエスの学者としての最大の仕事は、正午の太陽の高度によらず地理的緯度を計測する方法を考案したことであろう。また、そのセキスタント（六分儀）を用いた天測と航海表による推測航法の教科書は、ヨーロッパで広く知られ、その航海法は一九世紀まで使用された（Ernst Crone: *Cornelis Douwes, 1712–1773*）。

ドウエスが著した『オクタントとその用法の説明書』（一七四九年初版）は、器具の調整法や天体の測定法を二六の節にまとめた、いわばオクタントの取扱説明書で、その原理や測定目盛りについての記載もない簡素な小冊であった。

さて、先に『オクタントとその用法の説明書』の訳出に挑んだ良永は、『阿蘭陀《オランダ》地《ち》球《きゅう》図《ず》説《せつ》』（二巻が安永元年冬成）、『天《てん》地《ち》二《に》球《きゅう》用《よう》法《ほう》』（安永三年八月序）をはじめとして、しばしば阿蘭陀稽古通詞松《まつ》村《むら》元《げん》綱《こう》の助力を得て和《わ》解《げ》を果たしており、ドウエス蘭書を訳出する際もその助けを借りている。それでは、良永の訳稿『象《しょう》限《げん》儀《ぎ》用《よう》法《ほう》』の序文を見てみよう。

西洋の学に七芸有り。而《しこう》して度数、其一に居す。度は何ぞや。曰く、日星の高度是なりと。蓋《けだ》し星学の徒、渾儀《こんぎ》を安んじ、天球を置ひて以て鑑とす。日月諸曜の運動は、初めに極星出地の度を得るを以て本とす。故に測法を講究せざれば、則ち候天の諸儀有ると雖《いへど》も、其術を施す所無きなり。西士の象限を製す、蓋し此に視る有るか。其器たるや、長さ尺に盈《み》たずして、坐ながらに日星の度を致すこと、諸《これ》を掌に視るが如し。其智の巧妙、勝れて嘆ずべきかな。西儒の骨爾業爾斯《コルネリウス》、此器の用法一巻を著す。其説、詳且つ悉なり。然りと雖も其言侏離《しゆり》にして、其義艱深《かんしん》なり。吾儕《わなみ》の訳を業とする者と雖も、其解を得るに易からず。茲歳癸卯《じさいきぼう》夏、偕《とも》に蘭皐《らんこう》本氏、其書を翻訳し、記すに国字を以てす。其観覧せしむる為なり。恭《つつし》みて惟《おも》ふに、吾が東方の世、暦局を設け、授時の政を重んず。済々乎《せいせいこ》として其人を乏《か》かず。吾儕此を為すに世を挙ぐるも、実に僭《せん》に近し。然りと雖も、若し同志の士、之を階梯《かいてい》して以て其原に臻《いた》るもの有らば、則ち豈に斯道《しどう》に裨益《ひえき》すと曰はざるべけんや。訳語、問に重複有りて其本書の義に背馳《はいち》するを恐れ、必ずしも刪削《さんさく》せず。観る者諸《これ》を恕《じよ》せ。

天明癸卯《きぼう》夏日巨蟹《きよかい》の次を躔《めぐ》る。（原文は漢文。津市立図書館稲垣文庫蔵本一丁表～裏）

「象限儀用法序」と命名された元綱序には、「天明癸卯夏日巨蟹の次を躔る」とあるように、太陽太陰暦で天明三年（一七八三）五月下旬から六月下旬の間に成されたことが明記されている。奥書が「日本天明三年癸卯夏五月」であることを踏まえると、本文訳の成立と同時期か、成立後に序を付したものと見られる。

序には訳稿の成立過程、すなわち本木良永と松村元綱との共訳であることが示唆されているが、『阿蘭陀地球図説』や『天地二球用法』、もしくは『太陽距離暦解《たいようきょりれきかい》』（安永三年一〇月序）において、良永が訳出、元綱が校正を担当しているように、『象限儀用法』においても主として良永が訳し、元綱が文章を整えたのであろう（以下、『象限儀用法』は良永訳とする）。訳出の経緯に関する記述は「其観覧せしむる為なり」以外には認められないが、良永の仕事に対する姿勢を考慮すると、その背景に幕府や藩主、ないしは有力な役人や商人の要請があったのではないかと推察される。

標題に含まれる「象限儀」（四分儀 Quadrant）とは、明末の中国に西洋から伝わった天文観測機器で、ポルトガル船の航海器具を参考に近世初期の日本でも製作していたという。おそらく訳稿推敲の過程で、元綱はすでに存在する機器名を踏まえ、オクタントの訳語に当該用語を採用し、良永が同意したものと見られる。しかし問題なのは、「オクタント」が八分の一を表す語であるのに対し、「象限」は四分の一であることから、明らかに誤った訳となっていることである。

忠雄の訳稿

良永の訳出から一五年後、忠雄は同じドウエスの蘭書『オクタントとその用法の説明書』の翻訳に取り組み、『オクタント之記』という題名を付して訳出した。その背景は跋文から読み取れる。

予、いまた是書にいへるオクタントを見されは、右のことく本文の意を解せりといへとも、実は臆度推量《おくたくすいりよう》の言といふへし。然れとも今鏡二つたにあらは如何なる鏡にもせよ、これをもつて試んにもオクタント反照変化《はんしようへんげ》の理、目前に明白なるへし。況《いはん》や予か見しオクタントを此書に比ふるに、丙鏡の形も異にして幅を調ふるの螺《ら》旋《せん》もなきなとの故障はありしかと、これをもて遠きを見、近きを見、或は甲鏡を起して幅の違を試みなと様々にして見しをや。此を推《お》して彼に達するの理あれは、何そ必しも知へからすとのみはいひてん。（福岡市博物館蔵本裏見返し）

忠雄は、ドウエス蘭書に描かれたものとは別種のオクタントを見ていたことや、その実物の器機を見ずに取り組んだ自身の訳が、あくまで推測に基づく「臆度推量の言」であることを述べた後、末尾に「此を推して彼に達するの理あれは、何そ必しも知へからすとのみはいひてん」と記す。ここで言う「此」とは忠雄が見たことのあるオクタント、そして「彼」とはドウエス書が対象とした忠雄未見のオクタントを指し、すなわち、その未見のオクタント（の取扱説明書）を理解することが忠雄の訳出動機であった。

ただし不審なのは、良永の訳出に言及がないことである。忠雄は短期間ではあったが阿蘭陀稽古通詞に就いており、その上、居住していた実家中野家は本木家と同じ外浦町《ほかうらまち》に所在した。さらにオランダ語翻訳界隈が狭い世界であることを考えると、忠雄が良永の仕事を知らなかったとは想定し難い。この疑問を含みつつ、ドウエスの原典と突き合わせて、良永と忠雄の訳出を比較検討していこう。

良永と忠雄の訳語の相違

Octantに対する良永訳は「象限」もしくは「オクタント」であるが、忠雄は「オクタント」ないしは「八円儀」と訳している。既述したように、Octantは八分の一を指すことから、四分の一を意味する「象限」は訳語として不適切である。

また、オクタントを図示した個所では、その指標に対し、良永は「空度」「四十度」「九十度」、一方、忠雄は「無度」「四十五度」「九十度」とする。また、オクタントに備えられた諸鏡を「甲」「乙」「丙」といった十干《じっかん》で示すのは両者同じであるが、人間の着眼箇所についても良永が「丁」「戊」と十干で表現するのに対し、忠雄は「子」「丑」と十二支《じゅうにし》を用い、読者が混乱しないように分けて表している。

オクタントの示標桿を指すWyserあるいはIndexに対して良永は「游表《ゆうひょう》」と訳語を

与えているが、この「游表」は、イエズス会士南懐仁《なんかいじん》（Ferdinand Verbiest, 1623–1688）による漢訳洋書『新製霊台儀象志《しんせいれいだいぎしようし》』（康熙一三年〈一六七四〉二月三日奉）に先例がある。同書巻之一に、西洋天文学の知見に基づいて康熙帝治政時に製作した六つの天文・測量儀器（黄道経緯全《こうどうけいいぜん》儀《ぎ》、赤道全儀経緯《せきどうぜんぎけいい》、地平経儀《ちへいけいぎ》、象限儀、紀限儀《きげんぎ》、天体儀）が説明されているが、そこで「游表」はそれらの示標桿を意味する言葉として使われており（『新製霊台儀象志』巻之一「紀限儀之用法」など）、良永はこれに倣《なら》ったものと目される。それに対し、忠雄は「運楗《うんけん》」と造語を当てている。移動させることを意味する「運」と、水を堰き止める木の柱を指す「楗」をもって訳出したのである。特に「楗」については、オクタントが航海用器具であることから、「水」に関係しつつ「柱」を意味する語として採用したのであろう。

その他、良永が訳せなかったGraadboog en Kruissen（クロススタッフ）、Quadrant（象限儀、四分儀）についても忠雄は諸文献に倣って訳を試みている。前者Graadboog en Kruissenについては「弩儀《どぎ》」という訳語を当てているが、松宮観山《まつみやかんざん》（一六八六～一七八〇）『分度《ぶんど》余術《よじゅつ》』（享保一三年秋上浣序。東北大学附属図書館林文庫蔵）に用例があり（平岡隆二「「測量秘言」の写本について」）、先例に倣ったのかもしれない。

後者Quadrantについては「星尺《せいじゃく》」と訳しているが、これも『分度余術』に認められる訳語で、その他『和《わ》漢《かん》三《さん》才《さい》図《ず》会《え》』（正徳二年五月上浣序）の「巻第十五　技芸」にも確認できることから、先例を踏襲した可能性が高い。

かように忠雄もいくつかの訳語には苦労したようであるが、重要なのは、原文を省略したり改変したりせずに、あくまで原文の尺や意味を損なわないよう、忠実に日本語に置き換えることに臨んだその姿勢である。

ドウエス蘭書の第一節を例に、良永と忠雄の訳を比較してみよう。以下、ドウエス蘭書は一七四九年初版を用い、筆者訳を後続させた。同箇所に対する良永訳は津市立図書館稲垣文庫蔵本、忠雄訳は福岡市博物館蔵本を使用した。

【ドウエス蘭書・第一節（p. 1）】

HET Octant waar van wy zullen spreken, is het geen [hetgeen] meest in gebruik is, met drie Spiegels. Waer van het Maakzel, Grootheid, en Houding in Fig. I. vertoond word. Andere zoorten van Octanten, by andere uitgevonden, als minder in gebruik zynde zullen wy niet aanhaalen.（これから話すオクタントは、最も一般的に使用されているもので、三つのミラーを備えているものである。図1には構造、大きさ、および外観が示されている。他の人が発明した他の種類のオクタントは使用が少ないものとして引用しない。）

【良永訳】

爰《ここ》ニ説ク所ハ、三鏡アルオクタントの用法并ニ其大小ニ従フ製造ノ方ナリ。其図初メニ著スカ如シ。此器ニ別種アリ。是他人ノ製スル所ニシテ、其蓋少シ故ココニ載セス。（『象限儀用法』津市立図書館稲垣文庫蔵本五丁表）

【忠雄訳】

今我言ントコロノ八円儀ハ、多ク世間ニ用ラルル者ニシテ、三ノ鏡ヲ帯タリ。其状、其大サ及ヒ其附属ノ諸件並ニ図ノ一ニ見タリ。他人ノ発明セル他種ノ八円儀ハ世ニ用ルモノ少ケレハ此ニ説ス。（『オクタント之記』福岡市博物館蔵本四丁表）

一瞥して忠雄訳の正確さが見て取れるが、良永訳を詳細に見てみると、まず第一文では meest（最も）の訳が脱落しており、さらに in gebruik is（使用されている）を「用法」と誤解しつつ、さらには「并ニ其大小ニ従フ製造ノ方」という文を付して拡大解釈している。続く第二文に至っては、「図1に［……］示されている」という内容を、「其図初メニ著スカ如シ」と少しく文章を変更するほか、比較級を用いた minder in gebruik（使用が少ない）には、第一文で in gebruik を訳出しておきながら、「其蓋少シ」と、使用ではなく、その物自体が少ないことを意味するような曖昧な日本語を当てている。

それでは次に、第九節の第一項と第二項を見てみよう。

【ドウエス蘭書・第九節第一項（p. 6）】

Laat van eenige hoogte een Loodlyn afhangen, hoe hooger hoe beeter.（垂線をある程度の高さから下ろす。高いほど良い。）

【良永訳】

垂線ヲ最高所ニ設ク。（『象限儀用法』津市立図書館稲垣文庫蔵本八丁裏）

【忠雄訳】

高キ処ヨリ直線ヲ下ス。愈《いよいよ》高ケレハ愈ヨシ。（『オクタント之記』福岡市博物館蔵本一〇丁表）

ドウエスの原文は、「垂線をある程度の高さから下ろす」という主節と、比較級を用いて「高いほど良い」という内容を意味する副詞句から成る。ところが良永訳は、これらをまとめた曖昧な内容となっており、誤訳と言って差し支えない。また、「垂線ヲ最高所ニ設ク」という訳文自体、いま一つ意味の通らない日本語である。

【ドウエス蘭書・第九節第二項（p. 6）】

Plaast《[Plaats]》 het Octant op een afstand van 20 à 30 Voeten van de Loodlyn, in een Loodregte stand.（オクタントを垂線から二〇から三〇フィート離して、垂直の位置に置く。）

【良永訳】

垂線ヲ距ル事二十尺及三十尺ニシテ、其中間ニコノ器ヲ竪《たて》ニ居エ、眼ヲ丁ニ当テ、前ニ在ル垂線ヲ乙鏡ヲ以テ視ルニ、前後ノ垂線一直線ナルヤウニスヘシ。(『象限儀用法』津市立図書館稲垣文庫蔵本八丁裏)

【忠雄訳】

器ヲ持テ直線ヲ去ルコト二丈モシクハ三丈ノ処ニイタリテ、コレヲ正立セシム。

(『オクタント之記』福岡市博物館蔵本一〇丁表)

オクタントの位置と垂直に設置することを説いた短い原文に対し、良永は全く尺が合っていない訳文を示している。ここで最も深刻な問題は、訳の誤りというより、原文にはない「其中間ニ」および「眼ヲ丁ニ当テ、前ニ在ル垂線ヲ乙鏡ヲ以テ視ルニ、前後ノ垂線一直線ナルヤウニスヘシ」という文を挿入している行為である。

ここまで見たように、原文に対する忠雄の訳出姿勢と比較すると、脱落や誤訳もさることながら、良永のそれは、原文を自身の解釈で表現しなおす態度と言える。誤訳であればいざ知らず、故意に原文の意味を変更したり、文を脱落させたり、あるいは言葉や文章を勝手に挿入したりするような訳出は、少なくとも現代の意味における「翻訳」と同じではない。しかしながら、我々はその良永の姿勢に、オランダ語に対する不理解や読解力の不足のみならず、そもそも近世における訳業が、今日の「翻訳」とは全く異なる営為であったことを見出しうるのではなかろうか。

『解体新書』は「翻訳」ではない

ところで、蘭学の代表として真っ先に挙げられる杉田玄白《すぎたげんぱく》（一七三三〜一八一七）『解体新書《かいたいしんしょ》』（安永三年八月）における最大の問題点は、蘭書原典に付されたクルムス（Johann Adam Kulmus, 1689–1745）の注釈が無視されていること、原文にはない記述を追加していること、そしてさまざまな書物から図を集めたりして成されたことにあり、今日「翻訳」と呼ぶ仕事ではないことである（大島明秀『蘭学の九州』一七〜一八頁）。さらに言えば、本文は漢文体で表記されており、「和訳」とは言い難いものであった。

一八世紀後半の代表的な蘭学入門書である大槻玄沢『蘭学階梯《らんがくかいてい》』（天明八年冬序跋）下巻の文例においても、Ik wensch u goeden dag myn heer.（良い一日を）というオランダ語文の一つ一つの語に、「我 望 你 吉 日 君 吾」と漢字を当てて訳語を示し、さらにこれを読み下して「我貴君ノ嘉日ヲ希望ス」という訳文を掲げている。そもそも二人称 u の訳「你」は白話で、もはや漢語でもなく（『洋学 上』三六二頁）、そうなると、ますます「日本語訳」や「和訳」と呼ぶのは難しい。

「口和」とは何か

「文章」のレベルでの翻訳行為を表す言葉として、近世初中期の語彙には「口和《くちやわらげ》」と「和解」がある。「口和」は『日本国語大辞典』第二版には、用例なしに「外国語を日本語に翻訳することを古くいった語。とくにオランダ語を通訳すること。和解。」と説かれるが、「口和」を標題に冠した作品の内容を確認する限り、原文に対して忠実に日本語に置き換えた仕事ではなく、右の『日本国語大辞典』の説明は適切ではない。

一例として、カスパル流外科を伝えたことで知られる唐津土井藩の医師河口良庵《かわぐちりょうあん》（一六二九～一六八七）の医書「諸薬口和」を挙げてみよう。良庵がオランダ商館医シャムベルゲル（Caspar Schamberger, 1623-1706）の直接の指導を受けたかどうかは定かではないものの、写本「諸薬口和」は出島商館からの情報を熱心に収集したり、勉強したりした成果の一つであった（ヴォルフガング・ミヒェル「カスパル・シャムベルゲルとカスパル流外科（上）」）。良庵は、一つの本や原文に対してこれを忠実に日本語に置き換えた翻訳ではなく、伝聞やさまざまな文献の抜き書きなどの諸情報を交え、自身で消化、解釈した内容を説明した書物を編んだのである。

ここで『日葡辞書《にっぽじしょ》』を繙《ひもと》くと、「口」は「何れかの国の言語」（Lingoagem de qualque reyno）、「和《やわらげ》」は「解釈、あるいは説明」（Explicação, ou declaração）を指す。要するに「口和」とは、あくまで「（外国語などの）難解なものを（日本人）読者に解釈して説明する行為」であり、現代の意味での「翻訳」を意味しないのである。

「和解」とは何か

それでは「和解」が意味するところは何か。再び『日本国語大辞典』を繙けば、天華蔵主人『通俗酔菩提全伝』（宝暦九年）などを用例に、「他の国の言語を日本語で解釈すること。また、むずかしい文章や文字をわかりやすく解き明かすこと。また、その解釈。」とある。注意すべきは、「和解」を「解釈」や「解き明かすこと」とし、「翻訳」とは認識していないことである。

近世初中期において「和解」を標題に冠した書籍を探索すると、多くは仏書や医書に用いられたようである。例えば、版本『往生要集和解《おうじょうようしゅうわげ》』（正徳五年三月）は、諸書の引用を交えて源信《げんしん》『往生要集《おうじょうようしゅう》』（寛和元年）を読み解いて説明した一書であった。あるいは『本草和解《ほんぞうわげ》』（元禄一一年正月）は、その序で、曲直瀬道三《まなせどうさん》（一五〇七～一五九四）が成した『霊宝薬《れいほうやく》性能毒《しょうのうどく》』の誤謬を正し、その不足を補うことを掲げた本草書であるが、中国本草書の純然たる翻訳ではない。本草のいろは分類を行ったり、適宜図解を交えたりするなど、それ以前より簡明に本草の知識を整理して読者に提示するために編まれた書物であった。

また、本草学者野呂元丈《のろげんじょう》（一六九四～一七六一）が編纂した『阿蘭陀本草和解《オランダほんぞうわげ》』（寛保元年～寛延三年）は、八代将軍徳川吉宗《とくがわよしむね》（一六八四〜一七五一）の命を受けて、ドドネウス『草木誌《そうもくし》』蘭語版（Rembertus Dodonaeus, 1517–1585: *Cruydt-boeck*）のおそらく一六一八年版を訳出したもので、蘭書からの訳書題に「和解」が冠された最も早い例であった。その内容は『草木誌』の項目や記述の抜粋であり、植物の性質についての説明はところどころで中医学書の概念や書式に基づいて記されており、さらには八回にわたって江戸参府のオランダ人医師に質問して得た内容を含むなど、純然たる「翻訳」からは程遠い内容であった。

「口和」と同じく、二種の漢字から成る「和解」を一文字ずつ検討すると、「和」が「日本」、「説明・解釈」のいずれを意味するかは判然としないものの、「解」は「説明することと。解釈すること」（『日本国語大辞典』。用例は『法華義疏《ほっけぎしょ》』〈七世紀前半〉など。）を意味し、やはり先述した『日本国語大辞典』の「和解」の説明と一致する。

ここにおいて、「和解」の本質も「翻訳」ではなく、訳者が提供対象と（して想定）する日本人読者に対し、「難解なものを説明する行為」であったと言える。よって、そこに原文の尊重という概念は存在せず、含まれる内容のみが重要なのであり、必要であれば著者の解釈を交えたり、伝聞情報や諸書の抜き書きを挿入したりして読者への「説明」を作り上げることが「口和」であり、「和解」であった。

このことを念頭に置くと、杉田玄白をはじめとする蘭学者の訳業の本質が了知できるとともに、ドウエス蘭書の訳出において、「和解」に取り組んだ本木良永に対し、「和解」を脱して現代の意味での「翻訳」に臨んだ志筑忠雄の仕事が理解できよう。なお、良永の訳書には、『日月圭和解《じつげつけいわげ》』(安永五年一一月)、『和蘭永続暦和解《オランダえいぞくれきわげ》』(天明八年一二月)、『万国地図書和解《ばんこくちずしょわげ》』(寛政元年)など、標題に「和解」を冠したものが少なくない。一方、これまでに忠雄の訳書名に「和解」は冠したものは発見されておらず、書名にも両者の意識の差が見える。

「和解」をした良永と「翻訳」をした忠雄

ドウエス蘭書の良永訳は誤りが多いものであったが、それにとどまらず、自身の解釈で原文の意味するところを変更したり、省略したり、あるいは原文にはない記述を追加したりと、その仕事はあくまで日本人読者に向けての説明行為としての「和解」であった。江戸時代を通して通詞に求められたのは「和解」であり、原文を正確に訳すことは、誰にとっても必要のないことであった。その意味で、良永は御用を確実にこなす優秀な人物であったと言える。

一方、忠雄は原文を尊重した忠実な姿勢で、その尺と意味を正確に日本語に置き換えることに心を砕いた。自身の説明を挿入する際は、その部分を割注や頭注にするか、長い場合は字下げの書式で「忠雄曰」と示して明確に区別し、原文を損なわないよう努めた。また、管見の限り、生前に執筆した二〇点以上に及ぶ著書において、自身の翻訳行為を「和解」と呼ばず、「訳」を用いて表現した態度にも「和解」を脱した「翻訳」への自覚が見える。

忠雄が良永訳に言及しなかった理由は判然としないが、少なくとも忠雄が良永の仕事を相手にしていないことに疑いはなく、その態度から、両者の間には師弟関係と呼べるような結び付きはなかったことが見て取れるだろう。いずれにせよ、忠雄の訳業は非常に精度が高く、何より現代の意味における「翻訳」と同じ意識で臨んだ学究的な仕事であった。ここにおいて、忠雄は日本史上初めて外国語（欧語）を「翻訳」した人物と言える。

『オクタントゥ之記』訳出の狙い

正確な時期は定かではないが、この間、忠雄は平戸藩主松浦静山《まつらせいざん》から、マシュー・ヘンリー『字義的・実践的聖書釈義』の和訳の命を受けている（松田清『洋学の書誌的研究』四七七頁）。先に静山の命でさまざまな蘭書訳出に従事していたのは本木良永であったが、いつしか忠雄も訳者の一員に加わった。

ラクスマン来航後、対外関係の危機感が高まる中で、忠雄が海外情勢の訳業に目を向けたのは、平戸藩への登用願望から、あるいは静山を通じて幕府や藩主などの有力者に自身の仕事が認められ、そこから仕官の声がかかることを意識していた事情が想定される（以上、本節全体を通して、大島明秀「「和解」から「翻訳」へ—*Beschryvinge van het octant en deszelfs gebruik* の訳出に見る本木良永と志筑忠雄—」）。

そしてその切なる想いは、詩才がありながらも素行の悪さから官職に就けず、生涯野にあった晩唐の詩人温庭筠《おんていいん》の字《あざな》「飛卿《ひけい》」に託し、一時この字を用いた行動にも窺える（大島明秀「志筑忠雄の所用印ともう一つの字」）。

海外遠征への展望

右の文脈に加え、ドウエス蘭書が理論的な窮理学書ではなく、測量器具オクタントの取扱説明書という実践的な内容の書物であること、そして忠雄未見のオクタントを対象とした書籍であることとを勘案すると、『オクタント之記』を訳出した忠雄の意図を、西洋の測量器具の使用法を紹介したものとする説明のみでは不十分であろう。仕官への野望を背景としつつ、ドウエス蘭書が航海の際に利用が見込まれるオクタントの使用法を記した文献であり、ロシアをはじめとした海外に遠征する未来を展望すると、その訳業が日本にとって有用な仕事となる可能性を秘めていたことが、忠雄が訳出に、しかも可能な限り正確な「翻訳」に取り組んだ狙いであったと考えるべきである。

四　『鎖国論』の訳出と再仕官の夢

ケンペル『日本誌』とは何か

忠雄は次の仕事として『鎖国論』（享和元年八月一七日序）の訳出を行う。底本であるケンペル『日本誌』に着目した忠雄の狙いを窺うために、まずは同書の内容と西洋における位置づけについて説明をしておこう。

長崎出島のオランダ商館付医師として、元禄三年（一六九〇）九月から二年間滞日したエンゲルベルト・ケンペル（Engelbert Kaempfer, 1651–1716）は、部屋小遣となった今村源《いまむらげん》右衛《え》門《もん》英生《えいせい》、さらにその他の阿蘭陀通詞とも親密に交流し、日本の自然、歴史、社会、文化に関する資料を入手し、説明を受けた。また、医師として二度江戸参府に随行した際、国内の様子を観察し、地図を作り、植物標本を収集し、風景、城、寺社、仏像、人々などのスケッチを残した。

ヨーロッパ帰郷後、西暦一七一二年に故郷レムゴで『廻国奇観』（*Amoenitates Exoticae*）を出版したが、ほぼ同時に執筆していたドイツ語の原稿「今日の日本」（Heutiges Japan）を発表できないまま、一七一六年一一月二日に六五歳で没した。

イギリス王の侍医で、群を抜いた収集家であったスローン卿（Sir Hans Sloane, 1660–1753）は、ケンペルの遺稿を購入し、原稿の価値を認め、自身の司書ショイヒツァー（Johann Caspar Scheuchzer, 1702–1729）に英語訳を要請し、一七二七年にロンドンで『日本誌』（*The History of Japan*）が出版された。

同書は物語的な叙述形式はとらず、日本の社会・歴史・宗教・地理・鉱石・動物・植物、というように項目を立てて論じた総合的な研究で、その記述形式は、地理学の基盤を築き上げたヴァーレン（Bernhard Varen, 1622–1650）が一六四九年に刊行した、ヨーロッパで初めて項目別に分けて日本を描写した画期的な著作『日本王国誌』（*Descriptio regni Iaponiae*）に倣ったものと目される。また、『廻国奇観』中の六つの論文も英訳され、付録として加えられた。大型の日本図、建物、風景、器物、人物の数々の図版を含むこの英語版は知識人の間で高い評価を得て、一七二九年にフランス語版とオランダ語版がそれぞれ英語版から作られ、一七三二年に仏語再版が、翌三三年には蘭語再版が上梓された。一七四七年には仏語版からドイツ語版が編まれたが、『日本誌』の全訳ではなかった。このショイヒツァー版系統とは別に、一七七七年から一七七九年に啓蒙思想家ドーム（Christian Wilhelm von Dohm, 1751–1820）が、故郷レムゴーで発見されたもう一つの原稿に

『鎖国論』訳出の底本

基づいて、そこに手を加えた別版をドイツ語で出版した。

ケンペル『日本誌』は啓蒙時代の西洋知識人に受容された。例えば、哲学者カントや思想家ヴォルテール（Voltaire, 1694–1778）は著作の諸所に引用する形で用い、レッシング（Gotthold Ephraim Lessing, 1729-1801）などの文学者は、江戸城での徳川綱吉《とくがわつなよし》とケンペルの出会いを題材としてさまざまな作品に利用した。思想家ヘルダー（Johann Gottfried Herder, 1744–1803）も『日本誌』を日本の歴史の権威的書物として言及しているが、とりわけディドロ（Denis Diderot, 1713–1784）らにより編纂された史上初の『百科全書』（*Encyclopédie*）に用いられたことが大きい。同書の日本に関する項目のほぼすべてが『日本誌』仏語版を典拠としていることから、『日本誌』は一九世紀半ばまで西洋における日本観の基盤を形成した書物となり、歴代オランダ商館長やペリー（Matthew Calbraith Perry, 1794–1858）が来航する際にも日本の情報源として利用された。

ロシア南下をはじめとする対外危機が押し迫った中、ヨーロッパにおけるケンペル『日本誌』の位置づけを理解していた忠雄は、西洋人がどのように日本を見ているのかについて、情報提供するために訳出に取り組んだのである。

忠雄が『鎖国論』訳出の底本としたのは、平戸藩主松浦静山の蔵書（平戸楽歳堂文庫）で、蘭語版『日本誌』（*De beschryving van Japan*）の一七三三年再版と見られる。この一書はそもそも阿蘭陀通詞吉雄耕牛が所有した本であった。「吉雄子の宅にして西書を覧《み》るに［……］諸国の志亦多し、ケンフルと云書は暹羅《シャム》と日本との志なり」（『帰山録』上一〇七〇頁）と、三浦梅園は、安永七年（一七七八）九月二五日に耕牛宅で『日本誌』を閲覧した旨を記録している。その後、同書は天明二年（一七八二）に平戸藩主松浦静山の所有となるが、静山はこの書に序を付し、「此書我が邦に伝ふるもの纔《わず》かに一、二部なり。今にして償《あがな》はざれば、恐らくは烏有《うゆう》氏の奪ふ所とならん。」（原文は漢文。松浦史料博物館蔵）と、大金で購入したことを明示している。

忠雄がこの書物をどのようにして借り受けたのかという問題があるが、おそらく居住していた長崎の中野家から直線距離で七〇〇《メートル》余りの位置にある大黒町（現長崎市大黒町）に設けられていた平戸藩蔵屋敷を通じて借り出したものと見られる（一〇頁掲載図参照）。

忠雄はフォリオ判五〇〇頁に及ぶ大部のケンペル『日本誌』蘭語版再版の全体ではなく、附録第六編を『鎖国論』として訳出した。忠雄が『鎖国論』の訳出に取り組んだのは、日本の対外関係の在り方を検討する資料として幕閣や平戸藩などの有力藩主に向けて情報提供することが理由であったことに疑いはないが、それではなぜ『日本誌』の中

ケンペル『日本誌』蘭語版再版内題（楽歳堂文庫旧蔵，松浦史料博物館蔵）

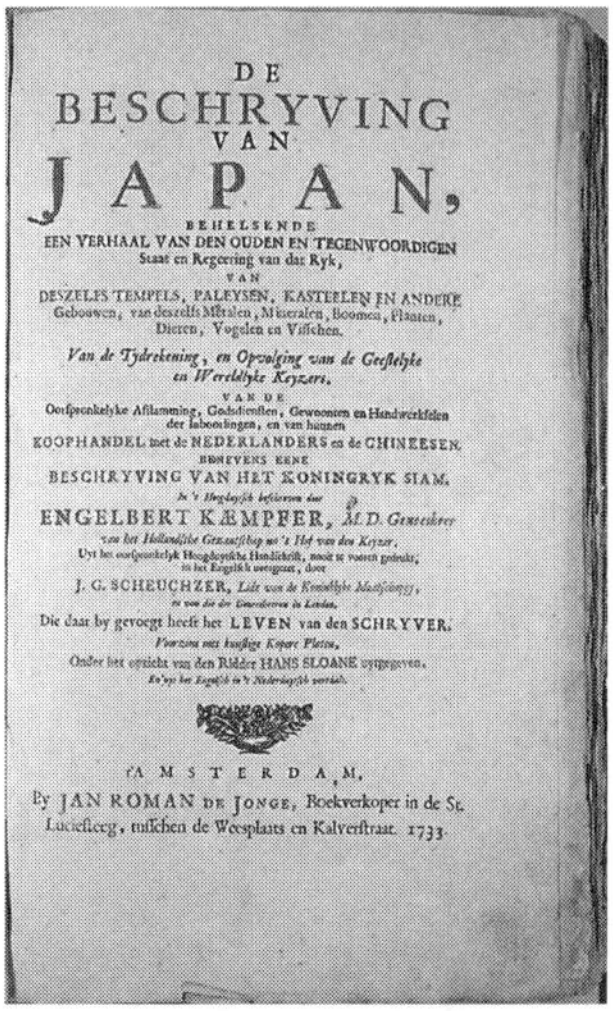
DE
BESCHRYVING
VAN
JAPAN,
BEHELSENDE
EEN VERHAAL VAN DEN OUDEN EN TEGENWOORDIGEN
Staat en Regeering van dat Ryk,
VAN
DESZELFS TEMPELS, PALEYSEN, KASTEELEN EN ANDERE
Gebouwen, van deszelfs Metalen, Mineralen, Boomen, Planten,
Dieren, Vogelen en Visschen.
Van de Tydrekening, en Opvolging van de Geestelyke
en Wereldlyke Keyzers.
VAN DE
Oorspronkelyke Afstamming, Godsdiensten, Gewoonten en Handwerksselen
der Inboorlingen, en van hunnen
KOOPHANDEL met de NEDERLANDERS en de CHINEESEN.
BENEVENS EENE
BESCHRYVING VAN HET KONINGRYK SIAM.
ENGELBERT KÆMPFER, *M. D. Geneesheer*
van het Hollandsche Gezantschap na 't Hof van den Keyzer.
Uyt het oorspronkelyk Hoogduytsche Handschrift, nooit te vooren gedrukt;
in het Engelsch overgezet, door
J. G. SCHEUCHZER, *Lidt van de Koninklyke Maatschappy,*
Die daar by gevoegt heeft het LEVEN van den SCHRYVER.
Voorzien met kunstige Kopere Platen,
Onder het opzicht van den Ridder HANS SLOANE uytgegeven.
t'AMSTERDAM,
By JAN ROMAN DE JONGE, Boekverkoper in de St.
Luciesteeg, tusschen de Weesplaats en Kalverstraat. 1733.

松浦静山の序

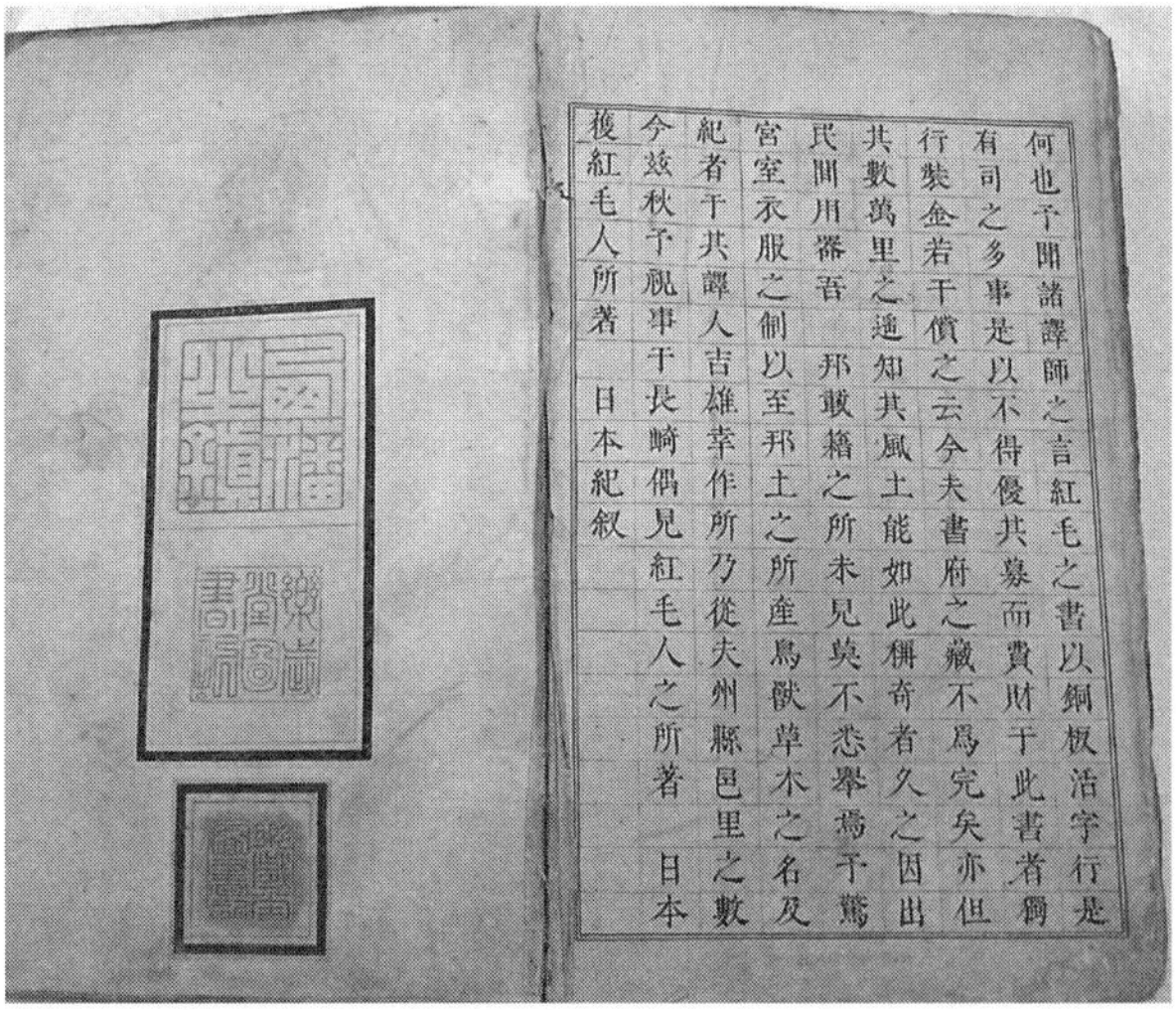
何也予聞諸譯師之言紅毛之書以銅板活字行是
有司之多事是以不得優其募而費財于此書者獨
行裝金若干償之云今夫書府之藏不爲完矣亦但
其數萬里之遥知其風土能如此稱奇者久之因出
氏聞用器吾　邦載籍之所未見與不悉擧焉于驚
宮室衣服之制以至邦土之所產鳥獸草木之名及
紀者于其譯人吉雄幸作所乃從夫州縣邑里之數
今玆秋予視事于長崎偶見紅毛人之所著　日本
獲紅毛人所著　日本紀敘

からこの部分を選出して訳したのであろうか。その動機について跋文で次のように記している。なお、引用にあたっては、架蔵写本を底本とし、杉本つとむによる影印版で校訂した。

今予か是書を翻訳するも、徒《いたずら》に玩娯《がんご》に具《そなえ》んか為にあらす。我輩の斯《かか》る得難き国に生れ、かかる有難き御代にあひて、太平の草木とともに又上もなき雨露の恵みを蒙《こうむ》ることの楽しさを語り出ん時の興を添るの一助ともなり、兼ては又異国異風の恐るへき邪説暴行の悪むへくして、普《あまね》く天下に求れとも、更に尊むへきの人もなく、仰くへきの教もなきことを悟りて、外を禦《ふせ》き、内を親しむの最切用なる心を固くするの道に於て、微《すこし》く稗益《ひえき》する所もありなんかしと思ふ計《ばかり》になんありける。

（『鎖国論』架蔵七一丁表～裏。杉本影印版六四丁裏）

ここには二つの訳出目的が明記されている。前者は「ケンペル『日本誌』への学問的関心」であり、後者は「外国に対する恐怖・不安を解き放ち、国内の和を守るささやかな一助にするため」である。特に後者については「普く天下に求れとも、更に尊むへきの人もなく、仰くへきの教もなきことを悟」ったことが動機として示されている。そのために、忠雄は「『日本志』の中にて金骨ともいふへき所なるを、今特に摘出して拙なき筆をもて翻しつるもの也」（凡例に当たる「鎖国論訳例」の一条目）と、『日本誌』蘭語再版の中から特に重要な箇所を選んで訳出したと言うのである。

『鎖国論』の元となった文章は、『日本誌』蘭語再版の巻末に収録された附録六編の最終第六編であり、本全体の最後という目に付きやすい位置にある。かような偶然の要素も秘めつつ、この第六編の論文は、分量的には短いながらも、日本の気候、文化、地理、政治、歴史、国民性などが網羅的に述べられた、いわば『日本誌』全体を凝縮した内容であったことから、限られた時間の中で訳すには最も適当な部分であったと言える。

ケンペル原論文の内容

『鎖国論』として訳出された日本の対外関係について陳述したケンペルの原論文は、元は『廻国奇観』に所収されたラテン語の文章に遡《さかのぼ》る。忠雄が訳したのは、英語訳を経て、オランダ語に訳されたものであった。なお、『廻国奇観』所収の論文と『日本誌』蘭語再版に所収されたものとを比較しても、特に大きな違いは見られない。

原論文の本文は、五章に分けられ論じられている。まず第一章では日本が通交を絶つ政策を行っていることに対し、いったんは『旧約聖書』に基づいて原則論としての禁止を述べるものの、現時点での日本がかような方針とすることは妥当であることが提唱される。第二章では日本の隔絶した難攻不落の地理的位置づけが語られ、一七世紀前半に

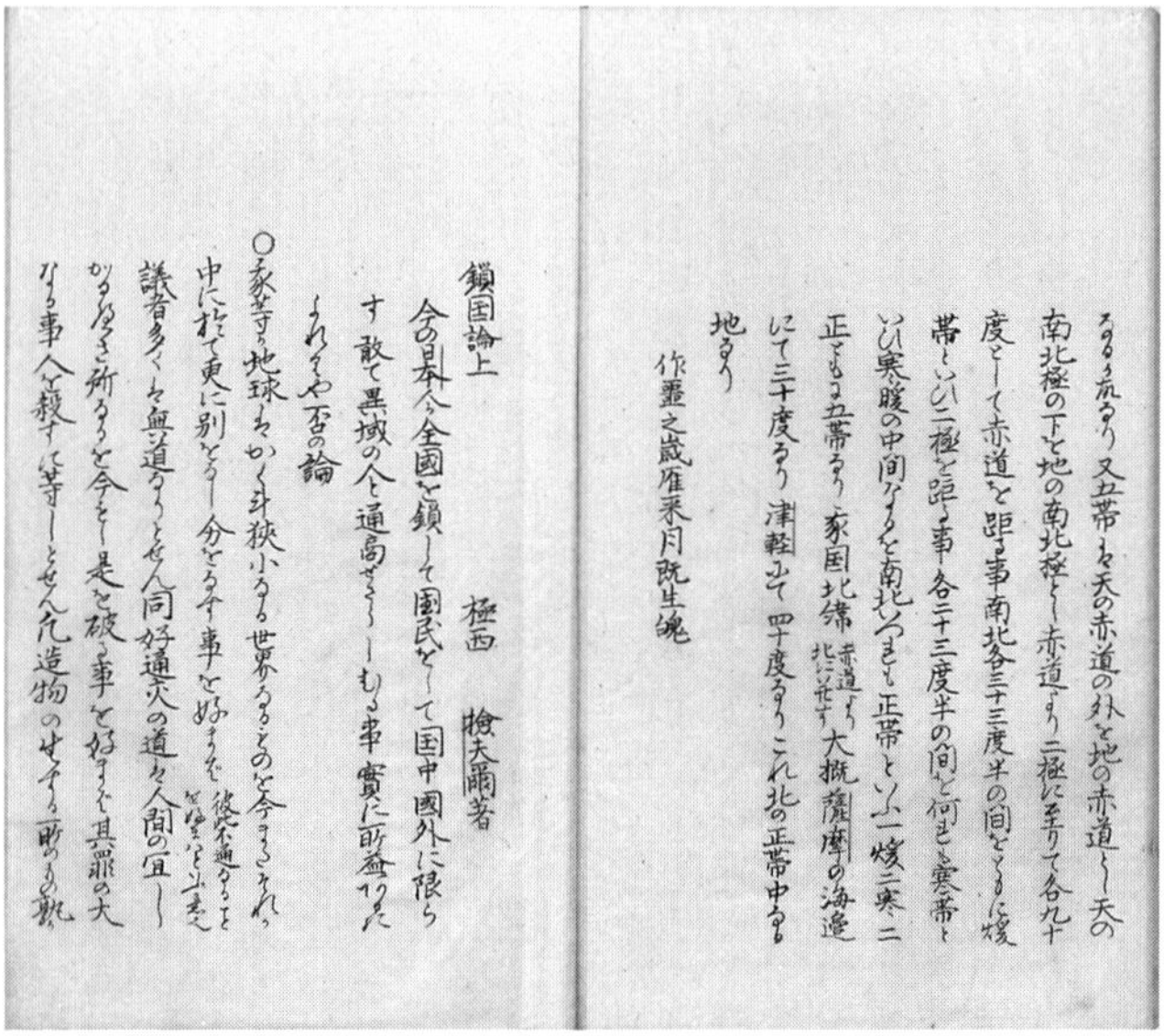
鎖国論上　　極西　検夫爾著

作噩之歳雁来月既生魄

『鎖国論』上巻内題５丁表（架蔵）
ケンペルは「極西　検夫爾」と表記されている

濱田兄弟が台湾オランダ総督ピーテル・ノイツ（Petro Nuits, 1598–1655）を打ち負かしたことや、一三世紀の蒙古を撃退した歴史的事例を挙げ、日本人の勇敢さを称える。第三章では日本の物産の豊富さに言及し、加えて、金属の鋳造技術、酒造、学問、尊崇な敬神の精神、内科学、裁判の迅速さなどを称賛する。第四章では、神代の時代から権力争いが続いてきた日本が、徳川時代に至って政治体制と法の整備とともに平和を確立したことを踏まえた上で、キリスト教の進入がもたらした社会的不安（いわゆる「島原の乱」）により平和な日本が壊滅的に荒らされたが、キリスト教者を弾圧し、さらにポルトガル人を取り締まり、追放することによって平和を取り戻した経過について述べる。最後の第五章は全体の総括で、治世者である江戸幕府五代将軍徳川綱吉（一六四六～一七〇九）が名君であることからも、現時点の日本が海外との通交を絶つ政策を行うのは妥当であるとする。以上がケンペル原論文の内容である。

和訳時の改題

ところが、忠雄が『日本誌』蘭語再版から訳出した写本『鎖国論』（享和元年八月一七日序）には、底本から改変した点が少なからず認められる。

第一に、論文の題名が変更されている点に留意せねばならない。忠雄は、蘭語原文の題名が「日本帝国が今のまま国内外を問わず自国民に外国との交易を禁じることが有益か否かの論」（Onderzoek, of het vanbelang [van belang] is voor 't Ryk van *Japan* om het zelve geslooten te houden, gelyk het nu is, en aan desselfs Inwooners niet toe te laaten Koophandel te dryven met uytheemsche Natien 't zy binnen of buyten 's Lands. *De beschryving van Japan*, 2 druk, p. 476）と長いことから、忠雄は、オランダ語原文の Van den tyd af dat het Ryk is opgesloten geweest（国を鎖してから p. 482）や、het Ryk opgesloten wierd voor eeuwig, en gansch en gaar gezuyvert van Vreemdelingen en vreemde Costumen（永久に国を鎖して、いっさいの異国人と異国の風俗を取り除く p. 490）、*het Ryk zoude worden toegesloten*（当然国を鎖すべきである p. 490）、voor altoos naderhand opgesloten（常に四辺を鎖す以前 p. 492）、あるいは het Ryk nu volkomentlyk opgesloten was（この国が完全に鎖すに至ったならば p. 493）といった一連の表現や意味を参考に、この写本の内容を示す題名として『鎖国論』という標題を掲げた。

章分けの省略

内容の改変

第二に、原文にある五章の分類を省き、すべての章を続けて記している点。

第三に、本文が純然たる翻訳ではない点で、これが最も重要である。

『オクタント之記』の訳出に見たように、忠雄は「和解」ではなく、オランダ語の構造を理解し、忠実に原文の内容を日本語に置き換える、現代の意味での「翻訳」の水準で和訳を行う実力と意志を有しており、その傑出した語学力と翻訳姿勢が「鎖国」や「植民」（volkplantingen p. 491）という新しい日本語を生み出した。

訳出忌避

ただし、その忠雄であっても、明らかな誤訳が存在したり、意図的にキリスト教関連の記事や未知の知識の訳出を避けたりした形跡が確認できる。例えば、『鎖国論』本文の「吉利支丹教法の如きは」（『鎖国論』架蔵五四丁裏。杉本影印版五〇丁表）という文章は、もともと De Christelyke religie zelf, en de Leere der Zaligmaking van het menschdom door de verdiensten van Christus（キリスト教自身と、キリストに功績のある人への救済の教え *De beschryving* van Japan, 2 druk, p. 490）という蘭語原文の内容を改変したものである。さらに、Omtrent honderd jaaren geleden scheen het Licht van de Christelyke religie in volle helderheid in dit uytterste einde van het Oosten, maar helaas!（約一〇〇年前キリスト教の光はこの極東の地において最高の輝きを見せていた、しかし悲しいかな！ p. 484）という一文については、忠雄は「吉利支丹の教法この東極の地にありて全盛なりしか」（『鎖国論』架蔵三六丁表。杉本影印版三二丁表）と訳出しており、原文からLicht（光）を省略することでキリスト教への讃美色を取り除き、加えて「しかし悲しいかな！」と慨嘆するケンペルの一文を省いている様子が見える（鳥井裕美子「ケンペルから志筑へ―日本賛美論から排外的『鎖国論』への変容―」）。

その他、未知の知識の訳出を避けた様子も確認できる。ケンペルの蘭語訳にColchis（コルヒス p. 490）と表記される地名が登場する。これは直接的には黄金の羊毛皮の伝説で知られる黒海の東南側にある地方のことを指すが、ケンペルの論文では貴重なもののある国としての日本を指す比喩として使用されている。忠雄はそれが分からず、「是地」（『鎖国論』架蔵五五丁裏。杉本影印版五〇丁裏）とのみ記している。かように忠雄訳『鎖国論』においては、キリスト教関連の記事や未知の知識の訳出を避けた改変の形跡が認められるのである。

また、時折誤訳も認められ、特に顕著なのは、wat gedaan of gelaten（為すことと為さないことp. 488.）という一節の訳である。これについて忠雄は、gelaten（あきらめた）を laten（～させる）の過去分詞と間違い「為へき所及ひ為さしむへき所のこと」（『鎖国論』架蔵四八丁裏。杉本影印版四四丁表）と訳している。

忠雄の加筆と注による改変

しかしながら、ここで刮目《かつもく》すべきは、ケンペル原文の訳に加えて忠雄の注釈が付されていることである。大抵は、室鳩巣《むろきゅうそう》（一六五八～一七三四）『駿台雑話《すんだいざつわ》』や梅文鼎《ばいぶんてい》（一六三三～一七二一）『暦算全書』などの和漢籍に加え、マーリン『大蘭仏辞典』第二版（Pieter Marin: *Groot Nederduitsch en Fransch Woordenboek*）、ヤケスおよびハンノット『羅蘭辞典』（Benjamin Jacques & Samuel Hannot: *Dictionarium latino-belgicum*）、ヒュブネル『時事解説事典』（Johann Hübner: *De staats-en koeranten-tolk, of woodenboek der geleerden en ongeleerden*）、ストロイス『三大旅行記』（Jan Jonszoon Struys, c. 1630–1694: *Drie aanmerkelyke reizen*）、『傑作精選東西インド海陸紀行集』第一九巻一篇「アジア・アフリカの種々の部分を通したヘーベラー・ファン・ブレッテンの不幸なる旅行」（*Naaukeurige versameling der gedenkwaardigste zee-en landreijsen, na Oost en West-Indiën*）といった蘭書を用いて、ケンペルの観察に対する補足説明や訂正を施したもので、世界の大都市の概要や人口などがその主な内容である。

植民地活動やキリスト教に対する忠雄の反感・嫌悪

問題となるのは、本文と忠雄注を通して、時折植民地活動やキリスト教への反感・嫌悪を示した原文の改変や発言が存在することである。例えば、ケンペルがキリスト教より日本宗教の優れている点を述べた個所では、蘭語原文にはない「豈《あに》また教を異国に受る事を待ん。」（『鎖国論』架蔵三七丁表。杉本影印版三二丁裏）という反感を込めた一文を添えており、注では、ポルトガル人とスペイン人がキリスト教を用いて日本人を誑《たぶら》かしたことを「蠱惑《こわく》」と述べたり、両国人の海外拠点を「巣穴」と表現したりするなど印象の悪い言葉を用いている（『鎖国論』架蔵六〇丁表〜裏。杉本影印版五五丁表）。その他、ケンペルが理解できていない点については、「戎人」あるいは「戎狄」だから日本の偉大さや優秀性が理解できないのだと（『鎖国論』架蔵二九丁表、四二丁裏。杉本影印版二五丁裏、三七丁裏）、中華思想の言葉を使って蔑《さげす》んでいる（鳥井裕美子「ケンペルから志筑へ―日本賛美論から排外的『鎖国論』への変容―」）。

再仕官の夢

前述したように、ロシア情勢を伝えた『阿羅祭亜来歴』（寛政七年二月）の訳出は、若い頃から天文学の翻訳に身命を賭してきた忠雄にとって、初めての海外情勢を対象とした訳業であった。忠雄が三六歳にして新しい分野の翻訳に取り組みだした背景には、再仕官に対する願望が存在したと見られる。ただし、忠雄が希求したのは、通詞への再任ではなく、古代中国の儒学者のような、現実的な人物で言えば、徳島藩主蜂須賀治昭《はちすかはるあき》（一七五八〜一八一四）や老中松平定信《まつだいらさだのぶ》（一七五九〜一八二九）に抜擢《ばってき》された柴野栗山《しばのりつざん》（一七三六〜一八〇七）のような幕府や藩の学者のポストへの就任であり、その立場から「治国平天下」に導く「格物致知」的な学問と教授を行うことを念頭に置いていたと考えられる。そのため、『阿羅祭亜来歴』には、一介の商家「中野」姓ではなく、すでに籍を失っていた阿蘭陀通詞「志筑」姓を名乗ったものと見られる。また、航海技術の摂取のみならず、海外情勢察知の一環として訳出したと目される『オクタント之記』（寛政一〇年五月序）でも「志筑」姓を用いている。

自信作『鎖国論』

そして享和元年（一八〇一）八月一七日、忠雄は四二歳にしてケンペル『日本誌』蘭語版の附録第六編の論文を「鎖国論」と題して訳出した。ケンペル『日本誌』は西洋における日本観を知る上で最重要文献であり、しかも附録第六編は、日本の対外関係を論じたほか、日本のあらゆる事が記されており、観点を変えれば、それは日本が有する万国に秀でた各種の優秀性を西洋人が賛美した書物と読みうる内容であった。四七歳で亡くなった忠雄の年齢とこの時の体調から考えると、翌年に完成を見る『暦象新書』とともに、『鎖国論』は仕官への一縷《いちる》の望みを託した最後の仕事の一つで、本の重要性や訳出部分

排外的な内容に改変した事情

の内容から言っても自信作であったはずである。前掲の「普く天下に求れとも、更に尊むへきの人もなく、仰くへきの教もなきことを悟」って『鎖国論』を訳出したとする言葉にも、前人未到の仕事をしたとする強い自負が窺える。

原文を忠実に訳した『阿羅祭亜来歴』や『オクタント之記』における翻訳姿勢とは異なり、『鎖国論』の訳出にあたっては、自身の翻訳へのこだわりを殺し、原文の文脈を損なう形で、華夷思想に基づいた言葉と時折排外的な文章や注を織り交ぜた訳文を綴った。その姿勢に忠雄がナショナルな文脈での日本中心的思考を有していた可能性を見るむきもあるが（鳥井裕美子「ケンペルから志筑へ—日本賛美論から排外的『鎖国論』への変容—」）、そうではなく、その背後に忠雄の学問の根底にあった華夷思想と、そしてそれ以上に、平戸藩への登用の期待から、ないしは藩主松浦静山を通じて幕府や大名などの有力者に『鎖国論』が読まれ、そこから仕官の声がかかることを意識して成稿した事情を想定すると、その選書の在り方と翻訳姿勢が理解できるのである（大島明秀「志筑忠雄の通詞退役と仕官活動」）。

ただし、商家の出で無職であった忠雄の身分では、自発的に幕府や大名に著作を見せたり、提出したりするような振る舞いができるはずもなく、実際に大身《たいしん》に働きかけた形跡は確認できない。したがって、仕官願望とは言っても、蘭書を借り出したり、和訳の命を受けたりと、平戸藩とわずかではあるが特別な繋がりを有していたことから、時宜を得た無二の仕事であれば、有力者に伝わり、目に留まって知遇を得られるのではないかという、あくまで他力を憑《たの》んだ一縷の望みであった。

しかしながら、渾身作『鎖国論』を書き上げ、その翌年に畢生《ひっせい》の仕事である『暦象新書』の完成を見たものの、これら二つの心血を注いだ自信作をもってしても、悲願であった登用は叶わなかった。

伝播する『鎖国論』写本

一方、忠雄の手によって排外的な色彩が織り込まれて改変和訳された『鎖国論』は、一九世紀日本のさまざまな地域・階層の人々に転写されて流布した。現存写本を確認すると、とりわけ文化元年（一八〇四）に長崎奉行所に出向している間に、同地で家来の奥原重蔵に転写させて入手した支配勘定大田南畝《おおたなんぽ》（一七四九～一八二三）の所有本や、経世家で数学者でもあった本多利明《ほんだとしあき》（一七四三～一八二一）所有本に遡る写本が多く残っており、『鎖国論』写本は、南畝や利明を起点に伝播したことが想定される。

「西洋人ケンペルによる日本賛美論」としての読書

しかしながら、幕末にかけて『鎖国論』が近世日本人の「開鎖」の議論を喚起した形跡はほとんど見られない。第六章第三節で後述するように、最大多数の読者は、平田国学における『鎖国論』の読み方に倣い、「西洋人ケンペルによる日本賛美論」として読み継いだのが実情であった（以上、本節全体を通して、大島明秀「ケンペル『日本誌』」、大島明秀『「鎖国」という言説―ケンペル著・志筑忠雄訳『鎖国論』の受容史―』三四～三五、六五～九一、二二一～二五三頁）。

次章では、『暦象新書』を中心に、忠雄の天文学・窮理学の到達点を見る。

第四　『暦象新書』の完成とその後

一　『暦象新書』外伝としての『四維図説』

『暦象新書』完成に至る道

若き頃からキール『天文学・物理学入門』蘭語版の読解に取り組んでいた志筑忠雄《しづきただお》は、二三歳時の天明二年（一七八二）八月に同書第二巻「天文学入門」の抄訳『天文管闚《てんもんかんき》』を、ついで天明五年一月前後頃までに第一巻「物理学入門」の抄訳『動学指南《どうがくしなん》』を書き上げたが、その後も未翻訳部分の訳出や、自身が訳した原稿の改訂を継続していた。

ところで、忠雄の著訳書の中で人口に膾炙《かいしゃ》した『暦象新書《れきしょうしんしょ》』（享和二年一〇月朔日序）は、上編（巻之上、巻之下、附録）、中編（巻之上、巻之下、附録）、下編（巻之上、巻之下、附録）の三編から成る。上編が主として前掲「天文学入門」の抄訳、中編は「物理学入門」の抄訳、下編は巻之上が忠雄独自の解説、巻之下がキール蘭書第五巻「求心力の法則について」中のハレー（Edmond Halley, 1656–1742）宛書簡の訳稿という構成となっている。上編の成稿にあたっては『天文管闚』を、中編は『動学指南』を土台としており、すなわち、『暦象新書』は完成に至るまで、忠雄が二〇年以上の時間と労力を費やした仕事だったのである（四二頁表1参照）。

ただし、草稿的著作『天文管闚』がなるべく原文を伝える形で成稿したのに対し、それを元に推敲《すいこう》した『暦象新書』は逐語訳ではなく、抄訳に忠雄の解釈や見解を交えた作品であったことには注意が必要である。

『暦象新書』と並行執筆していた『四維図説』

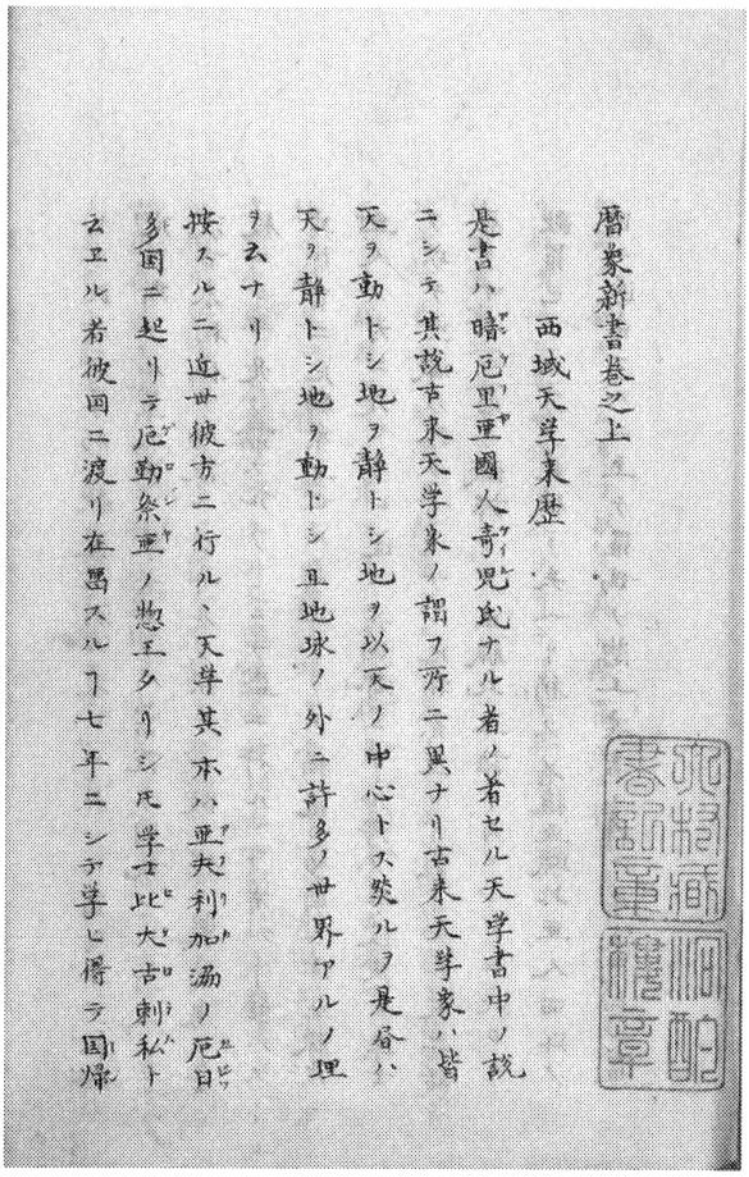
暦象新書巻之上
西域天学来歴
是書ハ諳厄利亜国人奇児氏ナル者ノ著セル天学書中ノ説
ニシテ其説古来天学家ノ謂フ所ニ異ナリ古来天学家ハ皆
天ヲ動トシ地ヲ静トシ地ヲ以天ノ中心トス然ルヲ是昏ハ
天ヲ静トシ地ヲ動トシ且地球ノ外ニ許多ノ世界アルノ理
ヲ云ナリ
按スルニ近世彼方ニ行ル、天学其本ハ亜夫利加洲ノ厄日
多国ニ起リテ厄勒祭亜ノ惣王タリシ氏学士比大古刺私ト
云エル者彼国ニ渡リ在留スルヿ七年ニシテ学ヒ得テ国帰

『暦象新書』上編巻之上，内題１丁表（架蔵）

『暦象新書』の話に入る前に、「中野忠雄」名義の『四維図《しいず》説《せつ》』（静嘉堂文庫蔵）という著作に触れておきたい。標題に含まれる「四維」とは天地の四隅を意味することから、宇宙を指した言葉と理解してよい。つまり、忠雄は、『暦象新書』と並行して別の天文書を執筆していたこ

とを意味する。ここで『四維図説』を繙《ひもと》き、『暦象新書』との関係を整理しておく。

『四維図説』の構成

『四維図説』は経之巻（第一巻に相当）と緯之巻（第二巻に相当）の二巻から成り、経星、すなわち恒星を対象とした経之巻では、「気」の理論に基づく中国古来の宇宙観や星官について記している。対して、緯之巻では、日月や緯星、すなわち五遊星（木星・火星・土星・金星・水星の五つの惑星）の運動を論ずる（野村正雄「志筑忠雄の『四維圖説』と「心遊術」—『暦象新書』外伝として—」）。

成立時期

『四維図説』経之巻に「今茲《コトシ》寛政四年壬子ノ年」（一九丁裏）と認められることから、寛政四年（一七九二）にはすでに執筆していた様子が窺《うかが》える。さらに、『暦象新書』中編巻之下（寛政一二年一〇月朔日序）の末尾にも『四維図説』への言及が確認できる。以下、『暦象新書』の引用にあたっては、『文明源流叢書』翻刻本を底本としつつ、九州大学附属図書館蔵写本で校訂した。

又問ふ。大中小の諸曜、悉《ことごと》く皆四惟の腰に当りて、周旋するも右し、廻天するも右す。是亦一理に本くことあるが如し。何の故ぞ。曰、是事は西説にも見へず。予寛政五年一二月【其の日は忘れぬ。】、或る夜の夢に奇なる模様を見に因て、窃《ひそか》に天運の然る所以の大概を理会しぬ。故粗《あらあら》其事を『四維図説』の末に記し置きつれども、未だ意に満ざる所あるが故に、容易に人に見することを欲せず。後稍《すこし》其論を詳にして、是書下編の末に加ることもあらん。（隅付き括弧は割注部分。『文明源流叢書』第二巻二〇六頁。『暦象新書』九州大学附属図書館蔵第三冊五五丁表〜裏）

右には忠雄独創の宇宙論「混沌分判図説《こんとんぶんぱんずせつ》」の着想に至った経緯が述べられているが、これによると、忠雄は寛政五年一二月（西暦一七九四年一月）に不思議な夢を見て、天が運動するメカニズムの大要を理解し（「天運の然る所以の大概を理会し」）、それを『四維図説』の末尾に記しておいたが、満足できるものではなかった。よって、簡単に他人に見せることはなかったが、後に手を加え仕上げて『暦象新書』下編の末に附すことを考えているという。

ともあれ、『暦象新書』中巻に『四維図説』が成稿していた発言が記されているため、『四維図説』の執筆時期は、寛政四年から同一二年一〇月朔日の間と見ることができる。

「心遊術」としての「八天観天文不動図」

『四維図説』緯之巻に掲載される「八天観天文不動図」は、同書最大の要所である。地球（地）、月（月）、土星（塡《てん》）、木星（歳《さい》）、火星（熒惑《けいわく》）、金星（太白《たいはく》）、水星（辰）、太陽（日）の順に、それぞれの場所から天を仰いだ場合に惑星の運行がどのように見えるか（観天）を図示している。異なる地点からの眺めを想像する方法は、まさしく『暦象新書』上編（寛政一〇年六月序）に説かれる「心遊術《しんゆうじゅつ》」にほかならない。「心遊術」は、地球から天を仰ぐと月や太陽や星々が動いているように見えるが、心を星に遊ばせ、彼方から此方を眺めると地球の方が動いているように見えるようになることを例に挙げ、惑星運行の視動（見かけの動き）と実動（実際の動き）とが異なる可能性があることを説く方法であった。

「心遊術」の典拠については、『淮南子《えなんじ》』「巻二俶真訓」中の一節「是の故に聖人の学は、以て性を初に反《かえ》して、心を虚に游《あそ》ばしめんと欲するなり。達人の学は、以て性を遼《りょう》廓《かく》に通ぜしめて、寂漠《せきばく》に覚《さと》らんと欲するなり。」（是故聖人之学也、欲以反性於初、而游心於虚也。達人之学也、欲以通性於遼廓、而覚於寂漠也。）であることが指摘されている（野村正雄「志筑忠雄の『四維圖説』と「心遊術」―『暦象新書』外伝として―」。『淮南子』の訓読文は、池田知久訳注八五頁による）。

『四維図説』は『暦象新書』の草稿にして補足的作品

西洋は「天ノ形気」、東洋は「天ノ命理」に優れる

いずれにせよ、『四維図説』は、部分的に『暦象新書』の草稿的な役割を担いつつ、『暦象新書』に不足している天文学的知識を補う作品であったと言える。

さて、忠雄は、中国伝統の天文学と西洋の学問は整合するとし、『素問《そもん》』や『列子』などを引き合いに出し、漢籍にも地動の可能性が見えることを指摘している。しかしながら、東西の違いについても指摘している。

予按ニ、総シテ数理ノ目ヲ論ルニ及テハ、和漢トイヘトモ西国ノ細密ナルニシカズ。盛衰盈虚ノ道理ヲ論スルニ及テハ、彼途ニ我下ニアリ。然レハ、彼カ学ハ天ノ形気ニ於シ、此ガ学ハ天ノ命理ニ於シ、彼ハ巧ヲ重シ、此ハ妙ヲ重スルコト知ヌベシ。

（『四維図説』静嘉堂文庫蔵四六丁表）

『天文管闚』下巻所収の「星学指南評説」を論じた際に確認したように、忠雄は、西《にし》川如見《かわじょけん》『天文義論』に基づき、天体を「命理の天」（宋学の「理」の理論を基底とする測量できない形而上の天）と、「形気の天」（形而下の天）に二分して捉えていた（四六〜四七頁参照）。さらに如見によれば、「命理の天」も「形気の天」も天体を構成する一部であるため、天文学は基本的に両者を含む学問体系であった。このことを踏まえると、西洋は「天ノ形気」、東洋は「天ノ命理」に優れているとする忠雄は、それぞれの学問の特質を認識・評価する一方、そこに優劣を見ていないことが分かる。

二　『暦象新書』の完成

『暦象新書』上編の内容

以下、吉田忠の研究を主たる道標《みちしるべ》としながら『暦象新書』の内容を見ていく。

伝統的な陰陽天地観に基づくキールの太陽中心説理解

『暦象新書』の中でも比較的原文に沿って訳した上編の重要な成果の一つは、惑星の運動の基本的理解のために、視動（見かけの運動）と実動（実際の運動）という概念を導入したことである。忠雄はこの観測者の位置によって見え方が変わる運動の相対性の原理を説くことから『暦象新書』の叙述を開始しており、その会得にあたって、『四維図説』ですでに唱えていた「心遊術」という方法を、上編巻之上「天体上」項の中で用いている。

今天運の真理を覚知せんとならば、先づ星行の実を知べし。星行の実を知んと欲せば、先づ其工夫の法を知べし。工夫の法と云は、我等常に地上にありて、天を仰ぎ見れども、いまだ天に升りて、地を俯し見ることとあらざるを以ての故に、先づ心遊の術を得るにあり。心遊とは、人体こそ其重力によりて常に地上に安在して、天を翔ること能ざれども、其知覚の心は虚霊不測にして、よく天に升り地に入て、六合の表八極の外に走り、大にしては恒星天をも抱きつべく、微にしては芥子《けし》の心にも潜まりぬべく、或は太陽に留り、或は太陰に宿し、又は五星の天を経歴して、逐一に其見る所の天文を察《み》る等の通力あり。是通力を以て天に遊ぶ、是を心遊と云。

（『文明源流叢書』第二巻一一二頁。『暦象新書』第一冊二二丁表～裏）

忠雄はキールの太陽中心説（地動説）を的確に理解して訳しており、明らかに太陽中心説の説明を目的として「心遊術」を掲げた忠雄が、実は天動説や地動説を掘り下げることはなかった。かかる一見矛盾した行動の謎を解く手掛かりは、上編附録「天体論」にある。

凡そ全動は全静に異ならず、専静は尚専動の如し。是故に静と静とも静なり、動と動とも静なり。一動一静にして、而後に動とす。〔……〕されば動は動静の間に生ずるものなり。是を地にありと言んも可なり。天にありと言んも可なり。天動の説何ぞ非とすべき。(『文明源流叢書』第二巻一四二〜一四三頁。『暦象新書』第一冊八〇丁裏)

「天体論」はキール蘭書の訳ではなく、忠雄独自の見解を記した一章で、伝統的な陰陽天地観に基づいている。陰陽論では陽は動、陰は静と見做され、加えて天は陽、地は陰とされたため、いわゆる天動説・地球中心説を支える発想となった。

その一方で、動静(陰陽)は相対的概念にすぎず、よって、状況次第で動が静にも静が動にもなりうる。動静相対論にあっては、動や静を地球や天に固定すること自体が成立しない。忠雄はかかる動静相対論に拠っており、加えて、陰陽論の立場から宇宙の仕組みを十全に説明する理論展開を成し得なかったため、天動説にも地動説にも深く立ち入らなかったのだと考えられる。とにかく、忠雄が肝要としたのは、視動と実動とを察知し、正しく理解することであった（以上、『暦象新書』上編については、吉田忠「『暦象新書』の研究」。同「志筑忠雄の心遊術」参照）。

『暦象新書』中編の内容

忠雄は『暦象新書』中編の凡例で、「上編は実動の体を論じ、此編は実動の理を論ず。上編の大意は地動にあり、此編の大意は衆動一貫にあり」（『文明源流叢書』一四七頁。『暦象新書』第二冊二丁表）と述べており、この発言から、『暦象新書』上編で運動の様相を、中編でその理を展開した構成の狙いが汲み取れる。なお、ここで言う「衆動一貫」とは、「惑星の公転周期の二乗は軌道長半径の三乗に比例する」というケプラー（Johannes Kepler, 1571-1630）の第三法則を指す。

キール『天文学・物理学入門』蘭語版の第二巻「天文学入門」全三一課の全体を満遍《まんべん》なく抄訳した『暦象新書』上編とは異なり、全一六課に及ぶキール蘭書第一巻「物理学入門」を底本とした中編は、主にニュートンの運動の三法則を解説した第一一課および第一二課を、特に第一一課「自然法則について」の内容を中心に利用している。

気の理論による重力理解

さて、中編冒頭の二節「元気屈伸」と「重力」において、忠雄は重力を宋学の気の理論で解釈している。「元気屈伸」項においては「宇宙の間は一元の気なり、又虚実の二者なり、［……］屈伸ある所以は、虚実ある所以なり、屈の至りは実なり、伸の至りは虚なり、〔……〕伸気中には常に屈質あり、屈質中には常に伸気あり、屈伸あるが故に、変化無窮なり」や「千変万化一気の所為に非ずと云ことなし」(『文明源流叢書』一四八～一四九頁。『暦象新書』第二冊四丁表～五丁表)とする。

一元気の屈伸により森羅万象の変化を説明しているが、それはすなわち忠雄が、物質は「実気」(『求力法論』では「実素」と訳した)から成ると考えた事実にほかならない。例えば、「重力」項において重力の相互作用を説くくだりでは、「其実は万物の実気と、地の実気と相引ものなり」と説き、「地面に在ては重力極て強し、地体至近にして、実気を以て一方より引が故なり」(『文明源流叢書』一五〇頁。『暦象新書』第二冊七丁裏～八丁表)と、重力が実気のために作用を及ぼすものとの理解を示している。

慣性の法則

かかる発想の下に、すべての物体は、外部から力を加えられない限り、静止している物体は静止状態を続け、運動している物体は等速直線運動を続けるというニュートンの運動の第一法則(慣性の法則)が、『暦象新書』中編の一節「常静常動」項において、次のように記される。

静なる者は静ならざること能はず。動く者は動ざること能はず。静者動かさざれば動こと能はず。動者止めざれば静なること能はず。是を以て動機一発する者は、常に一定方に向て一直線を画行して、自ら止留することなく、動機至らざる者は、常に一定処に安在して永世不動なり。動静錯綜し、引力相及に至ては、動を変じて静となし、静を転じて動とす。［……］天地の間万化稠密なれども、而も動静に外ならず。万動皆引力に起る。引力強弱千差にして、物体軽重万別なるが故に、動静変化窮りなし。然らざる時は、動者は常動なり、静者は常静なり。一動する者は引力継がずとも、自ら静なること能はず。（『文明源流叢書』第二巻一五二～一五三頁。『暦象新書』第二冊一二丁裏～一二丁表、一三丁裏～一四丁表）

伝統的な陰陽動静論の言葉を用いて慣性の法則を説いており、忠雄はニュートンが唱えた内容を的確に理解しているものの、読者が陰陽論の枠組みの中で理解した可能性は否《いな》めない。

ニュートンの運動方程式

次に、公式$F=ma$（Fは物体に加わる力、mは質量、aは加速度）で周知される、物体の運動状態の時間変化が、物体に作用する力に比例し、方向が同じになることを主張する運動方程式（ニュートンの運動の第二法則）については、『暦象新書』中編の一節「加力変速」項において説かれる。

一分の力は一分の動をなし、二分の力は二分の動をなし、三力は三動、四力は四動をなす。向方一にして動力頻に加る時は、其速亦頻に増長す。是を名て加鞭《かべん》と云。物体堕落の行、其初は遅にして漸に速なるは、重力の加鞭に因てなり。横行斜行の屈路を画するは、重力頻《しきり》に来り加て、向方を変ずるに因てなり。〔……〕前後の加力相等して向力も亦一なるものは、其速二力の併数に応じて向方不変なり。前後加力相等からずして向方相逆ものは、向方は強力に順《したが》ひ、速は二力の差に応ず。前後加力等の向方相逆ものは、動止て静となり、前後加力の向方斜に交る時は、向方速力皆是が為に変ず。（『文明源流叢書』第二巻一五五頁。『暦象新書』第二冊一七丁裏～一八丁表）

注目すべきは、変速がただの速度変化ではなく、「加鞭」、すなわち加速度の概念を用いて解説されていることである。この概念は、次の落体の運動を扱う「重動」項で必要となるため、前提知識として忠雄はここで説明したのである。

作用・反作用の法則と落体の運動

最後にニュートンの運動の第三法則（作用・反作用の法則）については、理由は定かでないが、『暦象新書』中に言及が認められない。その他、落体の運動にも言及しているが、キール蘭書の忠実な翻訳としてではなく、その内容を踏まえ、解釈して記したものとしてである。そのため、忠雄の文章には時折、原文に対する不正確な理解や簡潔にすぎる表現も見られるが、内容をおおむね正しく理解していることは疑いない。記述部分の訳

遠心力と求心力

キール原文にはない忠雄独自の解説

がかようなものである一方、図解に対する和訳はかなり忠実に行われたため、原文の軌道から大きくそれることはなかったのであろう。

遠心力と求心力についての訳出態度も、落体の運動に対するそれと同様逐語訳ではなく、内容を咀嚼、消化したものであるが、原文に登場する個々の数値について、関係式や計算、その理由など、忠雄は独自にそれが導出された所以を解説している（以上、『暦象新書』中編については、吉田忠「『暦象新書』の研究（二）」参照）。

ところで、前に見た「加力変速」項の冒頭には次のような説明がある。キール蘭書にはこれに相当する記述がないため、忠雄の言葉と見てよい。

動は静となり、静は動となる。其初を知ることなく、其終を知ることなし。向方定りなし。西行或は南に変じ、北行又東となる。然ども物体自変をなすこと能はず。是故に速は自ら遅なること能はず。遅は自ら速なること能はず。向方又独にして変ずること能はず。加力すれば速を益し、障碍すれば遅となる。（『文明源流叢書』第二巻一五五頁。『暦象新書』第二冊一七丁裏～一八丁表）

ニュートン物理学の本質は、その現象が「何」であるか、あるいは「なぜ生ずるのか」を問うものではなく、それが「いかにあるか」を問うものであるが（久保誠「長崎通詞の西欧文明理解―志筑忠雄を手掛かりに」)、引用文はそのことを端的に言い表している。『火《か》器発法伝《きはつぽうでん》』で自身が計算した弾道を示したように、忠雄は『暦象新書』においても、訳しながらキール蘭書に学び、そこにとどまらず、そこから考え出した自身の見解を提示するのである。

『暦象新書』は解釈や独創を交えた忠雄の作品

ほかにも、中編下巻の一項「正楕《せいだ》円適等」には忠雄独自の解説が付され、楕円と円軌道の公転周期が比較される。また、「諸気障碍《しょうがい》」項や「游気」項においては、地球の自転が起こす遠心力や運動体への媒質(大気や水)の影響を論じ、「赤道遠心力」項では、惑星が円軌道に従うとしてケプラーの第三法則を証明する(野村正雄「『暦象新書』下編の読解」)。かかる点に、『暦象新書』がただの訳書ではなく、解釈や独創を交えた「忠雄の作品」であることを見て取れる。

『暦象新書』下編の内容

『暦象新書』下編は「求心常経張本」と題される上巻と、「求心常経」と名づけられた下巻から構成される。「張本」とは、事の起こりや原因を意味することから、上巻は下巻のために用意された準備巻であり、キール『天文学・物理学入門』蘭語版に沿って訳したものではない。具体的には、①「画円求心比例解」、②「速力比例解」、③「正円正対内外等角解」、④「楕円出臍底分比例」、⑤「楕円半正方解」、⑥「楕円相応輪半径解」、

⑦「鈎《こう》股《こ》弦《げん》容楕円解上」、⑧「鈎股弦容楕円解下」、⑨「画円速力定数解」の九項から成る。このうち第①②⑨項は『暦象新書』中編における力学の復習で、第③項は正円の幾何、ついで第④項から第⑧項は楕円の幾何を扱い、多数の図解を掲載しながら説明する。

楕円運動の理解

一方、下巻はキール蘭書の抄訳であり、㊀「求心力通矩」、㊁「変例心円周」、㊂「相応輪径」、㊃「正例心楕臍」、㊄「変例心随心」、㊅「速力矩」、㊆「画楕円問答」（前半）、㊇「画楕円問答」（後半、巻全体に対する案文）の八項から成る。第㊀項および第㊅項は質点の一般的運動を記し、第㊁項、第㊃項、第㊄項ではそれが応用される。第㊂項においては、楕円上の任意の点における曲率半径の求め方を説いている。また、第㊃項、第㊄項、第㊆項では楕円運動論が扱われる。試みに第㊁項を取り上げると、質点が円軌道を描き求心力源がその円周上の場合には、求心力が r^{-5} 型であることを示した難解な内容となっており、同時代を遥かに抜きんでた忠雄の理解力が窺える（以上、本項は、野村正雄「『暦象新書』下編の読解」参照）。

『暦象新書』訳出の背景

『暦象新書』訳出は、そもそも忠雄の窮理学に対する興味から始まったものであるが、次第に天文学・暦学に対して新たな展開をもたらす狙いを得たものと見られる。というのも、忠雄が『暦象新書』上編を訳出していた頃、幕府は西洋暦法による改暦を企て、

寛政の改暦

寛政七年（一七九五）からいわゆる「寛政の改暦」に乗り出した。完成まで三年を要したこの改暦は、高橋至時《たかはしよしとき》（一七六四～一八〇四）を中心として、主に西洋天文学の漢訳本『暦象考成後編』（乾隆七年〈一七四二〉四月一二日奏）に基づいて行われた事業であった（渡辺敏夫『近世日本天文学史』上一九六頁）。留意すべきは、幕府が西洋の天文暦学を重視する方針に転換していたこと、加えて、天文方がオランダ語に堪能ではなく、漢訳洋書のみが用いられたことである。

忠雄は「寛政の改暦」についての皮相的な情報あるいは噂程度は認識していたはずで、この幕府の動向を意識して『暦象新書』と題を付した可能性がある。少なくとも、天体運行（暦象）など新しい天文学的知見を蘭書から直接導入したことを示すために、標題を「暦象」の「新書」としたことは間違いないだろう。

なお、三角法を説いた前掲『鈎股新編《こうこしんぺん》』巻之上（天明五年三月一五日序）には、忠雄独自の解法が記されることがあるが、そこには『暦象考成』上・下編（雍正二年〈一七二四〉五月一七日奏）で詳述されていた余弦定理などが用いられており（小林龍彦「中野忠雄輯「三角算秘傳」について」）、加えて、享和三年（一八〇三）九月から翌文化元年冬頃までの間に、後に仙台藩儒となる大槻平泉《おおつきへいせん》（民治《みんじ》、清準《せいじゅん》、一七七三～一八五〇）に『暦象考成』上・下編に基づいて考察を加えた『読暦象考成《とくれきしょうこうせい》』を教授したことなどからすると、忠雄は『暦象考成』上編・下編を熟読・消化していたことを背景に、『暦象考成』の標題を意識して『暦象新書』と題名を付した可能性もある。また、「志筑忠雄」名義としたことには、元通詞《つうじ》の姓を名乗ることによって作品の信頼性を高める狙いと、仕官に対する野望が透けて見える。

ただし、「寛政の改暦」は、旧来の勢力である土御門家《つちみかどけ》と、西洋暦法の加精校合の命を受けた天文方との力学と駆け引きの中で行われた政治的な事業であり、そこに純粋な学問的観点から全く別の蘭書を用いて新たな天文暦学を導入する余地はなかった（渡辺敏夫『近世日本天文学史』上一八九、一九六頁）。改暦事業の裏側にかような事情が存在したことは、無職で実家に籠り、政情の蚊帳《かや》の外にあった忠雄には知る由もなかった。

著訳書がすべて写本である理由

ここで忠雄の著訳書がいずれも写本で、出版を念頭に置いたものではなかった背景に注意しておこう。実家中野家は裕福で、出版費用の捻出に困るようなことはなかったが、忠雄の学問のうち、オランダ語学は門人への橋渡しのために編まれたものであり、国際情勢や窮理学に関する仕事は、いずれも公への貢献、その裏に自身の仕官願望を込めたもので、幕府や大名の目に留まり、知遇を得ることを期待したものであった。それゆえ、すべての作品が写本で成されたのである。

ともあれ、忠雄の凄みは未知の知識に対する吸収力にあり、それを成立させていたのは、卓越した計算力はもとより、幾何を消化し、自分のものとする傑出した数学力にあったと言えよう。そしてその力を基底に、忠雄はキール蘭書の訳から遠く離れた独創的宇宙論「混沌分判図説」に辿り着き、『暦象新書』の最後に添えた。

三 「混沌分判図説」の執筆

「混沌分判図説」の評価

寛政五年（一七九三）に第一稿を成し、『暦象新書』下編附録に所収した「混沌分判図説」は、忠雄が構想した太陽系形成論であり、同時代西洋のカント＝ラプラスの星雲説と比肩され、近年では東洋思想と西洋哲学を融合した忠雄独自の自然哲学体系構築の試みであったと評価される（矢浦晶子「志筑忠雄による太陽系形成論「混沌分判図説」の研究史」）。「混沌分判図説」において、忠雄がいかなる論を展開したのかを知るために、以下、任正爀の研究に沿って内容を見ていく。

着想経緯

先に掲げたように、『暦象新書』中編末尾には「混沌分判図説」の着想経緯が述べられている。

又問ふ。大中小の諸曜、悉《ことごと》く皆四惟の腰に当りて、周旋するも右し、廻天するも右す。是亦一理に本くことあるが如し。何の故ぞ。曰、是事は西説にも見へず。予寛政五年一二月【其の日は忘れぬ。】、或る夜の夢に奇なる模様を見に因て、窃《ひそか》に天運の然る所以の大概を理会しぬ。故粗《あらあら》其事を『四維図説』の末に記し置きつれども、未だ意に満ざる所あるが故に、容易に人に見することを欲せず。後稍《すこし》其論を詳にして、是書下編の末に加ることもあらん。（隅付き括弧は割注部分。『文明源流叢書』第二巻二〇六頁。『暦象新書』九州大学附属図書館蔵第三冊五五丁表〜裏）

右の告白によれば、寛政五年一二月、忠雄は不思議な夢を見、「天運の然《しか》る所以《ゆえん》の大概を理会しぬ」、すなわち天が運動するメカニズムの大要を理解したという。かかる「混沌分判図説」が扱う問題の柱は二点に集約できる。すなわち、一つは、太陽系の諸天体が同一面にあること、いま一つは、それらがすべて同じ方向に自転・公転を行う事実の説明にある。

忠雄は伝統的な「気」の概念を発想の根底とし、「柳圃《りゅうほ》」号をもって「混沌分判図説」を展開する。はじめに、太初に気が充満している状態から始まる。そこに、「神霊」（何らかの契機）が与えられ、全体に動きが生じるとする。ここで留意すべきは、忠雄が引力の及ぶ範囲によって内と外を区別し、その内だけを考察の対象としていることである。次に、運動しはじめた気には濃淡があり、密度の濃い場所での運動には勢いがあり、その他の場所での運動をも吸収し、最終的には左の通り回転に至るとする。

終には動力の大なる方、動の主となりて、全団をして一和の動に帰して、中外の相帯て、水の輪旋するが如にして廻転せしむ。是を動根とす。其の転、右に向へば是を右転と云ふ。右転の腰、右転の枢、これ四維二極の方位の定る所以なり。（『文明源流叢書』第二巻二五三頁。『暦象新書』第四冊五一丁裏）

観察ではなく、夢に着想を得た右の忠雄の説明はあくまでも憶測であり、また、具体的な構造の分析には至っておらず、水の旋回との類推に終わっている（吉田忠「志筑忠雄『混沌分判図説』再考」）。

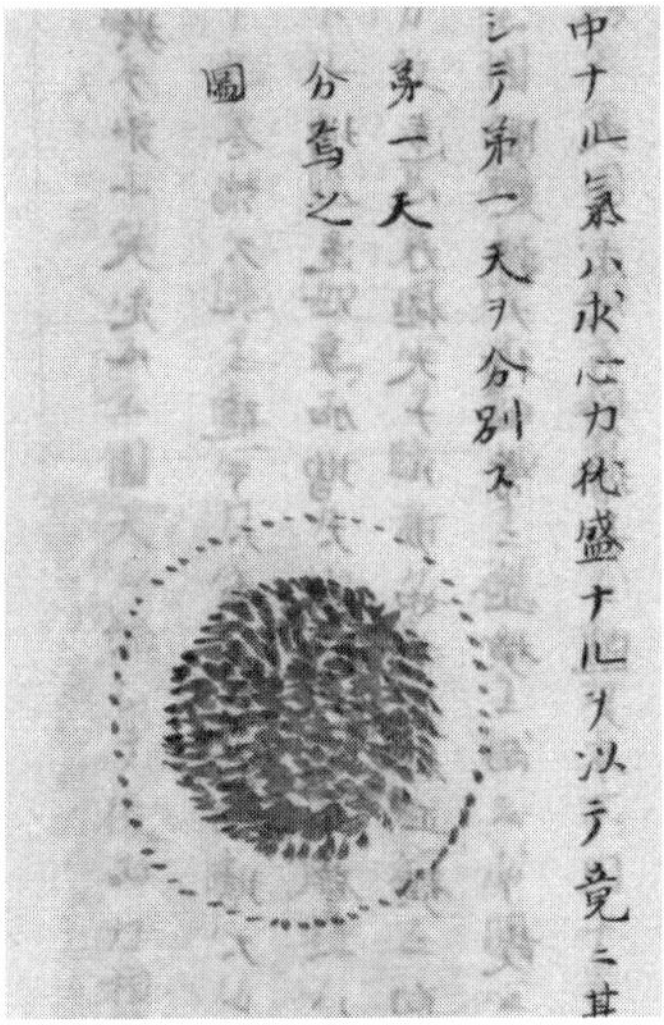

「混沌分判図説」所収「第一天分焉之図」（『暦象新書』下編 50 丁裏，架蔵）

分判のメカニズムと平面構造の形成

ところで、忠雄が想定していた「気」は、軸を中心とした円柱状の回転であったため、それが平面状となるメカニズムを構築しなければならなかった。その前に、忠雄は「気」から天が分かれる様相を次のように説明する。

求団心の力止むこと無故に、其気中心を臨て漸々巻て縮するに随て、彼隕石の下るに随て加速するが如にして、廻転の動、漸にして速なり。速なるに随て遠心力盛なり。初は遠心力未だ求心力に敵すること能はず。全団大に縮して、後両力相等きに至る。是に於て第一天定まる。(『文明源流叢書』第二巻二五三〜二五四頁。『暦象新書』第四冊五二丁表)

忠雄の説くところによれば、「気」は回転しながら縮み、それに伴って回転速度も増加する。そうすると遠心力も増大し、それが求心力と平衡を保つ位置で第一天が定まるという。換言すれば、運動が保持される位置で「気」が円運動を行うという考えである。

「気」の回転

さて、忠雄は「気」を円柱状に回転していると想定しており、そうすると遠心力は回転軸に平行に作用することになるが、それは求心力よりも小さく、その位置にある気は上下から一つの平面上に集まることになる。

二極の方も求団心の力は一なり。而も其の諸輪皆四維と平行なるを以て、遠団心の力は甚微なり。因て其の気皆縮し、来て中心及び其の廻転の腰の方に合会して、全団の形をして偏ならしむ。[……]是を以て諸天の位、皆四維にあたることを致す。

［……］第一天の気中に於て、天機更に変動すれば、其の周天の気一処に聚《あつまり》て一団をなす。是其本天の本図にして中団たり。気の動力を約するが故に、其本行亦其本天の動に同じ。全団内辺の気巻縮して、第二第三乃至《ないし》第六の天を別て諸団をなさんも亦猶右の如し。終に諸天の中団と、中央の大団とを生ず。（『文明源流叢書』第二巻二五四頁。『暦象新書』第四冊五二丁裏〜五三丁裏）

右のように太陽系の諸天体が同一面上に存在する理由を述べた後、忠雄は第一天中の「気」の変化について説明する。それは、第一天の内部で気が巻き縮みながら求心力と遠心力との平衡が実現する場所で、いくつかの天が分判していくとする構想であった。注意すべきは、分判する天を第六天（月を除外した太陽系の諸天体の数）までとしていること、ならびにそれらは内に向かって順次天が形成され、中心に大団が残されるということである。忠雄は地動説あるいは天動説の議論には深く立ち入らなかったので、最後の大団が、太陽なのか地球なのかは判然としない。

各天の中団を起すことは、本天の気の聚るなり。本天中に厚重の気、或は多寡《たか》不同あり。故に諸団大小参差《しんし》たり。其引力不同なり。故に諸天の中間、広狭《こうきょう》一ならず。又許多《きょた》の微団生じて、相会して中団をなすが故に、諸方の引力同からざる所ありて、中団其引力の稍《やや》大なる方に引かるることあり。是を以て諸天の行道全く正円ならず。其の線路全く一面にあらず。而も其の不正も正を去ること遠からず。其の互絡《ごらく》も僅《わずか》に数度なれば、同位に在て同輪を画すと謂て可なり。（『文明源流叢書』第二巻二五四～二五五頁。『暦象新書』第四冊五三丁裏～五四丁表）

それぞれの天の間の距離が異なることや、各天体の軌道が完全な円軌道ではなく、同一平面上に存在するのではないといった問題に対しては、右のように「気」の密度の違いと引力の大小を根拠として説明を加える。

ついで、諸天が分判した後、天体がどのように形成されるのかが次の問題となるが、忠雄は次のように説明する。

諸天体の形成

中団の気、厚濃にして引力甚しければ、急縮して直《ただち》に塊をなす。緩なれば更に小天を分かち、小団をなすこと大団の中団を成すが如し。終に大中小の諸団、各凝《ぎょう》合《ごう》して塊となる。塊は諸小塊を合て成る所なり。故に全塊の上面に、必ず山谷凸凹の形ありて、平坦なること能はず。（『文明源流叢書』第二巻二五五頁。『暦象新書』第四冊五四丁表）

「気」の理論においてその聚散は自然発展的なものであるが、刮目《かつもく》すべきことに、忠雄は「気」の凝集に「引力」という要因を持ち込んだのである。ここから、小塊の回転は小団の回転に基づき、小団中塊の回転は中団の回転に基づき、中団の回転は其の本天の回転に基づくと、すべての天体が同方向に回転すると考えたのである。この忠雄の構想では、中団と小団における気が凝集したものが、それぞれ惑星と衛星に対応する。かように太陽系の生成とメカニズムについて説きながらも、自転と公転周期の詳細な比較はなされなかった。

環と彗星の生成

続いて忠雄は、小団が衛星とはならず環になる際の原理、ならびに彗星の生成についての構想を展開する。

> 中団より小団の天を分つに及で、其天の気、若《も》し周辺等しく厚濃ならば、凝合して環ともなりぬべし。若し全団の外に別に一中塊をなして、遥に大塊と引力相及び、遅々として来て、内天諸塊定まるの後に至て大塊に近《ちかづ》かば、其位四維二極を選ばず、其行左転右旋を嫌はず。其の本道、楕円甚だ細長ならん。是は全団一和の動に与《あずか》らざるものなり。此の如きは別種の塊と謂べし。（『文明源流叢書』第二巻二五五頁。『暦象新書』第四冊五四丁裏～五五丁表）

環は小団の天の分判過程で、周辺の気が等しく濃厚で凝合した場合に生じるとしているが、ここでもやはり「気」の密度と「引力」をもって説いている。また、彗星については、諸天・諸塊が出来上がった後に、全団の外に生じた中塊が大塊に近づいた場合に生じるという。その時、中塊の位置や回転方向はさまざまとなり、さらに公転軌道が非常に細長い楕円となり、全団に左右されない動きをすると解説される。

以上のように「混沌分判図説」は、諸天体が同一平面上で同じ方向に自転・公転する理由をはじめとした、太陽系のさまざまな問題に回答を試みた、忠雄の独創的な構想であり、挑戦であった（以上、本節は、任正爀「志筑忠雄『混沌分判図説』の検討とその科学史的評価」参照）。

四　大槻平泉への学問伝授

大槻玄幹と大槻平泉の長崎遊学時期

享和三年（一八〇三）、大槻玄幹《おおつきげんかん》と同族の大槻平泉は長崎に遊学した。『日本洋学編年史』の記述を信用すると、長崎に到着したのは同年九月（三一六〜三一七頁）。両人が忠雄に学び、玄幹が翌年三月まで滞在したことは、帰郷のため長崎を発つ玄幹に贈った、Wilgen Akker（柳の田圃＝柳圃）と署名した忠雄の蘭詩から分かる（益満まを「草創期の京都蘭学―《辻蘭室文書》の書肆的考察―」）。

ただし、蘭詩本文中に玄幹の出立が de derde Maand Anno 4 Kjowa（享和四年第三の月）と記されるが、問題なのは文化元年（一八〇四）への改元が、和暦では二月一一日で「第三の月」ではないことである。同日が西暦では三月二二日であったことから、元号の誤記以外にも、不自然とは言え、元号と西暦を組み合わせて記した可能性も想定できるが、以下の理由から、それは現実的に考え難い。

仮に享和四年のうちに玄幹が長崎を後にしたとすると、この年の西暦三月一日が和暦正月二〇日に相当するため、和暦では正月二〇日から二月一〇日の間ということになるが、実は玄幹と平泉は捕鯨見物を目的として一時的に平戸旅行しており、その出発は正月一一日、帰崎が二月九日であった（菊池勇夫「大槻平泉—養賢堂の学頭として—」）。

大槻平泉画像（『養賢堂学制』より，国立国会図書館デジタルコレクション）

長崎を発つまでには、遊学中

の荷物や勉学成果をまとめる必要のほか、さまざまな関係者に別れの挨拶をせねばならないが、身分の低い忠雄への暇乞いは最も後になるであろう。しかも忠雄は蘭詩まで作り、玄幹に贈っている。これらすべてを一、二日のうちに行うのは限りなく不可能に近い。したがって、蘭語の年紀は、忠雄の情報か認識の不足に起因する元号の誤りであったと見るべきである。

他方、平泉自筆資料『三国祝章《さんごくしゅくしょう》』（文化二年一二月序、早稲田大学図書館蔵）の序には、文化元年の夏に崎陽（長崎）にいる平泉の元に玄沢《げんたく》より来簡があったことが記されているため、平泉のみ当地に残ったことが窺い知れる。

さらにこのことを裏づける根拠として、次の二点が挙げられる。まず、平泉が著した『大槻清準家譜書出《おおつきせいじゅんかふかきだし》』に「長崎ニ壱ケ年余滞留仕、中野忠次郎ト申蘭学者ニ阿蘭陀《オランダ》天文稽古仕《つかまつ》」ったと記されること（『仙台市史』「資料編2　近世1　藩政」三五五頁）。次に、「中野忠雄」が著した『三角提要秘算《さんかくていようひさん》』（日本学士院蔵）の奥書に「享和癸亥孟冬晦　仙台大槻清準校完」とあることから、同書が平泉の校訂を経て享和三年一〇月に完成したこと。これらを勘案すると、平泉は独り文化元年の冬頃まで滞在したものと見てよいだろう。いずれにせよ、玄幹の父玄沢が長崎遊学して忠雄に面会したのが天明五年（一七八五）から六年にかけてであったことを考えると、実に一七年ぶりに忠雄は大槻家の人間と対面したことになる。

玄沢の長男であった玄幹は、のちにオランダ語の発音に和音・唐音を対照させた版本『西音発微《せいおんはつび》』（文政九年）を上梓し、そこに忠雄の遺教であることを示した。この一事からも、玄幹が逗留中にオランダ語の音声や文法あるいは読み方について、忠雄の教えを受けたことは間違いない。

平泉への学問伝授

しかしながら、ここで注目したいのは平泉である。平泉は寛政三年（一七九一）に師事していた志村東嶼《しむらとうしよ》（一七五二〜一八〇二）が江戸勤番を命じられると共に上京し、林錦峯《はやしきんぽう》（大学頭信《だいがくのかみのぶ》敬《たか》、一七六七〜一七九三）に入門して聖堂の学寮に入った。昌平校《しょうへいこう》では「寛政の三博士」、すなわち柴野栗山《しばのりつざん》（一七三六〜一八〇七）、尾藤二洲《びとうじしゅう》（一七四五〜一八一三）、古賀精里《こがせいり》（一七五〇〜一八一七）らに儒学を学び、文化五年に帰藩が許され、同年一〇月から仙台藩校養賢堂《ようけんどう》で講釈を行い、文化七年には養賢堂の学頭にまで登り詰めた（阿曽歩「大槻平泉の対外認識―『経世体要』にみる内憂と外患―」）。

『鯨史稿』における忠雄からの情報

忠雄と平泉の関係が浅からぬ様子は、林大学頭に提出した『鯨史稿《げいしこう》』（文化五年）に見て取れる。同書は鯨や捕鯨について博物学的に記した著書であったが、例えば、巻之一で「ハラエナ」という不明の語に対し、平泉は「長崎中野忠雄曰ク、其義未タ詳カナラス」と、忠雄から口頭で得た返事を記している。「セイテュス」および「ワルヒス」についても同様に尋ね、忠雄より回答を得ている（国立国会図書館蔵三五丁表～三六丁裏）。

平泉校訂の忠雄著作

より重要なのは、『各曜観天図《かくようかんてんず》』（静嘉堂文庫蔵）、『暦象必備《れきしょうひつび》』（静嘉堂文庫蔵）、『読暦象考成』（静嘉堂文庫蔵、日本学士院蔵）といった天文学書ならびに数学書『三角提要秘算』（享和三年一〇月晦日、日本学士院蔵）に、「中野忠雄」名義の著者名とともに、平泉の名が編集者もしくは校訂者として並記されていることである。『各曜観天図』は『四維図説』の八つの観天図を抜き出したもので、『暦象必備』は西洋の暦（グレゴリオ暦）の簡単な説明や和暦との対応を説いた一書。『読暦象考成』は、『暦象新書』における議論を補足すべく、清代中国の天文書『暦象考成』上編・下編（雍正二年〈一七二四〉五月一七日奉）に基づき、日月五星の位置や公転、ないしはその周期についての図や記述を抄出し、考察を加えたものである。

西洋数学の訳出

数学書に話題を移すと、忠雄がキール『天文学・物理学入門』蘭語版の第三巻「平面および球面三角法の原理」（Grondbeginzelen van de Platte en Klootsche Driehoeks-rekeninge）の訳出にも取り組んでいたことは前述したが、成立年代は不明ながら、その全体を抄訳した『法蘭国《オランダこく》三角形《さんかくけい》紀元《きげん》』（日本学士院蔵）という一書を編んでいた。

球面三角法は航海中に計算によって緯度を割り出すために必要な計算法であったが、そもそも三角法は、天文学や暦学と結び付いて中国に伝入した。明末に成された『測量全義』（崇禎四年〈一六三一〉八月一日奉）や清朝初期の梅文鼎《ばいぶんてい》『暦算全書』（雍正元年〈一七二三〉）で紹介され、前掲の『暦象考成』上編・下編では、天球上における太陽、月、惑星の位置を計算するための具体的例題と垂弧法が掲載された。忠雄二六歳時の著作である前掲『鈎股新編』巻之上（天明五年三月一五日序）以降、『三角提要秘算』以前に成した『三角算秘伝』（シーボルト記念館蔵）には、忠雄独自の解法が記されることがあるが、そこには垂弧法、ならびに『暦算全書』や『暦象考成』上編・下編で詳述されていた余弦定理などが用いられていることから、忠雄はこれらの書籍にことごとく目を通し

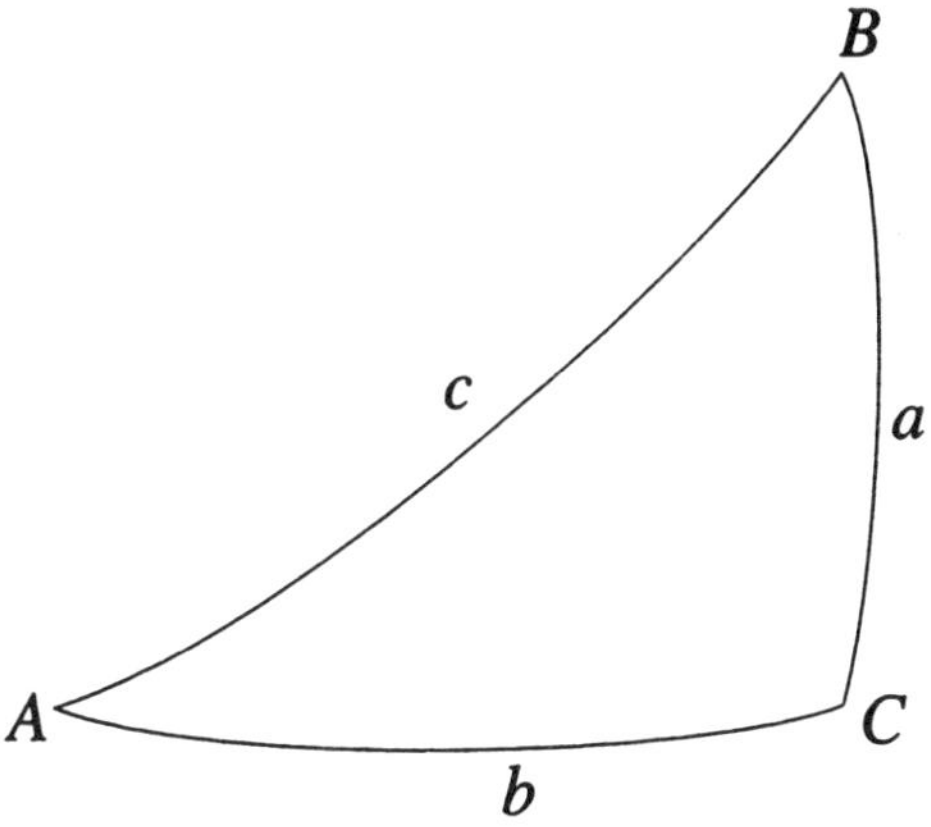

直角球面三角形とネイピアの法則（小林龍彦「中野忠雄輯「三角算秘傳」について」5頁より）
角 C を直角とする直角球面三角形の辺 a, b, c と角 A, B において, $\cos c\, r = \cot A \cot B$ および $\cos c\, r = \sin a \sin b$（ただし, $r = 1$）が成り立つ.

て研究し、中国と日本に伝来した西洋の三角法をほとんど理解していたと見ることができる。

対数を用いた計算法とネイピアの法則

忠雄の三角法理解を見るために、キール簡書第三巻訳出の草稿的様相を留める『三角算秘伝』に着目すると、そこには対数を用いた計算法についての割注が確認できることから、同書を執筆した時点で、忠雄は計算の煩雑さを解消するための三角対数表を用いる計算方法の基礎を理解していたことが分かる。さらに、球面三角法の基本定理「その任意の一つの余弦は、隣の二つのものの余接の積に等しい」「その任意の一つの余弦は、これらに隣らない二つのものの正弦の積に等しい」ということを説明していることから、ネイピア（John Napier, 1550–1617）の二つの法則を、図らずも日本で初めて紹介した人物ともなった（小林龍彦「中野忠雄輯「三角算秘傳」について」、前頁掲載図）。

『三角提要秘算』の内容

さて、平泉が校訂者としてその名を連ねる『三角提要秘算』は、『法蘭国三角形紀元』からの抜き書きであった。「第一　挙要凡二題」「第二　起原張本凡四題」「第三　五件伝」「第四　正三角五分伝」「第五　三斜伝凡四題　附知角求辺起元」の五章から成る『法蘭国三角形紀元』の第三章から第五章について、平泉が改めて構成を整理し、清書した一書が『三角提要秘算』であった（小林龍彦「中野忠雄輯「三角算秘傳」について」）。

仕官に対する諦念

以上のように、平泉が長崎遊学した享和三年九月頃から「一か年余り」の間に、忠雄は自身の学問を惜しげもなく平泉に伝授した。ただし、これまで仕官に対する願望が忠雄の学問の原動力であったが、平泉が校訂した一連の著訳書を「中野」姓で署名しているように、この頃から、忠雄は仕官に対する淡い夢を諦《あきら》め、自身の学問を門人に継承する方向に舵《かじ》を切ったと見られる。

『三国祝章』という企画

ところで、文化元年の夏、長崎の平泉のもとに玄沢より書簡が寄こされ、そこには仙台藩の当主伊達《だて》周宗《ちかむね》(一七九六〜一八一二)の祖母(伊達重村《しげむら》夫人)が六〇歳を迎えたので、それを祝う賀章を万客に求めて献上したいゆえ、しかるべく手配してもらいたいとの要請が書かれてあった。これを受けて平泉は『三国祝章』を企画した。

オランダ人パブスト(Franciscon Emilius Baron van Landick van Pabst)から蘭詩を授かり(『三国祝章』に挟み込まれた蘭文より。早稲田大学図書館蔵)、そしてこれを馬場為八郎《ばばためはちろう》(一七六九〜一八三八)が訳し、末次忠助《すえつぐちゅうすけ》が長歌に作り、唐人より漢詩を受けた。さらに、長崎奉行所に赴任していた支配勘定で、名だたる文人でもあった大田南畝《おおたなんぽ》(一七四九〜一八二三)は蘭詩の和訳を作り直し、賀茂別雷神社《かもわけいかづちじんじゃ》の神職で国学者であった賀茂季鷹《かものすえたか》(一七五四〜一八四一)はそれを古語にした。かくして蘭漢和、三国の祝章が編まれた。忠雄はそこに「蘭詩作法」を寄せ、これをもとに平泉自らは「論三国歌詩体制異同」を記し、三国の詩歌の比較論を述べた（岡村千曳『紅毛文化史話』一一六〜一一九頁。吉田忠「大槻玄沢、玄幹父子の西遊と志筑忠雄」）。

現存しない忠雄の「蘭詩作法」

残念ながら忠雄が著した「蘭詩作法」部分は現存しないものの、『三国祝章』の目次には「蘭詩作法附」、作者は「大日本長崎　前和蘭通詞　志築〔志筑〕忠雄」とあり、商家「中野」姓は用いられていない。ただし、ここで忠雄が「前和蘭通詞　志筑」を名乗ったのは、仕官願望からの行動ではなく、大身《たいしん》の祝章に名を連ねる以上、肩書が商人や空白では具合が悪く、やはり相応の身分を示す必要があったためであろう。

『日蝕絵算』の成稿

その他、平泉が長崎滞在していた時期に、忠雄は『日蝕絵算《にっしょくえさん》』（日本学士院蔵）という著作も編んでいる。同書は、キール『天文学・物理学入門』蘭語版の第二巻「天文学入門」の、日食の仕組みや日月の位置の計算などに関する第一一課から第一四課を抄訳したもので、『暦象新書』上編の補足的な仕事と位置づけられる。

本奥書に「享和四甲子歳春正月　崎陽　中野忠雄稿」とあることから、享和四年（一八〇四）正月に成立したことが分かる。なお、丁を変えて「甲子孟陬人日《もうすうじんじつ》」（享和四年正月七日）とのもう一つの奥書が認められるが、忠雄が付したものか、書写者が付したものかは定かではない。

表紙には「郁漢奇児伝　中野柳圃再伝」とあるが、この「郁漢奇児」（ヨハン・ケイル）とは、『天文学・物理学入門』蘭語版の著者名として表示されている（ジョン・キールの名をオランダ語風にした）Johan Keill を、オランダ語として発音し、そこに漢字を当てた表記である。また、中野柳圃再伝の「再伝」は、『日本国語大辞典』第二版によれば、間接的に話を聞くことを指すが、ここではキール蘭書の内容を忠雄が和解《わげ》したというくらいの意味であろう。序文にあたる「大意」の署名に「柳圃」（二丁裏）、内題にも「柳圃再伝」（二丁表）と「柳圃」号が記名されている。

大槻平泉に伝授した一連の著作と同様に、「中野」姓や「柳圃」号を用いて『日蝕絵算』を成したことは、門人に伝授した著作であったことを示唆しているが、それとともに、『日蝕絵算』がキール蘭書和訳事業の継続的仕事であったにもかかわらず、「志筑」姓が署名されなかったところに、登用への夢を諦めたこの時期の忠雄の心情が垣間見える。

「柳圃」号の意味

ここで、この時期に名乗りだした号と字《あざな》を確認しておこう。忠雄が「柳圃」号を名乗った最も早い例は、『暦象新書』下編（享和二年一〇月朔日序）の付録「混沌分判図説」である。「柳圃」とは、「ひ弱な体質」の謂《いい》である「蒲柳《ほりゅう》の質《しつ》」に、病弱な自身を掛けて名乗ったと考えられる。爾後《じご》、忠雄は享和二年頃から没するまで、特にオランダ語関連

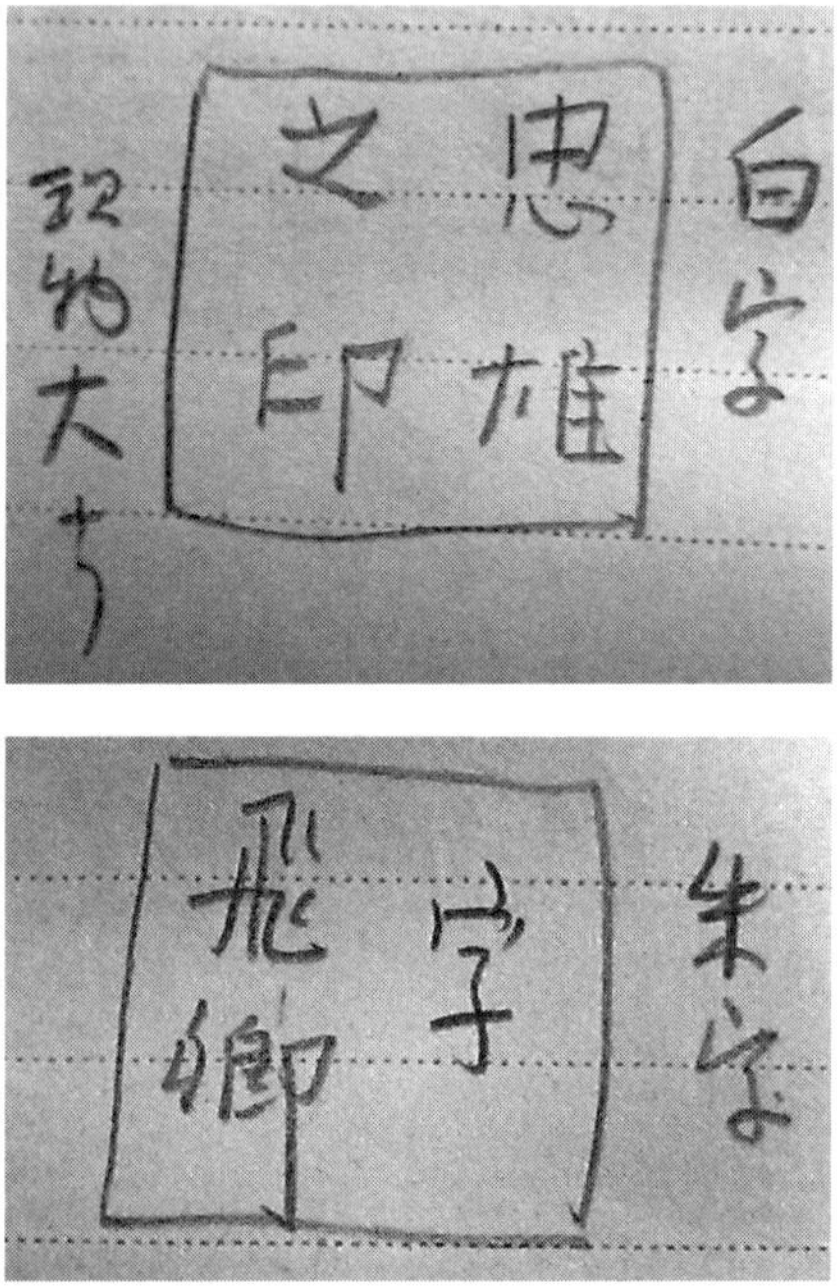

「忠雄之印」印と「字飛卿」印の模写
（古賀十二郎『玉園雑綴』55・12頁より，長崎歴史文化博物館蔵）

の執筆に「柳圃」号を用いて活動した。

「季飛」字の意味

その他、享和三年九月頃から翌年冬の間に、大槻平泉が校訂した忠雄著作（『各曜観天図』『読暦象考成』『暦象必備』）において、末男の排行を表す「季」を用いた「季飛《きひ》」という字が使用されている。この名乗りには、学者としての士官を諦め、商家中野家の一員として生きることをやむなしとした心境が反映されたものと理解できる。

「飛卿」字の意味

加えて、郷土史家古賀十二郎《こがじゅうじろう》が模写した蔵書印記から、忠雄は「忠雄之印」とともに「字飛卿《ひけい》」という陽刻の印顆《いんか》を有していたことが知れる（前頁掲載図）。飛卿とは晩唐の詩人温庭筠《おんていいん》（八一七頃〜八六六頃）のことで、詩才がありながらも素行の悪さから官職に就けず、生涯野にあった人物である。故人に因んで字を付す場合があることを踏まえると、才能に対する矜持《きょうじ》とは裏腹に、仕官の声がかからないことへの自嘲を込め、忠雄は自身を庭筠に見立てて名乗ったのだと解せよう。

ともあれ、同時期に名乗り出した複数の意味深長な名にも、忠雄の挫折と諦念が窺えるのである。

第五　オランダ語読解の革命

一　「欧文訓読」の時代

オランダ語の文法書を編む

志筑忠雄《しづきただお》は天文学・窮理学および地理誌・海外情勢分野の訳出で類稀《たぐいまれ》なる仕事を残したが、傑出したオランダ語力を備えて初めてこれを可能ならしめたことは疑いない。晩年、忠雄はオランダ語文法を解説した一連の著作を編んだが、他の二分野とは異なり、海外文献の訳出ではなかった点に留意すべきである。つまり、国内外の言語・文法研究や辞書、翻訳経験を踏まえて全冊自身の考えと言葉でまとめられた当該分野の著作には、そのオランダ語力を測定するのみならず、「志筑忠雄」という人間を追究する上で、特有の重要な手掛かりが秘められている可能性が想定できるのである。よって、本章では、早い時期の著作も含め、オランダ語学という面から忠雄の思惟や語学的達成に迫る。

荻生徂徠の翻訳論

ここで忠雄のオランダ語力を測り見る規矩《きく》として、同時代、すなわち一八世紀後半における蘭学者の訳の水準を確認していこう。まずはその前に、少し時代は遡《さかのぼ》るが、「外国語の読解」という観点から、中国語読解に対する荻生徂徠《おぎゅうそらい》（一六六六〜一七二八）の試みを見ておきたい。『訳文筌蹄《やくぶんせんてい》』初編（正徳元年正月）において、徂徠は書き下し文を廃し、中国語を中国語として読むことを提唱した。

> 此の方の学者、方言を以て書を読み、号して和訓と曰ひ、諸《これ》を訓詁《くんこ》の義に取れり。其の実訳なり。しかも人は其の訳たることを知らず。［……］此の方の読法、順逆《じゅんぎゃく》迴環《かいかん》して、必ず中華の文字を移して、以て方言に就く者の若きは、一読便《すなは》ち解す。解せざれば読むべからず。信《まこと》なるかな和訓の名、当と為す。而して学者宜しく或は力を為すに易《やす》かるべきなり。但し此の方自《おのず》から此の方の言語あり、中華自から中華の言語あり、体質本殊《もとこと》なり、何に由て脗合《ぶんごう》せん。是《ここ》を以て和訓迴環の読み、通ずべきが若《ごと》きと雖、実は牽強《けんきょう》たり。しかも世人省みず、書を読み文を作るに一に唯《ただ》和訓是れ靠《よ》る［……］嚮《さき》に所謂る力を為すに易き者、実はこれが祟《たた》りを為せばなり。故に学者の先務、唯ただ其の華人の言語に就きて其の本来の面目を識《し》らんことを要す。（原文は漢文。『荻生徂徠全集』第五巻二四頁）

右の要諦《ようてい》をまとめると、以下のようになる。

「此の方」（日本）の学者は、日本語で漢籍を読んでおり、それを「和訓」（訓読）と名づけ、訓詁学（語義を研究する学問）として認識しているが、これは翻訳でしかない。しかも世間の人はこれが訳業であることを自覚していない。古い漢籍の文章も、「和訓」を用いて当代日本語の形に変えることで簡単に理解できるようになる。しかしながら、日本には日本の言語があり、中国には中国の言語があり、その性質を異にしていることから、これを結合させることはできない。漢文を読み下すと意味が通じるような気になるが、それはこじつけにすぎない。しかし、書を読み、文を作る際、「和訓」にのみ拠っているのが現状である。簡便な「和訓」の存在が、実は裏目に出ているのである。よって、学者は中国語に真剣に向き合って、その言葉の「本来の面目」（本当の姿や様相）を知るよう努めることが急務である。

古来行われている書き下しによる読解法に対し、右のような問題点を示した徂徠は、中国語の「本来の面目」を理解するために、その語順通りに読むことを提唱し、また、歴史性・地域性を踏まえた本来の字義を明らめる古文辞学という方法を創出したものの、実際にはそれほど原文とかけ離れた訳を作成するには至らなかった（田尻祐一郎「〈訓読〉問題と古文辞学―荻生徂徠をめぐって」）。

阿蘭陀通詞の読解法

それではオランダ語読解については、どのような具合であったのか。

先に阿蘭陀《オランダ》通詞《つうじ》本木《もとき》良永《りょうえい》の和解《わげ》作品『象限儀用法』について取り上げたが、それは蘭語原文に独自の解釈や説明を加えているものの、その一方である程度原文に沿ってオランダ語文を訳し得ており、「翻訳」の精度は、後述する「欧文訓読」を遥かに凌ぐものであった。良永以外にも、二〇歳でケンペルの助手を務め、後にシドッティ（Giovanni Battista Sidotti, 1668–1714）の尋問にもあたった今村源右衛門英生など、御用を受けてオランダ語書物の和解を行った優秀な通詞は存在するが、忠雄以前に和解の方法を書き記した人物は見当たらない。阿蘭陀通詞にとって、和解や通弁の技術は飯の種であったことから、子や門人に口頭で教えることはあっても、不特定多数が読めるよう書物にするようなことはなかった。

オランダ語を訓読する大槻玄沢

前掲『蘭学階梯《らんがくかいてい》』下巻の文例「Ik wensch u goeden dag myn heer」を再度取り上げてみると、横書きで書かれたオランダ語文の各単語の上にカタカナで「イキ　ウェーンス　ユ　グーデン　ダク　メイン　ヘール」と発音を付し、同様にそれぞれの単語の下に漢字で「我　望　你　吉　日　君　吾」と記し、さらにこれを読み下して「我貴君ノ嘉日ヲ希望ス」という訳文を掲げている（『洋学　上』三六二頁）。さながら漢文訓読のような読み方であり、少なくともオランダ語をオランダ語として読むのではなく、ただオランダ語の各単語に対応する日本語（漢字）を当てて読み下す「欧文訓読」が大槻《おおつき》玄沢《げんたく》の示した和訳法であった。

欧文訓読の時代

『解体新書《かいたいしんしょ》』訳出で功を成した中津藩医前野《まえの》良沢《りょうたく》は、中津藩第三代藩主奥平《おくだいら》昌鹿《まさか》（一七四四～一七八〇）に「和蘭人の化物」と呼ばれて蘭化《らんか》と号した人物で、その仕事は、人口に膾《かい》炙《しゃ》する『解体新書』の訳出にとどまらず、天文学、医術、オランダ語学、ロシア事情など多岐に渡り、特に表記や音韻において視野と学識を示した奇才であった。しかしながら、『和蘭訳筌《オランダやくせん》』（天明五年八月）などのオランダ語学書で良沢が示した翻訳法は、やはり「欧文訓読」にすぎなかった。

津山藩医で同時代に蘭学者としてその名が聞こえた宇田川《うだがわ》玄随《げんずい》（一七五六～一七九八）の『蘭訳《らんやく》弁髦《べんもう》』（寛政五年冬序）においても読解法は同様で、オランダ語の単語に一対一で訳語（主に漢語）を当て、語順を示した訓点を振って転倒させて読んでいた。

少し時代を進めて、忠雄没後に上梓された、京都の医師藤林《ふじばやし》普山《ふざん》（一七八一～一八三六）が著した『蘭学逕《らんがくけい》』（文化七年三月跋）に注目してみると、縦に掲げた文例の冒頭「De milt is een rood of bruinachtig en week deel」（脾臓は赤色または茶色がかった柔らかい部分である）に対し、

「脾ハ　也リニ　赤　又　闇-様　而　軟ナル-物ニ」（『蘭学逕』本文二四丁表）と訳が当てられているように、ここに至っても単語ごとに対応する日本語を当てて語順を示す「欧文訓読」の方法で訳を提示していることが分かる。

とにかく、「訓読」は動詞を名詞化したり、逆に名詞を動詞化したり、読者が随意に助詞・助動詞を付すことのできる自由度の高い読み方であり、一八世紀後半から一九世紀初頭の蘭学者は、この方法をオランダ語に援用して読解に当たっていたのである。

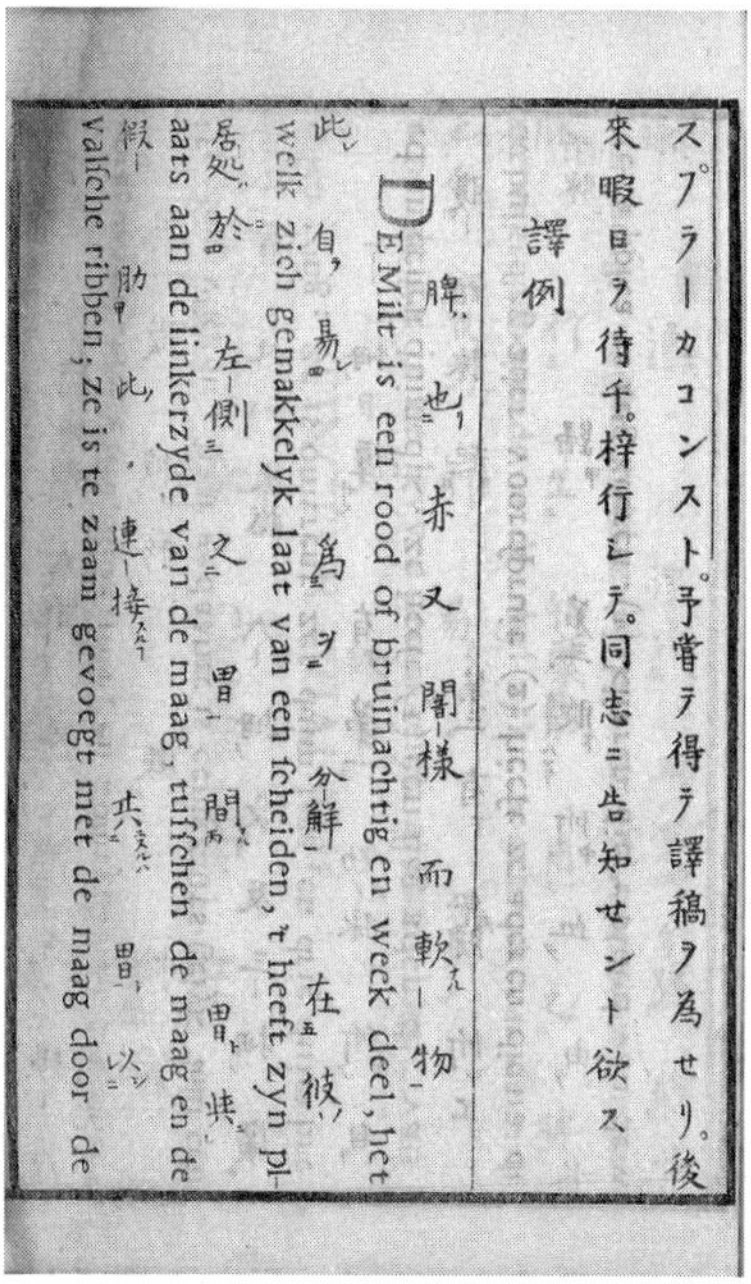

『蘭学逕』の訳例24丁表（架蔵）

かようにオランダ語の品詞、名詞の格や格変化あるいは性や単複、動詞の曲用、時制、法、態などに言及することなく、「欧文訓読」の域を出ない読解しか行われなかった状況の中、忠雄は、独りオランダ語文の性質を見抜き、文法を会得するとともに文構造を理解して解説し、さらに正確に訳すための和訳法を提示するという、蘭文読解の歴史に革命を齎《もたら》した（以上、本節全体を通して、大島明秀『蘭学の九州』七六～七八頁。「「和解」から「翻訳」へ――*Beschryvinge van het octant en deszelfs gebruik* の訳出に見る本木良永と志筑忠雄――」）。

二　西洋文法カテゴリーの中でのオランダ語理解

「品詞」概念の受容

ほぼ忠雄の三〇代と重なる寛政年間頃（一七八九～一八〇一）の成立と推定される『和蘭《オランダ》詞品《しひん》考《こう》』（京都大学文学研究科図書館蔵）に着目しよう。宇田川玄随が撰した『蘭学秘蔵』巻之一に、「元木〔本木〕門人　志築〔志筑〕忠次郎　助辞考」（早稲田大学図書館蔵甲集二七丁表）との頭注があり、本文には『和蘭詞品考』が丸々転写されている。つまり、引用元は『助詞考《じょしこう》』ではなく『和蘭詞品考』であり、玄随の情報が錯綜していた。しかしながら、この発言から『和蘭詞品考』と『助詞考』の両書が、『蘭学秘蔵』以前に成立していたことが確実となった。『蘭学秘蔵』の執筆年次は不明であるが、少なくとも玄随死没（寛政九年一二月一八日）以前である。

さて、『和蘭詞品考』は、現存する忠雄の蘭語学書の中で最も早く書かれたもので、オランダ語の品詞（忠雄は「詞品」と呼ぶ）説明を主眼とした仕事である。その他、自立語や動詞には自他の区別があること（目的語が必要な動詞とそうでない動詞があること）を説明し、名詞の性、さまざまな人称代名詞、疑問詞、接頭語、接尾語、副詞句、関係節にも言及する。おそらく同書は西洋文法カテゴリーを踏まえて記された日本初のオランダ語文法書であるが、『和蘭詞品考』本文中に用いている略語の説明がなかったり、説明事項の配列や記述が整理されたものではなかったりすることから、試作段階の草稿であったことが窺《うかが》える。

ハルマよりマーリン

『和蘭詞品考』についで編まれたと見られる『助詞考』は、マーリン『大蘭仏辞典』から副詞・関係代名詞・前置詞などの文例や構文、慣用句を抜き書きして作成した文法語の例解事典である。忠雄がハルマ『蘭仏辞典』（François Halma: *Woordenboek der Nederduitsche en Fransche taalen*）よりマーリンを選択したのは、文法語の解説と例文がより豊富であったことによるものであろう（松田清「志筑忠雄における西洋文法カテゴリーの受容」）。

「助詞」理解への取り組み

ところで、忠雄の言う「助詞」とは、国語学における助詞ではなく、名詞・動詞・形容詞以外のすべての言葉をまとめた呼称であり、この段階での忠雄は、まだ品詞概念の十全な理解に至っていなかったことが分かる（ヘンク・デ・フロート「柳圃蘭語学の影響」）。なお、松田清とヘンク・デ・フロートは、尾張藩の侍医を務めた吉雄《よしお》常三《じょうさん》（一七八七～一八四三）旧蔵の『助詞考』を用いて、そこに付された文法概念図が『蘭学生前父』をさらに発展させたものと説いているが、江《え》馬《ま》元益《げんえき》（一八〇六～一八九一）旧蔵本（岐阜県歴史資料館蔵）や、馬《ば》場《ば》佐《さ》十郎《じゅうろう》（貞由《さだよし》、穀里《こくり》、一七八七～一八二二）の蔵書に遡る写本（神戸大学経済図書館住田文庫蔵）には、さような図は認められない。このことを勘案すると、『助詞考』の原型はあくまで「助詞」の素朴な例解集で、同書が忠雄の手を離れた後、別人によって図が付加されたと考えるのが自然である。

確かに「助詞」は文章を正確に把握するためには重要な要素ではあるが、文の基本的な意味と構造を理解するには、やはり名詞と動詞の理解が重要である。そこで忠雄は名詞の性や格ないしは単複を焦点化し、さらに冠詞まで射程に入れた『三種諸格《さんしゅしょかく》』を書き上げた。

「名詞」理解の焦点化

文化二年（一八〇五）二月の跋《ばつ》を有する『四《し》法《ほう》諸《しょ》時《じ》対訳《たいやく》』（岐阜県歴史資料館蔵本）の、人称に応じた動詞の語尾変化などに言及した箇所に、「予が『三種諸格』の後に見たるを以て、此には ik のみを表して他は略せり。」（三丁裏）とあることから、『三種諸格』はそれ以前に成立した著作であることが分かる。このことと、前述した「柳圃《りゅうほ》」号の使用時期とを勘案すると、享和三年（一八〇三）後半頃から文化二年二月の間に成された著作であると見られる。

さて、標題に含まれる「三種」とは、名詞の三つの性（女性・男性・中性〈陰・陽・中と表現〉）のことであり、「諸格」とは六つの語格（主、呼、属、与、対、奪）を指す。なお、近世オランダ語の名詞には呼格と奪格がなく、事実上語格は四つである。にもかかわらず、さながらラテン語の名詞のように六つの語格が示されるのは、セウェル『オランダ語文法』（Willem Séwel: *Nederduytsche Spraakkonst*）などの、オランダ語文法を理解する上で忠雄が参照した蘭文典に起因する。これら一八世紀の蘭文典はラテン語文典を範として編まれていたため、オランダ語であっても名詞に六つの格が記されていたのである。

『三種諸格』の内容構成

題名にかかる意味を含んだ『三種諸格』（岐阜県歴史資料館蔵本）は、①発声ヲ去ル事、②発声ヲ略スル事、③発声ヲ用ヒザル事、④三種変格ノ事、⑤六格所用ノ詞、⑥陰陽中複諸格、⑦ voornaam 之如ニシテ三種ノ別ナキモノ、⑧ deelwoord 之格、⑨ het ヲ用ル者、

⑩混附、⑪現在過去ノ事、⑫'erヲ加ル事、⑬不無非ノ事、の一三項目から構成されている。

各章の内容を概観すると、まず、項目①～③では「発声（詞）」、すなわち冠詞を付さない、さまざまな場合を例示している。項目④では名詞に三種の性があることを紹介する。ただし、冠詞や代名詞の格変化については表示していない。項目⑤は六格についての簡単な説明、続く項目⑥では、所有代名詞とその変化が「陰（女性）・陽（男性）・中・複」の順で示される。なお、六格すべてではなく、主格と属格の語形のみ取り上げている。また、定冠詞、不定冠詞、指示代名詞にも触れている。項目⑦においては、不定代名詞と、不定代名詞として用いられる人称代名詞に言及し、さらに指示代名詞や所有代名詞、加えて形容詞の独立用法についても述べる。ついで項目⑧では現在分詞と過去分詞に話が及び、項目⑨では形容詞の名詞的用法のうち、主として中性の例を提示する。「混附」と銘打つ項目⑩は、属格の作り方に始まり、方角、数詞、単複同形、主語の数と動詞変化の一致・不一致など内容が多岐にわたる。項目⑪では時制を扱い、中世ヨーロッパのラテン文法である叉《さ》角《かく》的五分法に基づく視点から、現在形、未完成過去（過去形）、完成過去（現在完了形）を説き（岡田和子「森田千庵『四十五様』について―中野柳圃・森田千庵と仏文法の関係―」)、項目⑫では場所を表す'er（er）とdaarの用法について述べ、最後の項目⑬においては、否定を示すnietとgeenの用法と文中の位置について説明を加える。

かように、忠雄は西洋文法カテゴリーを踏まえて名詞・代名詞・冠詞理解を説いたが、執筆にあたっては複数の蘭書を参照している。『三種諸格』本文中に言及されているのは、「スプラーカコンスト」「wijs」「ウヲールデンブーク」「マーリン」「レーデンコンスト」「アベセブーク」「ケイル之ナチユールキユンデ」の七種である。

典拠としての蘭書

第一の「スプラーカコンスト」とは、Spraakkonst / Spraakkunst（文法）を意味するオランダ語で、五箇所に確認できる。一箇所目は項目①に見られ、忠雄は、地名が定冠詞をとらない名詞であることを説きつつ、前に言葉（形容詞）がつく場合、その語尾が「e」で終わり、女性名詞がとる形になると述べ、そのことは「スプラーカコンストニ見ヘタリ」と記している。ここでは特定の書籍（文法書）を指している可能性が考えられる。

二箇所目は項目④に認められ、忠雄によれば、「tijd」（時間）が「ten tijde」と変化するように、陽詞（男性名詞）でありながら、陰詞（女性名詞）のように「e」を添える事例があるという。ただし、「スプラーカコンスト」を考えると、文法的な問題ではなく、これらの言葉の性質による例外的な現象であるとも言い添えている。また、三箇所目が見られる項目⑤では、名詞の格変化（六格）の形は「ウォールデンブーク」とこれを参照すべきとしている。両箇所において言葉の意味するところは、一般的な「文法（書）」であろう。

項目⑩には残り二つの「スプラーカコンスト」が確認できる。まず、名詞の女性・男性・中性を弁別した例が掲載されている書籍としてこの言葉を挙げており、よって、特定の書籍（文法書）を指しているものと見られる。続いて、作文にあたって拠るべきところとして、「ウォールデンブーク」および「スプラーカコンスト」と並んで「レーデンコンスト」を挙げており、ここでは一般的な「文法（書）」という意である。

一方、特定の書籍（文法書）としての「スプラーカコンスト」としては、一七〇八年に初版が刊行され、版を重ねたセウェル『オランダ語文法』、ならびに一七八一年に上梓されたゼイデラール『オランダ語文法』（Ernst Zeydelaar: *Nederduitsche Spraakkonst*）が挙げられる。

さて、一箇所目の「スプラーカコンスト」であるが、地名に定冠詞がつかないことは、セウェル『オランダ語文法』（架蔵一七三三年版）の九六〜九七頁に掲載された「*Van het* GESLACHT *Der Naamwoorden.*」（名詞の性について）中に記されているが、一方、そこに示されている用例は、いずれも定冠詞の後に位置する形容詞の語尾が「e」では終わっておらず、忠雄の説明と合致しない。また、ゼイデラール『オランダ語文法』にも該当箇所が見当たらなかった。

ついで、三箇所目の「スプラーカコンスト」は、一般的な「文法（書）」と受け取ることも可能であるが、特定の本を意味しているのであれば、セウェル『オランダ語文法』の一七八～二二〇頁に掲載された「*Van de* BUYGINGE *Der Naamwoorden.*」（名詞の語形変化について）と考えられる。

また、四箇所目で言及された名詞の性についての例示は、セウェル『オランダ語文法』の一〇八～一六七頁に掲載された「LYSTE Van de GESLACHTEN veeler Naamwoorden.」（多数の名詞の性についてのリスト）を指しているものと目される。

「wijs」

第二に「wijs」であるが、右に挙げた一箇所目の「スプラーカコンスト」において、忠雄は、地名の前につく言葉（形容詞）の語尾が、女性名詞のとる形に変化すると説明した後、国名、城名も同様であることに言及し、さらに「又 wijs ニモ haar kind ナト云ヘシトアリ」と記している。

この「wijs」を文法用語としての「法」と解釈すると意味が通じないため、特定の書籍を指すものと考えるのが自然である。そこで「wijs」を「spraakwyze」（慣用語）の略形と理解すれば、一六九四年に初版が出版されたマーリン『新仏蘭会話《しんふつらんかいわ》教程《きょうてい》』（*Nouvelle*

Methode pour aprendre les Principes & l'Usage des Langues Françoise et Hollandoise. Nieuwe Fransche en Nederduitsche Spraakwyze.）の存在が思い浮かぶ。おそらく忠雄は、平戸楽歳堂文庫に所蔵された同書一七六二年版を利用していたであろう。

該当箇所を捜索すると、「VOORBEELDEN VAN DE DRIE DECLINATIEN.」（三つの語形変化についての実例）の章に、「kind」（子ども）をめぐる複数の文例が掲げられていることに行き当たる。そこでは、「Het beste Kind」（松浦史料博物館蔵一七六二年版六四頁）のように、定冠詞 het と kind の間に挟まれる形容詞が、一見、女性名詞の前に位置した時のような語尾変化をする諸例が示されている。したがって、「wijs」とは、マーリン『新仏蘭会話教程』であると見てよいだろう。なお、同書には、不定冠詞と中性名詞に挟まれた形容詞の語尾が、男性名詞の前に位置した時のように変化する例も提示されているが、項目①では定冠詞のみを話題としているため、忠雄はあえて取り上げなかったものと見られる。

「ウォールデンブーク」

第三に、「ウォールデンブーク」とは、Woordenboek（辞書）のことで、三箇所に確認できる。まず、項目⑤では、名詞の格変化（六格）の形はこれを参照すべきとしている。ついで、項目⑩でも、名詞の性は「ウォールデンブーク」を「検シテ知ベシ」とし、さらに、蘭作文の参考とすべきものとして、この言葉を掲げている。ただし、これら三箇所の用法を見る限り、特定の書籍を指すのではなく、普通名詞としての辞書の意として読むのが妥当であろう。

「マーリン」

第四の「マーリン」については、忠雄が『鎖国論《さこくろん》』（享和元年八月一七日序）において、マーリン『大蘭仏辞典』の一七三〇年第二版を使用していたことが指摘されている（鳥井裕美子「ケンペルから志筑へ—日本賛美論から排外的『鎖国論』への変容」）。

項目⑨では、het の用法を説明するにあたって、「マーリン」著書を参照した旨が明示されているが、マーリン『蘭仏辞典』の定冠詞 het および人称代名詞 hy 項（松浦史料博物館蔵一七三〇年第二版三七八、四〇八頁）のことと思われる。

「レーデンコンスト」

第五に、「レーデンコンスト」とは、Redenkonst / Redenkunst（修辞学）を意味し、二箇所に確認できる。まず、項目⑩で、作文の際に拠るべきところとしてその名を挙げており、ここでは一般的な意味での修辞学書として用いている。ただし、項目⑥では、書籍によって異なる名詞の性と動詞の変化については「レーデンコンスト」に従うということが明記されており、ここでは特定の書籍（修辞学書）を指している可能性も考えられる。

「アベセブーク」

第六の「アベセブーク」とは、「A. B. C. boek」のことで、単語の綴りや文章、言い回しを児童や初学者に教えるための初歩的な読み物を言う。

項目⑩では、die の関係代名詞的用法を説明する際、忠雄は「アベセブーク」より「ik ben de heere uwe god, die [u] uit egÿptenland geleÿd hebbe」（私は、あなたをエジプトから救い出した、あなたの神である）を援《ひ》く。この一節は『旧約聖書』の「出エジプト記」第二〇章二節を典拠とするが、とりわけここで注目したいのは、一七九三年に上梓された『ユダヤ人青年のためのオランダ語入門』（*Geschenk voor de Joodsche Jeugd, of A. B. C. Boek voor dezelve*）で、同書の該当部分には「Ik ben de HEERE uwe GOD, die u uit *Egyptenland*, uit den diensthuize geleid hebbe.」（四〇頁）とあり、『三種諸格』の綴りとかなり近い。

よって、『三種諸格』に用いた「アベセブーク」は、現時点で『ユダヤ人青年のためのオランダ語入門』と推定できるものの、決定的な証拠はない。なお、忠雄が原文の「Diensthuize」（奴隷の家）を省いた形で文例を使用していることも興味深い。

「ケイル之ナチユールキユンデ」

最後の「ケイル之ナチユールキユンデ」については、これまで何度も言及してきたキール『天文学・物理学入門』蘭語版を指している。

時制を論じた項目⑪において、現在形、未完成過去（過去形）、完成過去（現在完了形）を説明するために、忠雄はこれらが織り交ぜられた、まとまった量の蘭文を引用するが、その例文は、キール『天文学・物理学入門』蘭語版の全一二段落に及ぶキールの自序（VOOR-REDEN VAN DEN SCHRYVER）の第九段落（蘭文一二行中の八行目まで）の引用である。

架蔵本を用いて当該箇所を見てみると、原文の冒頭は哲学者デカルト（René Descartes, 1596–1650）への言及であるが、「Het Hooft van dit soort van Wysgeeren is *Descartes*, die, schoon hy een voornaam Meetkundige geweest is, ［……］」（デカルトは哲学者の中でも第一の人物であるが、彼は相当高名な幾何学者であった［……］）とあり、現在形と完成過去（現在完了形）が織り交ぜられた文章となっている。また、原文五行目には「voorgaf」という voorgeven（許す）の未完成過去（過去形）も見られ、引用箇所は時制を説明するための例文として確かに適切であった。

ただし、引用文の最終行（八行目）には zijn の接続法「ware」が使用されているが、忠雄はこれを「willen」と意志を表す助動詞に変更している。その理由としては、本項目では時制の理解に狙いを定めていたため接続法の説明までは不必要と見做したか、ないしは、前掲セウェル『オランダ語文法』など忠雄の座右に置いていた蘭文典に接続法の項目がなかったことから接続法を理解していなかったか、のいずれかが考えられる。

いずれにせよ、キール『天文学・物理学入門』蘭語版は、忠雄が最も長時間格闘した文献だったことを考えれば、同書中に例文を見出したのは自然なことと思われる（以上、『三種諸格』については、大島明秀「志筑忠雄「三種諸格」の資料的研究」）。

右のように、『三種諸格』は、名詞の性、格、単複、代名詞、冠詞に照準を合わせた仕事であったが、この著作は、オランダ語をオランダ語として理解する方法とその必要性を提示するとともに、そうしなければオランダ語を正確に読むことなど不可能なのだという衝撃を読者に与えたに違いない。

オランダ語文の時制

ところで、現存する忠雄の蘭語学書のうち、最も新しい作品は『四法諸時対訳』（文化二年二月跋）で、換言すれば、同書には忠雄が最晩年に到達したオランダ語理解が反映されている。冒頭に前述のセウェル『オランダ語文法』から文例を援いた旨を述べた同書は、オランダ語文法の「四法」すなわち四種の法（直説法、使令法、死語法、不限法）と、「諸時」すなわち時制（現在、過去ノ現在、過去、過去ノ過去、未来、不限時）の例解書である。例えば、「ik leerde」（私は学ぶ）という文を題材にして、蘭文典の顰《ひそみ》に倣《なら》い、同文の一部を変化させた文例を列挙して解説する。

過去の現在

事跡　我学ブ［ママ］　ik leerde

○我学ひき。　事跡にある時は過去に於ての現在の意を以て我学ふと訳すれは、時によりては現世にかけていふ事あり。其時は学ひきと訳す。事跡を説にもあらす、又は文の中に過去詞と現在詞とを雑へたる時の事也。過去より現在にかけていふ故也。但し学びつといふ時は、意の決したる過去なり。Voegende の時は多く事跡の格にいへり。

過去　ik heb geleerde.　我学びつ

過去の過去　ik had geleerd.　我学ひつ、我学ひき

未来　ik zal leeren　我学ばん

不限時　ik zou leeren　我学ふへし、我学ひてまし

［……］

ik zal geleerde hebben　我学びてん

学ばぬ前より学ひたる後を期していふなり。未来の過去なるへし。但 aan toonende には此訳最稀也。

ik zou geleerde hebben　我学ひつらん

「学ひつらん」は過去の事を推量ていふなり。又過去にても下の句に Maar dag など

ありて、意を反す時の如きは「へかりけれとも」なと訳す。下に現在詞を置て現世にかけていふときは、「へかりしかとも」なとと訳す。又何の事なく現世の事につかふ時は「へかりき」と訳す。皆不限時なれはなり。但し下の hebben に過去の意あるゆへ、不限時の過去と云ふて可也。（『四法諸時対訳』岐阜県歴史資料館蔵三丁裏～六丁裏。便宜上鉤括弧を付した）

右のように、現在形に始まり、過去の種類とその解説を述べた上で過去形に変化させ、ついで未来形など別の時制の例に続いていく。次節で論じるように、時制に対応した見事な和訳例とその説明は、そのオランダ語力が為《な》せる業《わざ》のみならず、本居宣長《もとおりのりなが》の国語学などを修めていたことを背景としている。

オランダ語文の法

ひとしきり時制についての説明が終わった後、次に使令法（命令法）、そして死語法（従属節〈仮定法も含む〉）の例解へと展開する。また、「四法の外」として不断詞（分詞）にも言及する。

ただし、忠雄が法の一つとして示した死語法は、仮定法も射程に入っているものの現在で言えば従属節を指し、また、法の一つ「不限法」や時制の一つ「不限時」も、現在ならば、te 不定詞や、zouden による意思・願望を含んだ未来形の一種として処理する文法事項である。オランダ語学の孤高の先駆者ゆえに、仕事には整理が行き届いていない部分もあったが、忠雄は、西洋文法カテゴリーを踏まえた上で、オランダ語の性質を理解してオランダ語に向き合った、日本史上初の人物にほかならない。

三 「蘭文和訳論」の誕生

日本史上初の蘭文和訳論『蘭学生前父』

忠雄が生前に著したオランダ語文法関連の著作を見ると、初期は『和蘭詞品考』『助詞考』といった文法用語の説明や単語・句などの語彙集に留まっていたものの、二〇年にわたる『暦象新書』（享和二年一〇月朔日序）訳業の完了後は、先に見た『三種諸格』『四法諸時対訳』のように、名詞の性・格変化や動詞の人称変化、もしくは時制や態、法といった西洋文法カテゴリーにおける各種項目に狙いを定めた各論を順に執筆した。これら蘭語学書の編纂は、門人へのオランダ語読解の伝授を意識して成されたものと考えられるが、忠雄は文法事項の著述にとどまらず、その学問の一つの到達点とも言うべき日本史上初の蘭文和訳論『蘭学生前父』をまとめあげた。

『蘭学生前父』の読み方と意味するところ

それにしても、『蘭学生前父』の書名は何と読むのが正しいのだろうか。この問題に先鞭をつけた杉本つとむは、先に岡村千曳《おかむらちびき》が「ランガクセイゼンノチチ」と読み方を示していたことを紹介しながら、馬場佐十郎『蘭語冠履辞考《らんごかんりじこう》』（安政二年一一月序）に「ランガクセイゼンフ」（三丁裏）とルビが振ってあることから、これを正しい読みとしたが（杉本つとむ『長崎通詞による蘭語の学習とその研究』二七〇頁）、書名の意味するところが依然不明のままであることからすると、この読み方は、あくまで通称であると見る方が適切である。

ここで従来看過されてきた忠雄自序に着目したい。以下、『蘭学生前父』の底本は、美濃大垣藩医であった江馬家の蘭学塾に蔵されていた岐阜県歴史資料館蔵本を底本としつつ、神田外語大学附属図書館神田佐野文庫蔵本をもって校訂した。

物氏《ぶつし》の『訳筌《やくせん》』に漢学をせんものは文字の本来の面目を識《し》れといへるが如く、蘭学もまたさるわざなるから、おのれ此ごろ和漢の語をゑらびて訓訳しつる。此ふみの名をも、かの生ぬ前の父そこひしきとよめるが、本来の面目をいへる歌なるにそへてなん『蘭学生前父』とは名づけつる。（『蘭学生前父』岐阜県歴史資料館蔵一丁表。神田外語大学附属図書館神田佐野文庫蔵序一丁表）

忠雄は「生ぬ前の父そこひしき」を下の句とする「本来の面目をいへる歌」を典拠として題を付したと述べる。結論から言うと、その「歌」とは、忠雄在世時、人口に膾炙した道歌《どうか》「闇の夜に鳴かぬ烏《からす》の声聞けば生まれぬ前《さき》の父ぞ恋しき」である。歌意を読み解くために、「生まれぬ前の父」と同義である「父母未生以前本来面目《ぶもみしょういぜんほんらいのめんもく》」という文句を参照すると（大谷正幸「『生下未分語』翻刻―富士講研究に関連して」）、その心は、認識している人や物の姿は本来の様相ではない、という禅的な境地にある。これを手掛かりに本題の道歌に立ち戻ると、「闇の夜の烏」は見えず、「鳴かぬ烏の声」は聞けず、「生まれる前の父」を知ることはできない。そこから転じて、凡夫《ぼんぶ》には知ることができないが、物事には「本来の面目」（本当の姿、様相）が存在する、という禅的な境地を意味する歌ということが分かる。

後述するように、蘭文和訳論『蘭学生前父』は、当時世間では理解されていないオランダ語の「本来の面目」、すなわち忠雄のみが見抜いたオランダ語に対する理解と和訳法の要諦を一三点にわたって提示したものであった。そして、そのことを道歌「闇の夜に鳴かぬ烏の声聞けば生まれぬ前の父ぞ恋しき」に託した書名の後半部は「ウマレヌサキノチチ」と読まねばならず、前半部についても後半部と同じく和風に読むのが自然であろうし、何より同書は和訳論である。以上を勘案すると、忠雄が付した書名『蘭学生前父』の読みは「おらんだまなびうまれぬさきのちち」であり、かように読まなければ、同書に込めた忠雄の自負と意味、そして資料的な位置づけが闇に埋もれたままとなってしまう。

蘭学の本来の面目

ここで忠雄自序冒頭の「物氏の『訳筌』」、すなわち荻生徂徠『訳文筌蹄』初編（正徳五年正月）の序文に戻りたい。徂徠は「此の方自《おのず》から此の方の言語あり、中華自から中華の言語あり、体質本殊《もとことと》なり、何に由て脗合《ぶんごう》せん［……］故に学者の先務、唯《ただ》ただ其の華人の言語に就きて其の本来の面目を識《し》らんことを要す。」（『荻生徂徠全集』第五巻二四頁）と、中国語には中国語の性質があるため、その「本来の面目」を理解して読解に当たらねばならないことを説いた。

アルファベット表記の上に文法構造が日本語とは全く異なるオランダ語に対峙した忠雄は、「物氏の『訳筌』に漢学をせんものは文字の本来の面目を識れといへるが如く」と『訳文筌蹄』の理念を踏まえ、「蘭学もまたさるわざなるから」と、オランダ語にはオランダ語の性質が存在することを見抜いた上で、その「本来の面目」の理解に向き合い、徂徠が成し得なかった外国語の和訳法、すなわち「欧文訓読」から離れたオランダ語和訳とその方法の提示に臨んだのである。

『蘭学生前父』の内容構成

それでは忠雄はいかなる和訳論を展開したのだろうか。ここで『蘭学生前父《おらんだまなびうまれぬさきのちち》』

の内容構成を理解するために、神田外語大学附属図書館神田佐野文庫蔵本に転写過程で付加された目次を示す。便宜上、番号は筆者が付した。

1 和語例
2 両語ノ異
3 蘭語三世名目
4 切ルル詞
5 続ク詞
（1） 動他詞
（2） 自動詞
（3） 静虚詞
6 三世図
7 六詞ヲ重ヌル秘訳
8 事迹ノ詞
9 種々ノ詞遺ヒ
10 zouden ノ事

11　種々ノ結ヒ詞
12　六詞秘訳并定格
13　詞品図

右のように『蘭学生前父』は一三項目から成るが、同書の狙いや体系を理解するために各項目の内容を確認していこう。なお、オランダ語の綴りが現今と異なる場合は、初出に角括弧を付したルビで示した。

項目1「和語例」では、日本語の言葉の活用を対象としている。完了などを表す助動詞「ぬ」が、「ぬる」となった場合には次に言葉を接続するが、「ぬ」の場合にはそこで終わるように、言葉には後に語が接続する形（続ク詞）と、そこで終わる形（切ルル詞）とがあることを指摘する。

2「両語ノ異」では、日本語の「いひつる人」「いひし人」はオランダ語に置き換えることができるものの、「いへる人」に相当する蘭訳が不可能であるとし、それは蘭日で動詞の自他に違いがあることに起因するものであることを説く。

3「蘭語三世名目」では、オランダ語に現在・過去・未来の三時制があることを紹介する。

4「切ルル詞」では、動詞「言ふ」「隕《お》つ」および形容詞「白し」を例に、さまざまな時制の（助動詞を伴った形も含めた）切れる形を蘭日対照にして示す。また、自動詞には「ぬ」、他動詞には「つ」が接続することも言い添える。なお、忠雄の時制の考え方は、中世ヨーロッパのラテン文法である叉角的五分法（現在、過去〈未完成過去［過去ノ現在］、完成過去［孤立過去］、大過去［過去ノ過去］〉、未来）に基づく（岡田和子「森田千庵『四十五様』について―中野柳圃・森田千庵と仏文法の関係―」）。

5「続ク詞」では、「言ふ」「折る」「隕つ」ならびに「白し」を例に、動詞の自他の別に留意しながら、さまざまな時制の（助動詞を伴った形も含めた）続く形を蘭日対照にして示す。また、他動詞には目的語が必要であることにも言及する。

6「三世図」では、時制を表すオランダ語の助動詞および存在動詞とその変化を図示する。具体的には、まず、上段左に未来を表す助動詞 zullen が挙げられ、その不定形ならびに一人称主語と三人称主語に用いる際の変化を提示し、右方に過去形である zouden と変化形が示される。中段左には現在を表す存在動詞 zijn と変化形、右方にはその過去形 waaren《[waren]》と変化形、下段左に完了形を作る助動詞としての hebben、右方に過去形 hadden と変化形が掲げられている。なお、忠雄は以上の zullen、zouden、zijn、 waaren、hebben、hadden を「六詞」と呼ぶ。

7「六詞ヲ重ヌル秘訳」では、前項6で挙げた助動詞を対象として、その文例と訳を挙げつつ、意味の微妙な差異について比較説明する。

8「事迹ノ詞」では、オランダ語の動詞九語(zullen、zijn、hebben、waaren、hadden、spreeken《[spreken]》、vallen、zeggen、worden)ならびに助動詞二語(konnen《[kunnen]》、moeten)の不定形と過去形(waaren と hadden は過去完了形)を掲げている。

9「種々ノ詞遣ヒ」では、まず、副文を備えた文章を基本文として掲げ、次に、そこから時制など一部を変化させた計二六の例文を挙げ、その文法的な説明と具体的な訳し方を説く。

10「zouden ノ事」では、zouden(仮定)の訳を古語「まし」に求めながらも、これが同時代に使われない言葉であることから、古歌三種を例に挙げながら「べし」で代用できることを説明する。また、zouden が推量の意で用いられる例も付記する。

11「種々ノ結ヒ詞」では、日本語の文末に用いられる言葉に、オランダ語には該当するもののない場合があることを説く。具体例として「けり」「めり」「らん(む)」「らし」「つつ」「かな」「がに」を含んだ和歌を引き、その蘭訳例を示す。また、日本語の口語訳も併記する。

12「六詞秘訳并定格」では、項目6で扱った六語の訳例で、どの品詞に付いたらどう和訳すればよいかが分かるような具体的な訳語を与えている。

13「詞品図」では、蘭日両語で品詞を挙げ、その関係を図式化している。ただし、説明は付されていない。

ここまで計一三にわたる項目を見てきたが、項目1～5までが基礎編（蘭日の文章構造および言葉の活用に関する基礎知識）で、項目6～13が発展編（文例と具体的な和訳法）と考えてよいだろう。オランダ語については、全体を通して詳細な文法事項に説明が費やされることはなく、むしろ動詞の自他、助動詞、そして時制の説明に紙幅を割いている点に特徴がある（寺田智美「翻刻解題『蘭学生前父』」）。

いかにして蘭語を日本語に置き換えるか

留意すべきは、『蘭学生前父』という著作が、忠雄の他作品のようにオランダ語文法の理解のみに焦点を絞ったものではなく、その読解したオランダ語をいかにして日本語に置き換えるかということに照準を合わせた仕事であることで、その達成のためには、当然日本語の「本来の面目」に対する理解も不可欠であった。かかる意味合いにおいて、『蘭学生前父』は忠雄による日本語文法学とも言え、したがって忠雄は、オランダ語理解の要諦をとりわけ動詞の自他や助動詞ならびに時制の理解に見ながら、これと並行して日本語の性質と理解の勘所を説明し、その上で吟味した訳例とその和訳法を提示していくのである。

蘭文典に基づいた文例・訳例の提示

それでは忠雄が提示した和訳論の神髄とはいかなるものであったのか。ここで『蘭学生前父』の典拠を探ると、項目5に「marin　三板」「halma　初板」ならびに「物氏」「本居氏」と明示されていることに気づく。前二者の「marin　三板」「halma　初板」とは、蘭書であるマーリン『大蘭仏辞典』第三版（Pieter Marin: *Groot Nederduitsch en Fransch Woordenboek.* 3 druk, 1752.）、ならびにハルマ『蘭仏辞典』（François Halma: *Woordenboek der Nederduitsche en Fransche taalen.* 1708.）である。これらは hebben をはじめとした三語の動詞・助動詞の参照に使用されているが、その利用法は局所的で、蘭書からの影響はむしろ例文の挙げ方に見て取るべきである。例えば次を見てみよう。

【項目4　切ルル詞】（引用部分は『蘭学生前父』岐阜県歴史資料館蔵三丁表～裏。神田外語大学附属図書館神田佐野文庫蔵本文一丁裏～二丁表）

spreeken　言ふ

gesproken hebben　言つ

gesproken hadden　言き
gesproken zijn　言へり
gesproken waaren　言へりき
zullen spreken　言ん
zouden spreken　言べし／言てん

ここでは蘭語 spreeken《［spreken］》（話す）という動詞の現在形を掲げ、続いてこの動詞の変化形、すなわち現在完了形、過去完了形、受動態の現在形とその過去形、さらに助動詞 zullen を用いた未来形とその過去形（ここでは話者の意思を表す）を挙げている。項目題からすると、日本語の動詞や形容詞、あるいはそこに助動詞を付けてさまざまな言い切りの形（終止形）を説くことが眼目であるが、それ以上に、オランダ語の一つの単語を軸にそのごく単純な変化形を掲げつつ、日本語の動詞の活用や各種助動詞を使い分けることで蘭語に対応した和訳を示すことを意図したものと見てよいだろう。

【項目5　続ク詞】（引用部分は『蘭学生前父』岐阜県歴史資料館蔵八丁表～九丁表。神田外語大学附属図書館神田佐野文庫蔵本文六丁表～七丁表）

wolk die wit was　白かりし雲

wolk die wit is　白き雲　【白クアル雲也】

wolk die wit word《[wordt]》　白くなる雲　【為白雲】

[……]

wolk die wit geworden is.　白くなれる雲

wolk die wit geworden was.　白くなれりし雲

wolk die wit geworden zal.　白くならん雲

wolk die wit geworden zou.　白くなるべき雲

単語の変化形を扱った前項を踏まえて、項目5では文構造に複雑さを増した、関係詞を使用した例文が挙げられる。上記は女性名詞 wolk（雲）を関係節において wit（白い）で修飾する文章を基本に、そこから時制や助動詞、態を変化させた文例と、助動詞 zullen とその過去形を用いた文例を示し、それぞれに和訳をあてている。項目題からすると、日本語の動詞や形容詞、あるいはそこに助動詞を付けて後ろの語に接続する形（連体形など）を説明することを目的としているが、より重要なのは、オランダ語の一つの文章の変化形を列挙していること、加えて、日本語の形容詞の活用や助動詞を使い分けることで、原語の意味の微妙な差異を的確に訳出していることである。

文例は忠雄自作

ところで、項目9に「以上二十七〔二十六〕則ノ語ハ、余ガ作為ニ出タレドモ、各本ヅク所ナキニ非ズ。然《しか》レドモ猶倒置等ノ誤モアルベケレバ、後人ノ正シタマハン事ヲ希《ねが》フ。」（『蘭学生前父』岐阜県歴史資料館蔵二六丁裏。神田外語大学附属図書館神田佐野文庫蔵本文一九丁裏）とあるように、『蘭学生前父』における文例は基本的に忠雄自作のものと考えられる（杉本つとむ『長崎通詞による蘭語の学習とその研究』二八三頁）。

種本は明示されてはいないものの、同語もしくは同文の一部を変化させた文例を列挙する方法や発想は、前掲セウェル『オランダ語文法』などの各種オランダ語文典に由来するものと見られる。

本居宣長の国語学の援用

さて、『蘭学生前父』の構成や内容を見る限り、「物氏」（荻生徂徠）、「本居氏」（本居宣長）の学問が蘭書以上に影響を与えていることは疑いない。項目5において、忠雄は徂徠『訓訳示蒙《くんやくじもう》』巻五（元文三年五月）を典拠として「応」字が推し量る意であることを述べる（『荻生徂徠全集』第五巻四三九頁）。また、宣長『古今集遠鏡《こきんしゅうとおかがみ》』（寛政九年正月）を典拠に、同じ項目5において助動詞「ん（む）」に推量の意があること、項目11では「らん（らむ）」が疑いの意を含むことを説いている（『本居宣長全集』第三巻九〜一〇頁）。しかし、かかる局所的な利用より、むしろ前述したように徂徠『訳文筌蹄』における外国語（中国語）

に対する翻訳論を『蘭学生前父』におけるオランダ語理解と和訳作成に対する理念としていることに目を向けるべきで、さらには、翻訳に対する理念的側面を徂徠に負う一方、蘭文の和訳法といった実践的側面に宣長の言語学を利用した形跡が認められることにも注意を払うべきである。

【項目12　六詞秘訳并定格】（引用部分は『蘭学生前父』岐阜県歴史資料館蔵三〇丁裏。神田外語大学附属図書館神田佐野文庫蔵本文二三丁表）

「言へる」「降れる」「隕たる」「上《アケ》たる」ナドノ言ヒサマハ、本居翁ノ『言葉の玉の緒』ニモ見エテ難コトニハアラネドモ、一向ニ国字〔国学か〕ニ無案内ナラン人ハ、唯「言たる」「降たる」ナトト皆「たる」ヲ附テ心得ヘシ。訳ニ用フルモヨシ。「たり」ハ即チ「てあり」ナリ。

その利用を示す発言は、項目12の本居宣長『詞《ことば》の玉《たまの》緒《お》』（安永八年一二月六日序）から動詞四語の用例を援いた箇所に現れ、傍線部から忠雄が「国字（国学）」に通じた上で和訳に臨んでいる自負と姿勢が読み取れる。

「切ルル詞」と「続ク詞」

また、『蘭学生前父』の構成に目を移すと、和訳にあたる基礎的知識として、前半部の項目4に「切ルル詞」（動詞、助動詞、形容詞の終止形）、それに続いて項目5に「続ク詞」

（動詞、助動詞、形容詞の連体形など）が配置されていることは、『詞の玉緒』一之巻の「すべての詞づかひに。切るるところとつづく所とのけぢめあることを。まづわきまへおくべし。」（『本居宣長全集』第五巻一九頁）を踏まえていることは明らかである。無論、それを日本語だけでなくオランダ語にも適用し、蘭日対照形で示しているところは忠雄の応用である。

【項目5　続ク詞】（引用部分は『蘭学生前父』岐阜県歴史資料館蔵五丁表〜六丁裏。早稲田大学図書館蔵三丁表〜四丁裏）

1：woorden die men gesproken had　言し語【曽言之語／言タ語】
2：woorden die men gesproken heeft　言つる語【既言ノ語／言タ語】
3：woorden die gesproken waaren　言へりし語【曽言在之語／言テアリシ語】
4：woorden die gesproken zijn　言へる語【言在之語／言テアル語】
5：woorden die men spreeken zou　いふべき語【応言ノ語／言テアラフ語】

「言てん語」トモ訳スベシ。「いひてん」「ありなん」ナド末ヲ推シハカル意ト本居氏イヘリ。又「応」ノ字モ推ハカル意ト物氏イヘリ。
〔俗〕「言デアラフ語」トモ「言ヒソーナ語」トモイフ。

6：woorden die men spreeken moet　正にいふべき語【当言之語／イハデカナハヌ語】

［……］

7：woorden die men spreeken zal　言ん語【将言之語／言フ語】

8：woorden die gesprooken《［gesproken］》 worden　言る丶語【被言之語／又所言之語】

［……］

9：woorden die gesprooken konnen worden　言つべき語【可言之語／俗ニハ言ルル語ト云】

オランダ語の時制と日本語の助動詞

項目5の引用にあたっては便宜上番号を付し、割注は隅付き括弧で示した。項目5の例文でも、忠雄はオランダ語の時制や助動詞を用いた際の意味変化に応じて、日本語の助動詞を巧みに使い分けて和訳を行っている。叉角的五分法で時制を理解していた忠雄は、関係節が過去完了形（大過去）である第1文は「言し語」と、過去の助動詞「き」を用いた和訳を提示し、一方、関係節が現在完了形（完成過去）である第2文については「言つる語」とし、ここには完了の助動詞「つ」を適用する。加えて、割注で第1文は「曽言之語」、第2文は「既言ノ語」という差異があることを説明し、さらに俗語としてはともに「言タ語」となることも付記している。そこには忠雄のオランダ語理解の確かさとともに、その理解を正確に表現するための日本語の助動詞を精選している様子が見て取れる。

第3文および第4文ではmen（人）が脱落し、関係節の中でwoorden（言葉〈複数形〉）が主語となっている。オランダ語としては両文ともに（助動詞worden が脱落した形の）受動態であるが、忠雄は誤ってそれぞれを過去完了形、現在完了形と解しているものの、前者の訳文には完了の助動詞「り」と過去の助動詞「き」を用い、現在完了と見ている第4文では完了の助動詞「り」のみを使用し、時制の差異を的確に表現している。

時制の対応法

第5文から第7文にかけては、助動詞zouden（zullen の過去形）、moet、zullen を用いた蘭文と訳例を掲げているが、特に未来形を作る助動詞で、推量の意も含むzullen を用いた第7文の和訳に、意思あるいは推量の助動詞「ん（む）」を適用している手腕には刮目すべきである。加えて、第8文は受動態の現在形で、これに対応して受け身の助動詞「る」を用いた和訳を示し、第9文では第8文に可能の助動詞kunnen を加えた例文と和訳を提示する。そしてかかる方法を、副文を有した文にまで発展させたのが項目9である。

【項目9　種々ノ詞遣ヒ】（引用部分は『蘭学生前父』岐阜県歴史資料館蔵一五丁表～裏。神田外語大学附属図書館神田佐野文庫蔵本文一〇丁裏）

Wanneer hij te huis is, durft 'er niemand spreeken　彼人家にある《〔ママ〕》時は、彼所に在て敢て言ふ人なし。是ハ現世ナリ。

Wanneer hij te huis was, durft 'er niemand spreeken　彼人家に在る時は、彼所に在て敢て言ふ人なかりき。此ハ過去ナリ。事迹ニ用ル時ハ前ナル現世語ト同訳ナリ。結ヒ詞ヲ云ベキ時ハ「言ふ人なかりけれ」トモ訳スベシ。

本項目では、まず従属節を備えた例文を掲げ、次に同文の時制を変化させた文章を示す。そうして基本的な文構造を保持しながら、時制の他、助動詞や接続詞など同文の一部を変化させて作成した計二六の例文を示し、その和訳と文法的な説明を挙げていく。とりわけ蘭文と和訳の時制をめぐる対応に注目すべきである。上記第一文の従属節は「wanneer hij te huis is」と存在動詞が現在形で、第二文の同箇所は「wanneer hij te huis was」と過去形で記されている。ところが、当該箇所の和訳は両文同じ「彼人家にある時は」と現在形で処理する。一方、第一文、第二文ともに同形（現在形）である主節「durft 'er niemand spreeken」の和訳に従属節の時制を反映し、「彼所に在て敢て言ふ人なし」「彼所に在て敢て言ふ人なかりき」と、文末に時制の変化をつけた訳例を提示する。かような訳文を作成しうるところに、オランダ語のみならず、日本語の性質・構造にも通暁していた忠雄の力量が示されている。

「結び」へのこだわり

また、第二文において、係り結びが用いられた際に已然形に活用するよう説いているところは、日本語文の結びにこだわる忠雄の態度が示されている。

和訳例文が雅語（古語）の理由

ところで、ここまで見てきたように、忠雄が提示した和訳例文は基本的に同時代の言葉ではなかったが、それは、この時期までの日本語研究（国学）の対象が、独り雅語（古語）のみであったためである。

その一方で、項目5でも項目9でも、忠雄は和訳例と文法的な説明にとどまらず、随所に古語に対する代用語や、俗な表現にまで言及しているが、かかる姿勢は、雅語（古語）を自らのものとするために俗語に訳すことを提唱した前述『古今集遠鏡』の仕事に倣ったものと考えられる。宣長によれば、同時代から（縦軸に）距離が遠く離れた古代の雅語を俗語にすることで、物の味を舌で識《し》るように消化し、血肉化することで追体験を可能にするという（玉田沙織「和歌の同化翻訳論―本居宣長の俗語訳理論から―」）。忠雄はこの考えを応用して、（横軸に）距離が遠く離れたオランダ語に、可能な限り俗語訳まで与えたものと目される。

【項目10　zouden ノ事】（引用部分は『蘭学生前父』岐阜県歴史資料館蔵二六丁裏～二七丁裏。神田外語大学附属図書館神田佐野文庫蔵本文一九丁表～二〇丁表。以下、便宜上鉤括弧を付した）

総テ仮令ノ時ハ zouden ヲ「まし」ト訳ス。但シ「まし」ト云語ハ耳遠シテ如何思時ハ仮ニ「べし」ニ代フ

飛鳥川しがらみ渡しせかませば流るる水はのどけからまし
世の中にたへて桜のなかりせば春のこころはのどけからまし
逢見ずは恋しきこともなからまし音にぞ人をきくべかりける

下ノ句ノ「べかりける」ノ「べし」モ「まし」ノ意ニ類セリ。「音にも人をきかまし」ト同意也。然バ「まし」ト「べし」トハ近キ詞ナリト知ラル。


假令ト推ハカルトノ弁ハ、右ノ歌ノ意ヲ以テ左ニ示スニテ知リヌベシ。

飛鳥川ニシガラミ渡テセイテ見タラバサゾ流ルル水ガ長閑《ノドカ》デヨカラフニ、セカズニアルカラ一向ニノドカナ事ハナイ。

右假令ナリ。即本歌ノ意。

飛鳥川ニシガラミ渡テセクハヅカ、セカヌハヅカ未タシレネドモ、セクナラバ

水ガノドカニ流ルルデアラフ。

右ハ推ハカル意。

ここで忠雄は、仮定法を作る助動詞で、場合によって推量の意味を示すzoudenにふさわしい訳語に願望の助動詞「まし」を選び、『万葉集』から一首、『古今和歌集』から二首選出して用例を提示する。ただし、「まし」が同時代に使用しない言葉であることから、助動詞「べし」で代用できることも併記し、さらに、「まし」の意が推量で用いられる例についても論を進める。なお、古歌に用例を求め、文法的に説明する方法は、言うまでもなく国学のそれである。

日本語の結びの言葉に対応するオランダ語がない場合

和訳を追求する中で、日本語文の結びにこだわり抜いた忠雄の姿勢は、項目11に遺憾なく発揮される。

【項目11　種々ノ結ヒ詞】（引用部分は『蘭学生前父』岐阜県歴史資料館蔵二七丁裏～二九丁裏。早稲田大学図書館蔵二〇丁表～二二丁裏）

「けり」「めり」ハ意ノ決スル詞ナリ。其内「けり」ハ過去、「めり」ハ現世。蘭ニハ様々ノ点ヲ以テ句ヲ絶ツ故ニ、「けり」「めり」ニ当ルベキ詞ナシ。唯末ニ畢点アル所ニ自ラ是等ノ意ヲ含メル所多シ。文勢ニヨリテ知ベシ。詳ニ説ク事能ハズ。假

二一、二例ヲ示サン。

het rievier[rivier] water vloeijt zo verwardelijk.

河水流れて流るめり

de lente is al gekomen.

春は来にけり

右ノ「けり」「めり」ノ外ナル詞ハ定格アルモノ多シ

hoe zo haastelijk vallen de bloemen af!

しづこころなく花のちるらん

疑ノ詞ト末ナル嘆息ノ点トニヨリテ「らん」ノ意ヲ知ル。但シ現世ノ詞ナリ。「らん」ハ「つらん」「ぬらん」何レモ同意ナリ。譬《たとえ》バ歌ニ「いふらん」ト云テハ一字足ラヌ時ハ「いひつらん」ト云事ヲ得。本居氏曰、此「らん」ハ然ルヲ疑ニアラズ、然ル所以ヲ疑ナリト云ヘリ。

misschien is de zomer al gekomen.

夏来るらし　「らし」モ現世ノ詞ナリ。

持統天皇ノ歌モ、万葉ニアル本歌ハ「夏来たるらし」トアリ。俗ニ「夏カ来タソーナ」ト云フ。

「らし」ト常ノ「らん」トヲ分別スベキ蘭詞未ダ思ヒ得ズ。

［……］

O, wat is het haastige afvallen der bloemen!

しつ心なく花のちる哉　「かな」ハ現世詞ナリ。

此ハ嘆息ノ詞ト疑ノ詞ト末ノ嘆息ノ点トニ由テ知ル。


他の項目と比べ、とりわけ異質なのは、日本語文の結びの言葉でオランダ語に該当するものがない場合の和訳法を説明していることで、そのため、蘭文を掲げてそれに対して和訳を作成するのではなく、反対に、人口に膾炙した古歌を先に用意し、その助動詞に説明を加えながら、それに対応した蘭文を提示する方法を採っている点である。

ここで扱われた結びの言葉は、過去や詠嘆の助動詞「けり」、推定の「めり」、推量の「らむ」、推定の「らし」、過去推量の助動詞「けらし」、動作の並行を表す接続助詞「つつ」、詠嘆の終助詞「かな」、さらには中古の言葉である願望の終助詞「がに」に及び、その蘭訳例が示される。

ともあれ、ここまで見てきたように、オランダ語の時制や意味するところを正確に反映しつつ、同時代において自然な日本語表現でもある和訳を追い求めた忠雄は、その神髄を日本語文の結びに見出したのである。

忠雄は蘭書に基づきながらオランダ語例文を自作して、動詞の自他、助動詞、時制を中心に蘭語理解の要諦を提示し、さらに、宣長の言語学を援用して日本語の活用形を説きつつ、とりわけ助動詞や終助詞など文の結びの選定を眼目としながら、オランダ語の時制や意味するところを表現するのにふさわしい、加えて同時代において自然な表現でもある和語を、時には俗語まで入念に吟味した。

日本史上初の蘭文和訳論

オランダ語文を日本語文に置き換える蘭文和訳という営為は、オランダ語に精通するのみならず、日本語の「本来の面目」まで理解して初めて達成しうる仕事であったが、忠雄は見事にこれを成し遂げた。その訳文は、それまでの漢文まがいの訓読とは一線を画した、初めて日本語と呼びうる文章となって示され、ここに蘭文和訳とその方法を説いた蘭文和訳論が誕生したのである（以上、本節全体を通して、大島明秀「蘭文和訳論の誕生―志筑忠雄「蘭学生前父」と徂徠・宣長学―」）。

第六　晩年と没後の影響

一　日本の未来を憂いて

病床からの『二国会盟録』の口述

仕官が叶わず、おそらく失望していた志筑忠雄《しづきただお》の体調は、文化元年（一八〇四）の終わり頃には再び悪化に転じていた。そのため、生前最後の訳書となった『二国会盟録《にこくかいめいろく》』は、忠雄の独力では完成できず、蘭学を青木興勝《あおきおきかつ》（一七六二～一八一二）に学び、長崎遊学していた福岡藩士安部龍平《あべりょうへい》（一七八四～一八五〇）の助力を得た。龍平は訳出に携わった経緯を、文化三年正月の年紀を記した「凡例」で次のように述べている。なお、『二国会盟録』は福岡県立図書館蔵本を用いた。

予、蘭学ヲ長崎ニ講窮スルトキ、旦夕《たんせき》柳圃志筑先生ニ周旋《しゅうせん》ス。適《たまたま》魯西亜《ロシア》ノ使節、彼土ニ来テ通商ノ道ヲ闢《ひらか》ント乞フ。是時ヤ街談巷語、尽《ことごと》ク其事ニ及バザルハナシ。先生因テ此編ヲ訳セント欲ス。然トイエトモ、平生多病ニシテ自テ稿ヲ起スコトアタワス。予、幸ニ相親炙スルヲ以、是編ヲ筆センコトヲ命ス。予、不敏ヲ謝ヌレドモ聴ス。遂ニ業ニ就ク。先生病床ニアリトイエドモ、未ダ曽テ蘭書ヲ廃セス。惇々〔諄々〕トシテ口授ス。卒《にわか》ニ日ナラスシテ巻怢〔帙〕ヲ成ス。（『二国会盟録』八丁表）

現代語訳すると、龍平が蘭学を学びに長崎に遊学した際、始終志筑先生の元に出入りしていた。ちょうどその時、ロシアの使節がやって来て通商関係の樹立を要求してきた。この時、世間はその話でもちきりだった。そのため、志筑先生はこの書物を訳そうと考えた。しかしながら、平生から多病であったため自分で執筆することはできなかった。都合よく私が親しく接して感化を受けていたので、筆記を命じられた。私は才知に乏しいことを理由に断ったけれども、聞き入れられず、いよいよ筆記を行うことになった。先生は病床にあっても、蘭書読解をやめたことはなかった。懇切丁寧に口授し、幾日も経たずに一書を成した。

龍平の発言から、忠雄との出会いはレザノフが来航していた時期（文化元年九月六日～同二年三月一九日）であったことが分かる。中野家家屋の前に福岡藩の警固が設置されていたことが、忠雄の面識を得る機縁となったのかもしれない（八・一三頁掲載図参照）。ともあれ、大槻平泉《おおつきへいせん》の逗留が文化元年の冬頃までであることを踏まえると、忠雄は同時期から翌年の春先にかけて深刻な体調不良に見舞われたものと見られる。

ネルチンスク条約締結の状況に照準を合わせた訳出

しかしながら、かかる不調にあっても忠雄は蘭書読解をやめず、それどころか、レザノフ来航に動揺する社会に貢献できる記事の訳出を決意した。それは、ファレンティン『新旧東インド誌』の一節を抄訳した『阿《オ》羅《ロ》祭《シ》亜《ヤ》来歴《らいれき》』では軽い言及に留まっていた清朝中国とロシアの国境を画定したネルチンスク条約締結の状況に照準を合わせ、他の蘭書から改めて詳細を世に提示する試みであった。

訳出の狙いは、ネルチンスク条約が国際法に基づいた条約締結としてアジア初の経験であったことから、レザノフ来航によりロシアとの新たな国際関係の樹立を余儀なくされるような日本の遠くない未来を見据え、その締結のあり方や経緯を世の参考のために示すことにあった。

忠雄の国際的な視野と時局に対する洞察力は同時代を超越したものであったが、それ以上に驚異的なのは、政治的な情報網や人脈を持たずして、ごく限られた情報と長崎の状況から、独り西洋との新たな関係構築のためには、ネルチンスク条約締結の事例が有用であると看取したその眼力である（大島明秀「志筑忠雄と洋学」）。

底本とした蘭書

底本は、平戸藩楽歳堂文庫旧蔵のプレヴォー（Antoine François Prévost, 1697–1763）が編んだ『旅行記集成』蘭語版であり、忠雄は、全二一巻（現存一六巻）に及ぶこのシリーズの中から、ネルチンスク条約を結ぶ交渉で清朝側の通訳を務めたフランス人イエズス会士ジャン・ジェルビヨン（Jean Gerbillon, 1654-1707）の八度に及ぶ西タルタリア旅行記である第一一巻八章に着目し、その第二節「ジェルビヨンのネルチンスク紀行」（Twéde Togt, van Gerbillon, naâr Nipchew of Nerchinskoy）を中心に抄訳した（松田清『洋学の書誌的研究』五五四～五五九、五七二～五七三頁。鳥井裕美子「『鎖国論』・『二国会盟録』に見る志筑忠雄の国際認識」）。

さて、『二国会盟録』は四巻から成り、最初の一巻は「総録」で、読者の前提知識のために関係諸国の位置関係や沿革を記している。第二巻以降が『旅行記集成』の抄訳で、第二巻が「往路之記」、第三巻は「会盟之記」、第四巻は「帰路之記」となっている。龍平は、忠雄の翻訳態度についても「題言」に明示している。

凡《すべ》テ編内ノ叙致甚周密ナラス。故ニ志筑先生自他ノ説ヲ以テ曲折申理スル所アリ。皆釈《〔訳〕》文ト同ク行間ニ注書ス。猶蓄疑決シ難キ者ハ、敢テ妄《みだり》ニ鑿《のみ》セス。蓋《けだし》疑ヲ闕《かくる》ノ遺意ニ効《なら》フ。（『二国会盟録』七丁表）

再び現代語訳すると、書中全体の記述は、あまり注意が隅々にまで行き届いていない。そのため、志筑先生は自他の説をもって原文を変化させ物事を明らかにしたところがある。それは訳文の行間に注を付して記されている。疑わしく意味を決し難いようなものは、決してでたらめにつきとめず、まさしく疑わしいものとして決定を保留しておくという故人の考えに倣《なら》った。

忠雄は原文に沿って忠実に訳しつつ、記述が十分でない箇所に、自身の発言と分かる形で注を加えたと言い、実際『二国会盟録』を見ると、そのように訳されている。ただし、注の対象に関しては、ロシアに関するものは忠雄、清朝中国に関するものは龍平が中心的に付している（楠木賢道「『二国会盟録』からみた志筑忠雄・阿部龍平の清朝・北アジア理解—江戸時代知識人のNew Qing History?—」）。

『二国会盟録』訳出という仕事はまさに適時の国際情勢書の翻訳であり、名義も「長崎　志筑忠雄季飛訳」が用いられているが、『鎖国論《さこくろん》』と異なり、本文は中華思想に染まった言葉は使用されていない。そもそも体調不良により成稿に時間をかけることができなかったことは想像に難くなく、口述筆記後に推敲《すいこう》を重ねられなかったことが中立な言葉遣いとなった要因に違いない。それに加えて、深刻な病状のために仕官を断念したことが文体に反映されたと見るべきであろう。「志筑」名義としたのは、あくまで世の信憑性を得るためであり、人生の最期において忠雄は、仕官への野心から離れ、純粋に世のためを想い、病床から蘭書を訳したのである。

約五〇年後の受容

ただし、その忠雄の想いとは裏腹に、同時代に『二国会盟録』は顧みられることはなかった。幕末に至って、プチャーチン（Jevfimij Vasil'jevich Putjatin,1803-1883）と日露和親条約締結にあたった勘定奉行川路聖謨《かわじとしあきら》（一八〇一～一八六八）の座右に置かれていたことが、『下田日記』嘉永七年（一八五四）一一月二九日条より知られる。また、同条約交渉で翻訳官を務めた箕作阮甫《みつくりげんぽ》（一七九九～一八六三）も、同書を重要な参考書として書架に備えていた（鳥井裕美子「『鎖国論』・『二国会盟録』に見る志筑忠雄の国際認識」）。

逝　去

同時代に理解されず、結果的に五〇年早すぎた仕事となった『二国会盟録』の口述から半年後の文化三年七月八日、稀代の学者志筑忠雄は四七歳でこの世を去った。

二　人物像の形成

『蘭東事始』に見る忠雄像

忠雄の死から九年を経た文化一二年（一八一五）四月、八三歳となった杉田玄白《すぎたげんぱく》は、蘭学草創期のことを回想した手記『蘭東事始《らんとうことはじめ》』を記し、弟子の大槻玄沢《おおつきげんたく》に送った。同写本は、明治二年（一八六九）に福沢諭吉《ふくざわゆきち》が翻刻・刊行した際に『蘭学事始《らんがくことはじめ》』と改題され、現在に至るまでその書名で人口に膾炙《かいしゃ》する。さて、『蘭東事始』中に、忠雄への言及が認められる。

性多病にして早くその職を辞し、他へゆづり、本姓中野に復して退隠し、病を以て世人の交通を謝し、独学んで専ら蘭書に耽り、群籍に目をさらし、その中かの文科の書を講明したりとなり。文化の初年、吉雄六次郎、馬場千之助などいふ者、その門に入りて、かの属文並びに文章法格等の要を伝へしとなり。（緒方富雄校註『蘭学事始』岩波文庫六七頁）

玄白によると、忠雄は多病につき若くして通詞《つうじ》を辞職し、中野家に帰り、人との交わりを絶ち、孤独にひたすら大量の蘭書に取り組み、「かの文科の書」（セウェル『オランダ語文法』のことか）を研究して明らかにした人物であるという。忠雄に会ったことがない玄白は、かような人物像をいかにして抱くに至ったのだろうか。

末次忠助の忠雄評

大槻玄沢『蘭訳梯航《らんやくていこう》』巻之下（文化一三年四月）には、玄沢と忠雄との接見の契機について記載されているが、その中で「郷人末次某〔末次忠助〕ナル者アリ。児等ニ告テ云フ。「吾郷ニ中野柳圃先生ト云人アリ。西学博洽《はっこう》ノ人ナリ。往テ面晤《めんご》セザルヤ」ト。」（『洋学　上』三九〇頁）という末次忠助《すえつぐちゅうすけ》の言が紹介されている。既述したように、忠助は忠雄の義弟であり、加えて、忠雄の学問を継承した弟子でもあった。

大槻玄幹の忠雄評

また、忠雄の口授と銘打って音声に照準を合わせた『西音発微』（文政九年）は、玄沢の長男玄幹《げんかん》の手に成る。オランダ語の発音に和音・唐音を対照させた従来にはない一書であったが、どこまでが忠雄の教えで、どこからが玄幹の考えであるかが分からない同書は、オランダ語の読解法や西洋の学問や事情の説明など、読者が「蘭学」に思い描く知りたい事柄を整理した著作ではなかった。そのため、同時代の理解を得られなかったようで、天保五年（一八三四）九月一〇日付の実兄小関仁一朗に宛てた書簡で、小関三英《こせきさんえい》（一七八七〜一八三九）は「『西音発微』と歟《か》申物は詰らなき本に御座候。」（矢森小映子「江戸に出た地方蘭学者と地域の交流」一三頁）と酷評している。

玄幹の小冊『蘭学事始附記』（天保三年三月）では、杉田玄白『蘭東事始』と同様に、「隠君子にして外人の応接を避け、数十年来西国天学に耽りて蘭書に熟せり。」（早稲田大学図書館蔵一丁裏〜二丁表）と、数十年人との交流を拒絶して独り天文学書（蘭書）を耽読する人物像が示されている。

さらに「柳圃先生ノ遺教ニシテ西土文科全書ノ提要」とする写本『蘭学凡』（文政七年八月）の「蘭学凡附言」において、忠雄は左のように描かれている。

先生人トナリ篤行・謹慎、西学ニ長スルノミナラス、兼テ国学漢学ヲモ概知スル事、恐クハ古今ノ訳家其右ニ出ル者ナケン。然ルニ崎人未タ先生ヲ知ル者ナシ。故ニ或ハ先生究ムル処、西学ノ淵源、未発ノ論説、空ク黄土ニ埋レン事ヲ憾《うら》ミ、（『蘭学凡早稲田大学図書館蔵墨付五丁表）

玄幹は忠雄の人間性を称《たた》えつつ、翻訳家としては他に並ぶ者がないほど学問への造詣が深いことを賞賛する半面、長崎でその名や仕事が知られていなかったことを証言する。忠雄の存在が軽視されていたのは、やはり身分制社会において無職であったことに起因し、さらに通詞社会からも干されていたことが背景にあったのであろう。ともあれ、学界や出版界に多大な影響力を有した玄沢・玄幹父子の記述は、後世の忠雄像形成に大きく貢献したものと見られる。

馬場佐十郎の忠雄評

加えて、馬場《ばば》佐十郎《さじゅうろう》の発言もまた、忠雄没後の人物像形成に大きく寄与したものと見られる。佐十郎は長崎の商家三栖谷《みくりや》家の出で、親戚であった阿蘭陀通詞《オランダつうじ》馬場為八郎の養子となった。忠雄の死没から二年を経た文化五年、天文方内に蕃書和解御用《ばんしょわげごよう》が設けられると出仕し、爾後《じご》、同機関の翻訳事業に従事した。

佐十郎の著作には、忠雄に対する発言がたびたび確認できる。まず、パーム『オランダ語文法』（Kornelis van der Palm: *Nederduitsche Spraakkunst voor de Jeugd*, 1774）の抄訳『西文規範』（文化八年夏）において、忠雄を「蘭学開祖トモ謂ツベキ人」と称揚し、また、この仕事をセウェル『オランダ語文法』の全訳を果たせず逝去した忠雄の衣鉢を継いだものと位置づけることで、「名後世ニ残リテ其効空カラズ」と、忠雄の名と仕事が後世に残るようにしたという（杉本つとむ『長崎通詞による蘭語の学習とその研究』六二一頁）。次に、西洋の長さや重さの単位などについて記した『度量考』（文化九年秋序）の凡例では、忠雄稿が元になっている旨を述べている。ついで、『訂正蘭語九品集』（文化一一年九月序）の緒言においても、『度量考』と同様に忠雄稿を改訂して成したことを明記している。

京都の医師藤林《ふじばやし》普山《ふざん》（一七八一〜一八三六）が著した『和蘭語法解』（文化九年九月序）に寄せた佐十郎の蘭文序でも同様の忠雄像が示されている。

我々の高名な中野柳《りゅう》圃《ほ》先生によって、文化の最初の年に（オランダ語）文法の真面目が発見された後、あちこちに立ち込めていた暗雲は完全に消し去られた。したがって、世の人は常に彼を尊敬せねばならない。彼はとても弱い体質であったが、篤学で、いつも書物に鼻を近づけ、とうとうあのような偉大な仕事を成したが、不幸にも三年後［二年後］の文化四年目［文化三年］、四七歳にして長崎で没した。（zedert de ontdekking van de opregt smaak van de spraakkonst, door onzen wijdberoemde meerster N: liuho in het Jaar boenkwa Eerste, gedaan, zijn de duister' wolken, die hier en daar overhingen, geheel verdweeren, gevolglijk moet men hem altoos in Eerbied blijven; hij [= N: liuho] is zeer zwak van gesteltenis geweest, maar door zijn leerzugtigheid van aart heeft hij altoos den neus op de boeken gehouden, en Eindelijk zodanig groot dienst voor ons gedaan, maar tot ons ongeluk is hij drie jaaren daarna, in het vierde jaar boenkwa, op 47 jaaren oud, in Nangazakij, gestorven.)（藤林普山『和蘭語法解』早稲田大学図書館蔵蘭文序二丁表〜二丁裏）

佐十郎は忠雄をオランダ語文法あるいは蘭学の開祖と信じて疑わず、その仕事に対する称賛を惜しまなかった。その後に執筆した『和蘭文範摘要』（文化一一年秋序）においては、佐十郎と忠雄との具体的な関わりが記されている。

時ニ郷中ニ柳圃先生ナル人アリ。是レ故ノ訳官多病ニシテ曽テ其職ヲ謝シ、退隠ノ後専ラ斯学ニ耽ルト云フ。一日或人、余ヲ介シテ先生ニ謁セシム。爾後、其門ニ入テ日夜往来シ、其疑フ処ヲ問フニ、毎次其答ノ詳ナラズト云フコトナシ。其示セル所ハ、一言双語トイヘドモ其解ヲ聞クトキハ、積年数多ノ疑惑ヲ解スル事少カラズ。今ヤ其喜ヒ知ルベシ。唯時至ラズシテ先生ニ面謁スル事ノ遅キヲ憾ムルノミ。一日就テ問フ。先生嘗テ此文式ノ要領ヲ得タルノ由ヲ聞クニ、答テ曰、余曽テ和蘭人泄《セ》物尓《ウエル》ト云ヘル人著述セル所ノ「ガラマチーカ」ト云フ書ヲ閲シ、日夜研究シ、後聊カ得ル処アリ。（『和蘭文範摘要』早稲田大学図書館蔵一丁表～裏）

これによると、忠雄は多病で通詞職を辞した後、蘭学に専念した。その後、ある人物を介して忠雄に面会した佐十郎は、門弟となって日夜通いつめ、（オランダ語の）不明点について質問すると、すべて明瞭な答えが返ってきて、積年の疑問の多くを解くことができた。これまでなかなか機会を得られず、忠雄への接見が遅くなったことを残念に思うばかりである。そこである日、忠雄に就《つ》いて、いかにしてオランダ語文の要領を得たのかを問うたところ、セウェル『オランダ語文法』を日夜研究したことで幾分か会得したことを回答したという。いずれにせよ、佐十郎は、忠雄の名を後世に残すべく、さまざまな著作において仕事と賛辞を明記・刻印した。

吉雄常三の忠雄評

阿蘭陀大通詞吉雄耕牛《よしおこうぎゅう》の孫で、尾張藩の侍医であった吉雄常三《じょうさん》も、とりわけオランダ語文の名詞の格に焦点を絞った『六格前編《ろっかくぜんぺん》』（文化一一年上巻奥書）において同様の忠雄像を描いている。

性篤実ニシテ名利ヲ貪ラズ、喝蘭《オランダ》ノ学ヲ好ミ、世情ヲ厭フテ閑居スルコト二十年バカリ。享和年間、仙台ノ大槻玄幹、崎陽ニ遊ンデ、偶《たまたま》先生ノ門ニ入リ、其業ヲ受ク。一日玄幹氏訳士ノ会席ニ於テ、先生ノ訳文ヲ諸好ニ示ス。吉雄権之助、視テ以テ其奇才ヲ覚リ、直チニ玄幹ヲ介トシテ其門ニ入リ、輙《すなは》チ天文究理ノ奇説・翻訳・文法ノ明弁ヲ聞クコトヲ得ラル。次テ有志ノ士、共ニ贄《にえ》ヲ執《と》リ、其門ニ游フモノ三五輩。茲ニ於テ世人始メテ先生ノ名ヲ知ルモノ多シ。然レトモ先生素ヨリ名声ヲ好マス。故ニ其他受業ノ生徒ヲ辞ス。後、多年ナラズシテ下世ス。（『六格前編』一丁表）

常三は、忠雄の篤実な人柄を称えるとともに、人との交わりを忌み、二十年ほど蟄居《ちっきょ》していたことを述べる。さらに、そのような状況でありながら、大槻玄幹を通じて忠雄の実力を知った吉雄権之助が弟子入りし、天文究理の奇説・翻訳・文法についての理解を得ることができたこと。これについで、有志数人が志願して門弟となったが、この時初めて忠雄の名を知った者が多かったこと。名声を好まない忠雄はそれ以上弟子を採らず、その後に没したことなどを語っている。

また、米沢藩の医師伊東昇迪《いとうしょうてき》（一八〇四〜一八八六）の遊学日記『寄陽日簿《きようにちぼ》』にも同趣旨の記載が認められる。文政九年（一八二六）八月七日条に、「柳甫［柳圃］先生　俗名　廿歳ニ而隠家閉戸〆学問致、死去後其抜書著述書出て其より蘭学広りとそ、尤《もっとも》阿蘭陀通事也」（藤本健太郎・織田毅「伊東昇迪『寄陽日簿』―翻刻及び註解―」）とあり、昇迪の史料でも、若い時分から蟄居して学問に専念していたこと、加えて、蘭学の淵源となったことが描かれている。

新宮凉庭の忠雄評

その他、京都の医師新宮凉庭《しんぐうりょうてい》（一七八七〜一八五四）の著作にも忠雄に対する言及が見える。版本『西遊日記《さいゆうにっき》』（天保一〇年三月）には次の通り記されている。

> 志築《〔志筑〕》先生は亦訳司也。柳圃と号し、忠次郎と称す。多病にして夙に退く。戸を閉ざして人に見《まみ》えず。昼夜、手巻を釈《お》かざること十数年。世に識《し》る者無し。最も横文を善くす。蘭人曽て其文を読みて乃《すなは》ち衽《おくみ》を納む。賛嘆して曰く、吾邦の学館善文の者と雖も過ぐること能はざるなりと。本邦の蘭書を読み、蘭文を綴るの法、実に志築《〔志筑〕》先生より之《これ》を開く。而るに先生、従学者を喜ばず。従学者纔《わずか》に四人。末次忠介《〔忠助〕》、吉雄六次郎、西吉右衛門、馬場佐十郎と曰ふは是なり。余、後来及ばざるを以て恨と為す。如淵《じょえん》先生嘗《かつ》て嘆じて曰く、吾の学、今柳圃の肉を得と。其学術深遠なること此の如し。『暦象新書』『鎖国論』『和蘭詞術』十数部を著す。（原文は訓点付き漢文。新宮凉庭『西遊日記』二七丁表〜裏）

ここまで確認してきた忠雄評と同じく、多病で若くして通詞を辞職したこと。蟄居して読書に専念していたが、世間にその存在を知る者がいなかったこと。オランダ語が抜群に読め、その学問が蘭学の淵源となったことが描かれている。ただし、他の史資料で

近世日本人には理解しえない存在

少ないとのみ語られてきた門弟を、具体的に末次忠助、吉雄六次郎、西吉右衛門、馬場佐十郎の四人としている。涼庭は安部龍平などその他の弟子についての情報を得ていなかったようであるが、このことがまた忠雄の不可解さや神秘性を増している。

複数回にわたる大槻玄沢との面会や、大槻玄幹や大槻平泉への学問伝授をはじめとする人的ネットワークや交流を見る限り、忠雄が独り蟄居して蘭書に耽《ふけ》っていたとするのはやや誇張された人物像であると言える。しかしながら、没後かような伝説的忠雄像が定着するのは、同時代の水準を遥かに超越した数々の仕事と、それと反比例するように、どの学派にも属さない、無職・無名の人物であったことから、忠雄に関する情報がほとんどなかったことに起因するのであろう。忠雄は、数少ない門下生や接見した者でさえもその生活や人物を摑めないような人物で、ましてその姿を見たことのない近世日本の人々にとっては、まったく理解

新宮涼庭画像（『医科先哲肖像集』より）

し得ない存在であったに違いない（大島明秀「志筑忠雄の背景としての実家・中野家―家屋の敷地・通詞株・長崎社会での位置―」）。

三　没後の影響

忠雄の学問とその波紋

忠雄の学問は、主に蘭書訳出を通して、それまでの日本になかった数々の新しい知識や視点、方法をもたらした革命的な仕事であったが、これらは四点にまとめることができる。第一に、訳業を通して自身の言葉でオランダ語理解と蘭文和訳の要諦をまとめたオランダ語学。第二に、『暦象新書《れきしようしんしよ》』を代表とする天文学。あるいは弾道学、数学。第三には地理誌あるいは物産。第四に、西洋に照準を合わせた国際情勢。それぞれの分野の後世への影響は以下の通りである。

オランダ語学

第一に、オランダ語学であるが、この分野に限ったことではなく、前提として忠雄の学問はすべて写本で成されており、貸借や転写を通して受容されたことに留意すべきである。

まず、無名であった忠雄の名は、『西音発微』や『訂正蘭語九品集』などで大槻玄幹や馬場佐十郎が忠雄の遺教であることを作品に明記したことで、オランダ語読解の創始者として世に知られるところとなった。

次に、忠雄の蘭語学は、それまでのオランダ語読解法であったいわゆる欧文訓読の域を脱したもので、蘭文典を参考に、オランダ語の性質を直視した文法理解と読解法、併せて日本語文法に対する造詣を深めて辿り着いた和訳法といった革新的な仕事であったが、その方法を幕府の蘭書翻訳機関・蕃書和解御用の訳員であった佐十郎が学んでいたことで忠雄の蘭語学は江戸に伝播し、爾後、オランダ語読解の水準が上がった。

その他、忠雄のオランダ語文学書は、東海地域においては大垣藩の江馬家や尾張藩の吉雄常三の塾で教科書とされ、地元長崎においては末次忠助らによって読み継がれていった。

天文学・弾道学・数学分野

第二に、天文学であるが、この分野で後世の享受が確認できるのは、やはり『暦象新書』である。町人学者山片蟠桃《やまがたばんとう》（一七四八～一八二一）が著した『夢《ゆめ》の代《しろ》』（文政三年八月跋）で利用された形跡が見えたり、中天游《なかてんゆう》（一七八三～一八三五）が私塾で教科書としたりするなど、大坂では受容された。

しかしながら、天游のような享受者は例外的で、同時代の天文学書と比較すると、内容が突飛かつ難解であったため、大半の読者は、転写・蔵書はしても、理解にまでは至らなかったようである。一例として、幕府天文方高橋至時の二男、渋川景佑《しぶかわかげすけ》（一七八七～一八五六）の読書体験について見てみよう。景佑の天文・暦学書読書記『暦学聞見録』（文化一三年九月～弘化四年）によれば、まず、文化初年に馬場佐十郎に請うて『暦象新書』を借りたが、一両日を経て返却を要求されたため熟読できなかった。次に、文化末期に家兄高橋景保（一七八五～一八二九）の蔵書を見る機会に恵まれたが、折しも『ラランデ暦書』蘭語版（Joseph-Jérôme Lefrançais de Lalande, 1732–1807: *Astronomia of Sterrekunde*）訳出に従事していた時期で、『暦象新書』を熟読する時間がなく、内容の理解には至らなかった。そして今、幸運にも諸子の蔵書を集めて再読する機会を得た。しかしながら、その趣を理解することができず、始終不審ばかりであったという（渋川景佑『暦学聞見録』第一一巻、国立天文台図書室蔵一丁表）。

弾道を放物線として捉えて計算した忠雄の弾道学や、角度まで考慮する西洋の三角法やネイピアの法則を紹介した数学については、これらを学んだ末次忠助を通して、熊本藩の砲術師・池部啓太（一七九八～一八六八）などに継承された。一方、大槻平泉に伝授した天文学や数学が受け継がれた形跡は見当たらない。

それにしても、内容以上に影響を与えたのは、キール『天文学・物理学入門』蘭語版の訳出過程で生み出された新しい日本語である。「引力」「重力」「弾力」「遠心力」「求心力」「真空」「分子」などは訳語として忠雄が創出した言葉であり、これらが、忠雄や『暦象新書』の存在が忘却された明治期以降の理科教科書に導入され、現在に至るまで術語として用いられている。

幻に終わった吉田治兵衛の出版構想

ここで、これまで看過されてきた資料であるが、京都二条堺町の書林吉田治兵衛の両面摺板行目録『和蘭翻訳書目録《オランダほんやくしょもくろく》』（天保一二年冬）に注目したい。一枚の摺物《すりもの》であるが、確認できるすべての同資料に同じ折り目が付いていることから、吉田治兵衛が刊行を見込んでいた版本に綴じ込む予定であったものと推測される。

その『和蘭翻訳書目録』の裏面には、忠雄の著作として三段目の天学書欄に『暦象新書』が、最下段の語法書欄に『〔蘭学《オランダまなび》〕生前父《うまれぬさきのちち》』および『四法諸時対訳《しほうしょじたいやく》』の名が見え、いずれも未刻の黒三角印▲が付されている。刊記には「右目録の書籍悉く私方に御座候。尤写本の内、著訳家の秘として他へ出さざる書は除之《これをのぞく》。其他は悉写本出来申候。入念誤字なき様可仕《つかまつるべく》候。御用被為仰付被下度奉希上《おおせつけなされくだされたくねがいあげたてまつり》候」と書籍販売が広告されるとともに、「▲印あるは未刻の分なり。新訳書又は漏たるものは追々加刻仕候」と記され、没後三五年を経過した天保一二年（一八四一）冬時点においても、依然として『暦象

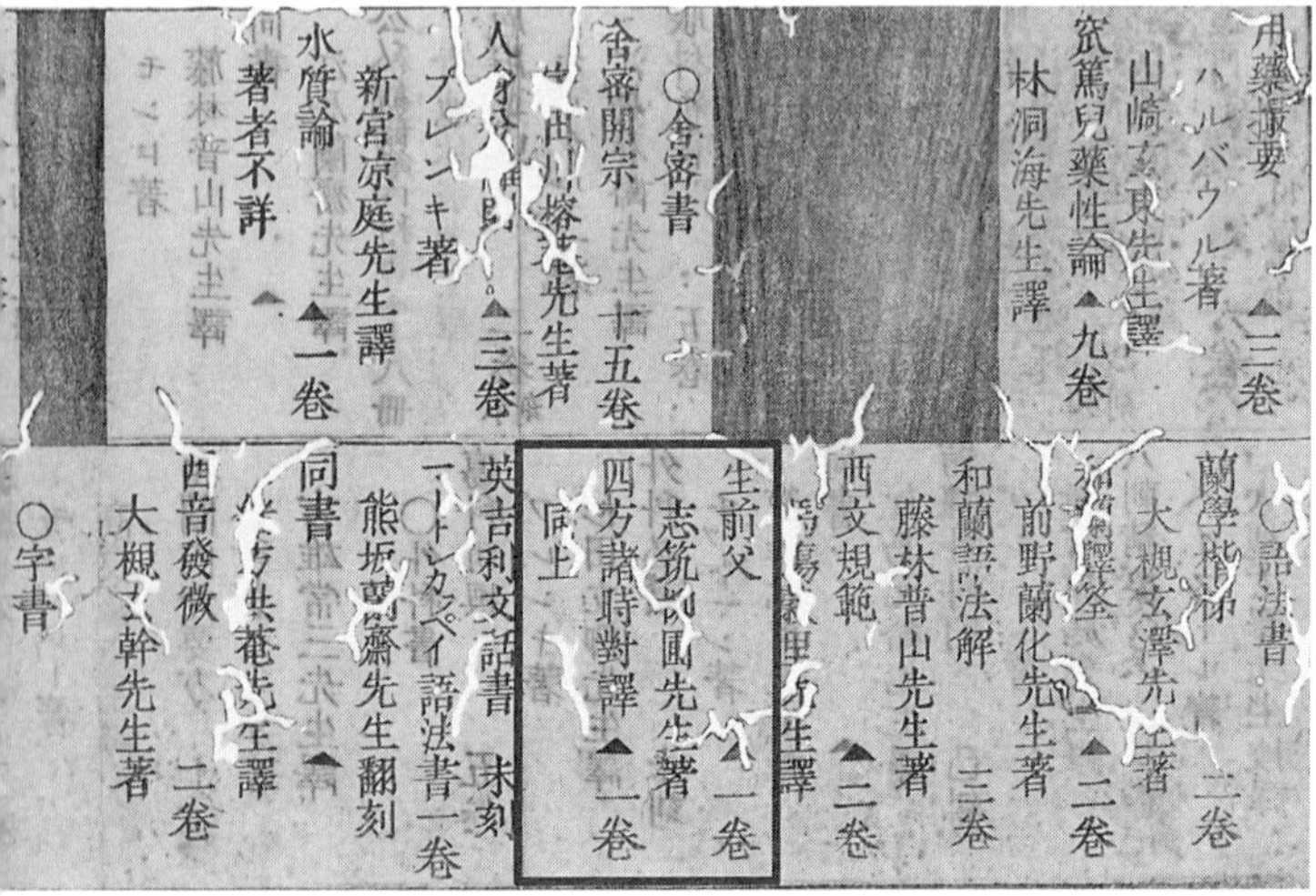
用薬摘要　ハルバウル著　▲三巻
窊篤兒薬性論　▲九巻
林洞海先生譯
○舎密書
舎密開宗　十五巻
宇田川榕菴先生著
プレンキ著　▲三巻
新宮凉庭先生譯
水質論　▲一巻
著者不詳
○語法書
蘭学梯航　二巻
大槻玄澤先生著
和蘭譯筌　▲二巻
前野蘭化先生著
和蘭語法解　三巻
藤林普山先生著
西文規範　▲二巻
生前父　▲一巻
志筑柳圃先生著
四方諸時對譯　▲一巻
同上
英吉利文話書　未刻
語法書一巻
熊坂蘭齋先生翻刻
同書　▲
西音發微　二巻
大槻玄幹先生著
○字書

『和蘭翻訳書目録』部分（熊本県立大学歴史学研究室蔵）
該当部分を線で囲った.

新書』や忠雄のオランダ語文法書が京都の書肆に有用と認識され、その上梓が構想されていた事実が分かる（大島明秀「蘭文和訳論の誕生—志筑忠雄「蘭学生前父」と徂徠・宣長学—」）。

第三に、地理誌・物産分野の著作としては、『万国管闚《ばんこくかんき》』の現存写本が一定数確認できるが、その大半は忠雄の著作であることが知られないまま広がったようである。流布した写本は、吉雄耕牛系統本をはじめとして、忠雄序が脱落し、一部の内容や構成が異なる原型とはかけ離れた本であった。

忠雄序脱落本の伝播のあり方を検討すると、個人間の転写を通じて広がったもの、尾張の貸本屋・大野屋惣八によって流布したもの、そして津の商人学者稲垣定穀《いながきさだみ》（一七六四〜一八三五）が京都で入手したように、書肆によって著者不明の珍奇な海外の博物書として市場に流通し、購入を通じて受容されたものなどが想定される。かくして多くの近世読者は、忠雄の名を認識しないまま、原型から変容した『万国管闚』を享受したと見られる（大島明秀「志筑忠雄「万国管闚」の文献学的研究」）。

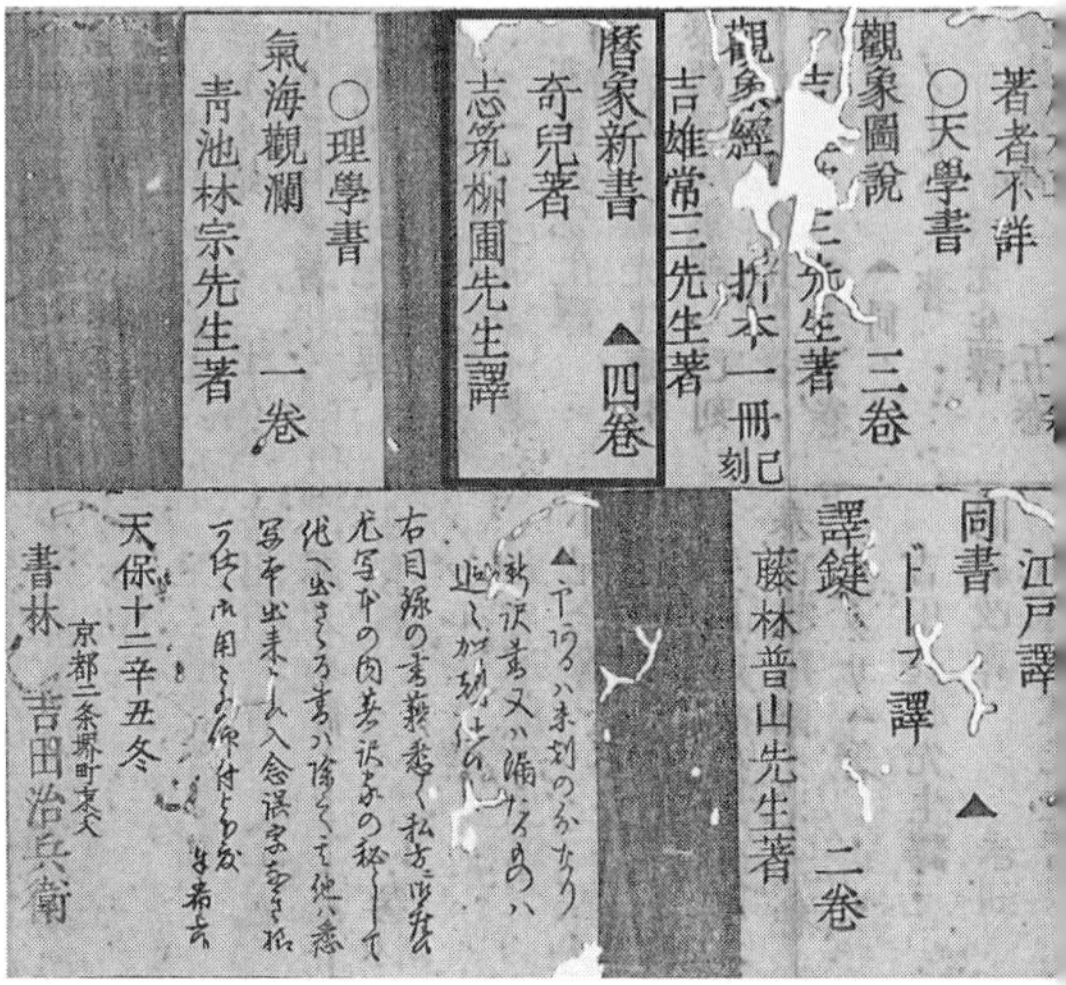
著者不詳
○天學書
觀象圖說　三巻
□□三先生著
觀象經　折本一冊　已刻
吉雄常三先生著
曆象新書　四巻
奇兒著
志筑柳圃先生譯
○理學書
氣海觀瀾　一巻
青池林宗先生著
江戸譯
同書　ドーフ譯
譯鍵　二巻
藤林普山先生著
天保十二辛丑冬
京都二条堺町東入
書林　吉田治兵衛

国際情勢

第四に、国際情勢分野であるが、何と言っても『鎖国論』が与えた衝撃が大きく、忠雄訳書のうち最も受容された仕事でもある。『鎖国論』は近世後期から幕末にかけて転写され流布するが、目下、九〇点以上の現存写本が確認できる。ただし、ケンペルの論旨や忠雄の意図とは異なった形で近世読者に享受され、さまざまな形で読み継がれていった。その受容形態は、①天文学的知識の情報源として、②歴史資料として、③海外の日本観を知るための情報源としての紹介、④海外の日本賛美的文献としての紹介、⑤万国における日本の優位性を説く典拠として、の五種に分類できる。

　中でも、右の利用法⑤がことによく確認できるが、かかる読書の方法の普及にあたって平田国学が果たした役割は大きい。『霊《たま》の真《み》柱《はしら》』(文化一〇年一〇月)や『古《こ》道《どう》大《たい》意《い》』(嘉永元年五月)といった基本文献において、平《ひら》田《た》篤胤《あつたね》(一七七六〜一八四三)が忠雄訳『鎖国論』を、西洋人ケンペルによる日本の優秀さを説く資料として用いたことから、平田派の国学者をはじめとしたさまざまな学者間で、『鎖国論』が、世界における日本の優位性を説く際に読むべき、かつ利用すべき基本文献として定型化されていった(大島明秀『「鎖国」という言説―ケンペル著・志筑忠雄訳『鎖国論』の受容史―』一〇七〜一三五、二二二〜三六八頁)。

「鎖国」言説の形成

　ところで、『鎖国論』訳出の際に創出した「植民」も現在定着している術語であるが、標題に採用した「鎖国」という訳語こそ、日本史上最も多大な影響を与え続けた言葉の一つである。ただし、幕末明治初期における「鎖国」の用例を見る限り、その語義は、あくまで「異国」に対して「日本を閉じたままにすること」や「鎖《とざ》した国」という意にすぎず、そこには肯定的ないしは否定的な意味合いは含まれていない。よって、この段階では「鎖国」は単なる語の一つであり、人々の発想を規定する力を持った言葉、すなわち「言説」とはなっていない。

日本の近世を近世西洋からの文物や科学技術を鎖した時代、すなわち「鎖国」とする見解が定着していくのは、日本の帝国主義が強力に推進されだした明治二〇年代以降である。この時期、「鎖国」によって日本は利益を得たのか、損失を被ったのかの議論「鎖国得失論」が活発化し、史論、新聞論説、歴史学研究などで大いに展開された。

そして、文部省が制作・発行した第一期国定歴史教科書『小学日本歴史』（明治三七年一一月）において、徳川家光《とくがわいえみつ》期の対外政策によって「これより、わが国人は、外国の事情にうとくなりて、世界の進歩におくれたり」（『小学日本歴史』二、三六頁）と、日本が国際社会から孤立して西洋に遅れをとった要因として描かれた。この否定的な近世日本像は第七期『くにのあゆみ』（昭和二一年九月）まで踏襲され、『小学日本歴史』刊行の三年後に施行した歴史教科の義務教育化（明治四〇年）により、国民に浸透した（大島明秀『「鎖国」という言説―ケンペル著・志筑忠雄訳『鎖国論』の受容史―』一九八～二〇四頁）。

ケンペル・志筑忠雄の名を騙る偽書

嘉永五年（一八五二）一二月の序を有する版本『西洋学家訳述目録《せいようがっかやくじゅつもくろく》』には、「志筑盈長」名義の著作として『紅毛火術秘伝鈔《こうもうかじゅつひでんしょう》』が掲載されている（『文明源流叢書』第三巻四七九頁）。

内容を同じくするものとして、『紅毛砲術《こうもうほうじゅつ》 毒薬《どくやく》秘密巻《ひみつまき》』（九州大学附属図書館医学図書館ミヒェル文庫蔵）という異本も確認でき、いずれもケンペルの口授と明記されている。

ただし、題名からすれば西洋流の砲術や火薬生成についての内容であるはずが、中身は漢方薬への言及が多く、果ては牛馬に対する医療にまで話が及ぶ。とてもケンペルの口述筆記とは認められず、偽書と言わざるを得ない。ところが、天保六年一〇月二六日に紀州和歌山藩の国学者長沢伴雄《ながさわともお》（一八〇八～一八五九）が、同書を「奇書」として四両余りで入手している様子を眺めると、近世後期にはケンペルと忠雄の名を騙った偽書が流通していたようである（『国立台湾大学図書館典蔵長澤伴雄自筆日記』第一巻一七七～一七八頁）。

『鎖国論』の普及を通じて広まった西洋人ケンペルの名と、オランダ語読解の創始者で達人と認識されながらも正体が不明であった忠雄の名が付された稀書に対する巷間《こうかん》の需要は容易に想像され、販売を目的とした偽書創出の素材としては打って付けであり、書賈《しょこ》にとって、ひときわ魅力的だったのであろう。

狩野亨吉の再発見

かように忠雄の存在と仕事は没後の近世後期社会にも一定の影響力を及ぼしたが、天明六年（一七八六）以降は無職で、著訳書はすべて板行に至らず、加えて、後世にも参照されやすい医書や軍書の訳出を行わなかったことなどから、門人や又弟子の死後は、時間の経過とともにいつしか忠雄の名とその数々の画期的な仕事は忘却された。前述したように、明治に入ると、「引力」「重力」「弾力」「遠心力」「求心力」「真空」「分子」「鎖国」「植民」といった忠雄が生み出した訳語のみが流布・定着していく。

かかる状況の中、明治二八年（一八九五）六月、狩野亨吉《かのうこうきち》（一八六五〜一九四二）は『東洋学芸雑誌』第一六五号誌上に「志筑忠雄の星気説」を発表し、それまで世に忘れ去られていた忠雄を取り上げ、「混沌分判図説」がカント＝ラプラスによる太陽系成因に関する星雲説に類似していることを論じ、これを賞賛した。完全に歴史の中に埋没していた忠雄の存在は、近代日本における帝国主義と脱亜入欧の世情の中で再発見され、爾後、「西洋の天才と並びうる日本科学史上の天才」という「天才史観」の文脈の中で語られる存在となった。

中野家略系図（志筑忠雄関係）

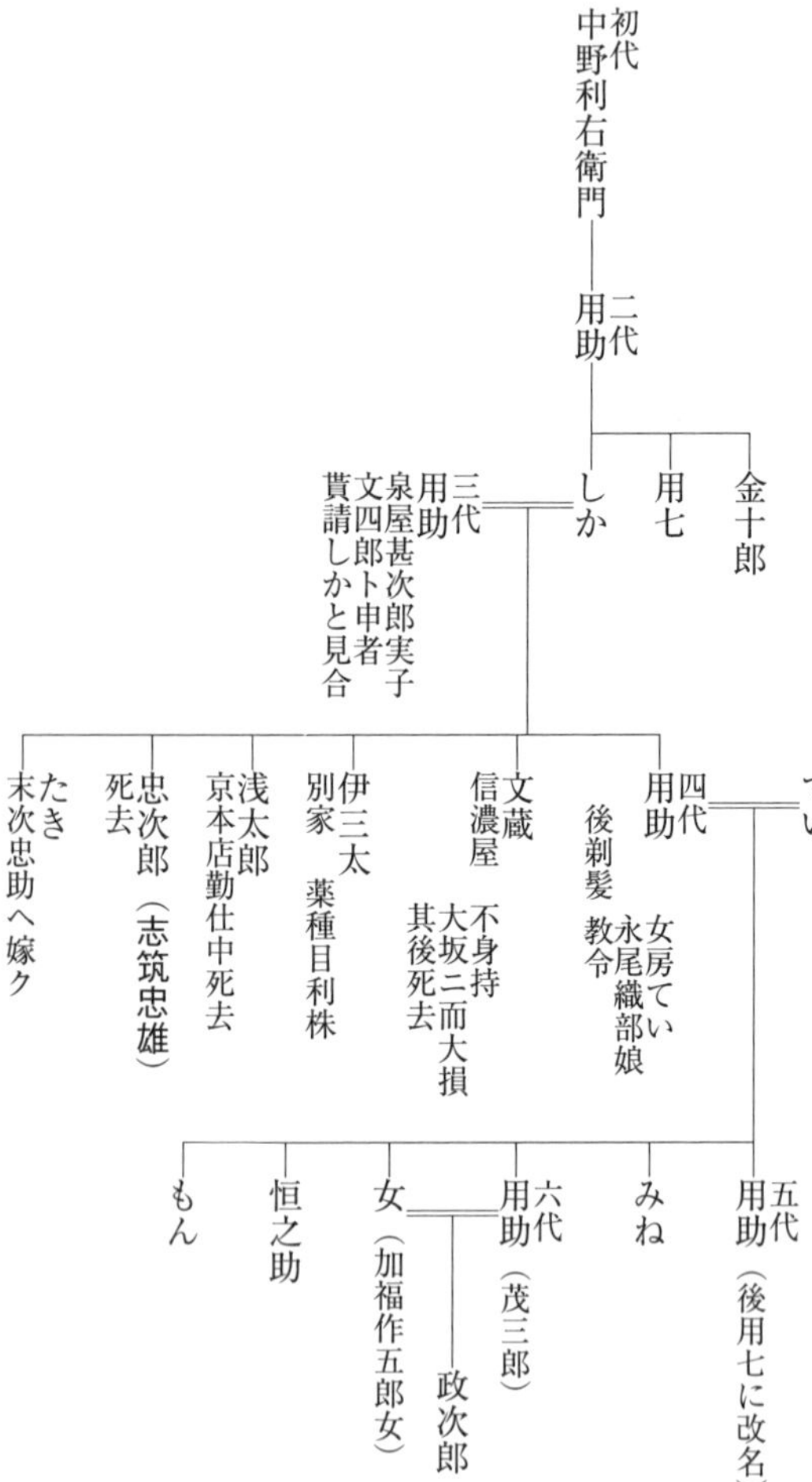

（出典）「中野用助系図」（文政四年七月、三井文庫蔵）をもとに作成。

志筑家当主略系図

本家志筑家

初代 孫兵衛 ― 二代 孫右衛門

三代 孫八 ― 四代 與左衛門 ― 五代 善左衛門 ― 六代 善次郎 ― 七代 孫次郎

八代 忠次郎（志筑忠雄）― 九代 次三郎 ― 一〇代 龍助 ― 一一代 龍太 ― 一二代 龍三郎

分家志筑家

初代 孫平 ― 二代 孫助 ― 三代 孫平 ― 四代 孫兵衛 ― 五代 孫平 ― 六代 孫兵衛

七代 清太郎 ― 八代 禎之助

（出典） 渡辺庫輔『阿蘭陀通詞志筑氏事略』（長崎学会、一九五七年）、原田博二「阿蘭陀通詞志筑家について」（『蘭学のフロンティア　志筑忠雄の世界』（長崎文献社、二〇〇七年）をもとに作成。

略年譜

年次	西暦	年齢	事蹟	参考事項
宝暦一〇	一七六〇	一	長崎での三井の御用商人・三代中野用助の五男として誕生	
安永三	一七七四	一五		七代志筑孫次郎、養父善次郎の跡を継ぎ稽古通詞となる
五	一七七六	一七	志筑家第八代を継ぎ、稽古通詞となる	一二月、養父志筑孫次郎病死
天明二	一七八二	二三	この年までに稽古通詞を休職○八月、『天文管闚』（崎陽晩生）、『万国管闚』（志筑忠次郎盈長）成稿	
三	一七八三	二四	二月、『海上薬品記』（志筑忠次郎）成稿	五月、本木良永『象限儀用法』成稿
四	一七八四	二五	一一月、『求力法論』（志筑忠次郎）成稿	
五	一七八五	二六	この年までに現場復帰していたか○正月、「星学指南評説」（盈長）成稿○『天文管闚』成立からこの年正月前後頃の間に『動学指南』成稿○三月一五日、『鈎股新編』（志筑盈長）成稿	八月、前野良沢『和蘭訳筌』成稿
六	一七八六	二七	五月二八日までに稽古通詞を辞す	正月～三月、大槻玄沢前年末より長崎遊学、志筑忠雄に会う○五月二八

天明七	一七八七	二八	四月、『火器発法伝』（故訳司　志筑忠雄）成稿○この頃から再び体調が悪化したか	日までに次三郎志筑家第九代を継ぎ、稽古通詞となる
八	一七八八	二九		三月、大槻玄沢『蘭学階梯』刊
寛政元	一七八九	三〇		閏六月、クナシリ・メナシの戦い
三	一七九一	三二		三月、アメリカ船レディ・ワシントン号、紀州串本大島に到着○七月一三日、英国船アルゴノート号、博多湾に来航○九月一日、異国船取扱令
四	一七九二	三三		九月三日、ロシア使節ラクスマン、根室に来航、大黒屋光太夫ら漂民を返還、通商を要求
五	一七九三	三四	一二月（西暦一七九四年一月）、「混沌分判図説」初稿を成稿	桂川甫周『漂民御覧記』成稿○前野良沢『魯西亜本紀略』成稿
六	一七九四	三五		七月一七日、本木良永没○八月、桂川甫周『北槎聞略』成稿○閏一一月一一日、大槻玄沢、太陽暦による元旦の宴（新元会、オランダ正月）を開く
七	一七九五	三六	二月、『阿羅祭亜来歴』（志筑忠雄）成稿	ウルップ島にロシア人約四〇人が移

				住
八	一七九六	三七		八月、イギリスの測量船プロヴィデンス号、内浦湾（室蘭）に来航○八月五日、改暦の命が下る（寛政の改暦）
九	一七九七	三八	寛政元年からこの年一二月一八日（西暦一七九八年二月三日）までに『和蘭詞品考』『助詞考』成稿	閏七月、異国船取扱令見直し○一〇月一六日、『暦象考成』に基づいて作成した高橋至時『暦法新書』成る○一〇月一九日、改暦宣下○一二月、異国船取扱令見直し
一〇	一七九八	三九	五月、『オクタント之記』（志筑忠雄）成稿○六月、『暦象新書』上編（志筑忠雄）成稿	寛政暦施行
一一	一七九九	四〇		正月一六日、東蝦夷地仮上知
一二	一八〇〇	四一	寛政四年からこの年一〇月朔日までに『四維図説』（中野忠雄）成稿○一〇月朔日、『暦象新書』中編（志筑忠雄）成稿	
享和元	一八〇一	四二	八月一七日、『鎖国論』（志筑忠雄）成稿	
二	一八〇二	四三	一〇月朔日、『暦象新書』下編（志筑忠雄）成稿、附録に改訂した「混沌分判図説」（柳圃）を所収	二月二三日、東蝦夷地永上知
三	一八〇三	四四	天明五年三月一五日からこの年一〇月晦日までに『三角算秘伝』（中野忠雄）、『法蘭国三角形紀元』	七月、アメリカ船、長崎に来航○九月、大槻玄幹および大槻平泉、長崎

			成稿○一〇月晦日、『三角提要秘算』（中野忠雄）成稿	に遊学、忠雄に弟子入り、特に平泉は『三角提要秘算』『各曜観天図』『読暦象考成』『暦象必備』を教授される○一〇月、前野良沢没
享和 四 文化 元	一八〇四 一八〇四	四五 四五	正月、『日蝕絵算』（中野忠雄、柳圃）成稿 享和三年九月から文化元年冬までに『各曜観天図』（中野忠雄季飛）、『読暦象考成』（中野忠雄季飛）、『暦象必備』（柳圃先生中野忠雄季飛）成稿○この冬から翌春にかけて三たび体調が悪化したか	三月、大槻玄幹、長崎を発つ○忠雄は玄幹に「柳圃」（Wilgen Akker）名義の蘭詩を贈る○九月六日、ロシア使節レザノフ、漂流民津太夫ら四人を伴い長崎に来航、通商を求む○一二月、近藤重蔵『辺要分界図考』成稿○冬頃、大槻平泉、長崎を発つ
二	一八〇五	四六	享和三年後半頃からこの年二月までに『三種諸格』（柳圃中野先生）および『蘭学生前父』（柳圃）成稿○二月、『四法諸時対訳』（柳圃）成稿○この年一二月までに『三国祝章』に所収するための「蘭詩作法」（前和蘭通詞　志筑忠雄）成稿	七月、クルーゼンシュテルン艦長のナジェジダ号、カラフトおよび沿海州沿岸探索○一二月、大槻平泉『三国祝章』成稿
三	一八〇六	四七	正月、『二国会盟録』（志筑忠雄李飛）口述筆記成る○七月八日、忠雄没（『光永寺過去帳』）	四月、大槻玄沢『北辺探事』成稿

生前（文化三年七月八日以前）の分野別著作・署名一覧

成立時期	オランダ語学	天文学・数学・弾道学	地理志・薬草学	国際情勢
天明二年（一七八二）八月		『天文管闚』（崎陽晩生）	『万国管闚』（志筑忠次郎盈長）	
天明二年（一七八二）八月から天明五年（一七八五）正月前後頃の間		『動学指南』（不明）		
天明三年（一七八三）二月			『海上薬品記』（志筑忠次郎）	
天明四年（一七八四）一一月		『求力法論』（志筑忠次郎）		
天明五年（一七八五）正月		「星学指南評説」（盈長）		
天明五年（一七八五）三月一五日		『鉤股新編』（志筑盈長）		
天明五年（一七八五）三月一五日から享和三年（一八〇三）一〇月晦日の		『三角算秘伝』（中野忠雄）		

間				
天明五年(一七八五)三月一五日から享和三年(一八〇三)一〇月晦日の間		『法蘭国三角形紀元』(不明)		
天明七年(一七八七)四月		『火器発法伝』(故訳司　志筑忠雄)		
寛政元年(一七八九)から寛政九年一二月一八日(西暦一七九八年二月三日)の間	『和蘭詞品考』(不明)			
寛政元年(一七八九)から寛政九年一二月一八日(西暦一七九八年二月三日)の間	『助詞考』(不明)			
寛政四年(一七九二)から寛政一二年(一八〇〇)一〇月朔日の間		『四維図説』(中野忠雄)		
寛政五年一二月(西暦一七九四年一月)		「混沌分判図説」初稿(不明)		
寛政七年(一七九五)二月				『阿羅祭亜来歴』(志

				筑忠雄）
寛政一〇年（一七九八）五月		『オクタント之記』（志筑忠雄）		
寛政一〇年（一七九八）六月		『暦象新書』上編（志筑忠雄）		
寛政一二年（一八〇〇）一〇月朔日		『暦象新書』中編（志筑忠雄）		
享和元年（一八〇一）八月一七日				『鎖国論』（志筑忠雄）
享和二年（一八〇二）一〇月朔日		『暦象新書』下編（志筑忠雄）、附録「混沌分判図説」（柳圃）		
享和三年（一八〇三）九月から文化元年（一八〇四）冬の間		『各曜観天図』（中野忠雄季飛）		
享和三年（一八〇三）九月から文化元年（一八〇四）冬の間		『読暦象考成』（中野忠雄季飛）		
享和三年（一八〇三）九月から文化元年（一八〇四）冬の間		『暦象必備』（柳圃先生中野忠雄季飛）		

享和三年（一八〇三）一〇月晦日		『三角提要秘算』（中野忠雄）		
享和三年（一八〇三）後半頃から文化二年（一八〇五）二月の間	『三種諸格』（柳圃中野先生）			
享和三年（一八〇三）後半頃から文化二年（一八〇五）二月の間	『蘭学生前父』（柳圃）			
享和四年（一八〇四）正月		『日蝕絵算』（中野忠雄、柳圃）		
文化二年（一八〇五）二月	『四法諸時対訳』（柳圃）			
文化二年（一八〇五）頃	「蘭詩作法」（前和蘭通詞　志筑忠雄）			
文化三年（一八〇六）正月				『二国会盟録』（志筑忠雄李飛）

参考文献

一　未刊行史料（日付は和暦）

宇田川玄随『蘭学秘蔵』寛政九年一二月一八日以前　早稲田大学図書館蔵
大槻玄幹『蘭学凡』文政七年八月　早稲田大学図書館蔵
大槻玄幹『蘭学事始附記』天保三年三月　早稲田大学図書館蔵
大槻玄沢『寄崎次第』天明六年以降（「磐水先生随筆」第四巻〔第五巻と合冊〕）　早稲田大学図書館蔵
大槻玄沢『瓊浦紀行』天明五年一〇月七日以前～天明六年五月七日（「磐水先生随筆」第三巻）　早稲田大学図書館蔵
大槻玄沢『磐水先生随筆』第三冊（巻之四・五）書写年不明　早稲田大学図書館蔵
大槻平泉『三国祝章』文化二年一二月序　早稲田大学図書館蔵
大槻平泉『鯨史稿』文化五年　国立公文書館蔵
小田百谷画・大槻磐水「大槻玄沢肖像」　早稲田大学図書館蔵
古賀十二郎『玉園雑綴』五五　長崎歴史文化博物館蔵

志筑忠雄『万国管闚』天明二年八月序　長崎歴史文化博物館蔵

志筑忠雄『海上薬品記』天明三年二月　津市図書館稲垣文庫蔵

志筑忠雄『鉤股新編』天明五年三月一五日序　長崎歴史文化博物館蔵

志筑忠雄『火器発法伝』天明七年四月　静嘉堂文庫蔵

志筑忠雄『阿羅祭亜来歴』寛政七年二月　洲本市立図書館蔵・横浜市立大学鮎沢文庫蔵

志筑忠雄『オクタント之記』寛政一〇年五月序
津市立図書館稲垣文庫蔵・大阪公立大学中百舌鳥図書館蔵

志筑忠雄『四維図説』寛政四年～寛政一二年一〇月朔日の間　静嘉堂文庫蔵

志筑忠雄『和蘭詞品考』寛政元年～寛政九年一二月一八日の間
京都大学文学研究科図書館蔵

志筑忠雄『助詞考』寛政元年～寛政九年一二月一八日の間
岐阜県歴史資料館蔵・神戸大学経済図書館住田文庫蔵

志筑忠雄『鎖国論』享和元年八月一七日序　架蔵

志筑忠雄『暦象新書』享和二年一〇月朔日序
九州大学附属図書館蔵（国史／9D／8）・架蔵

志筑忠雄『三角算秘伝』天明五年三月一五日以降、享和三年一〇月晦日以前
シーボルト記念館蔵

志　筑　忠　雄　『法蘭国三角形紀元』天明五年三月一五日以降、享和三年一〇月晦日以前　日本学士院蔵

「志筑忠雄差出大槻玄沢宛書簡」天明六年五月以降、享和三年九月以前　早稲田大学図書館蔵

志筑忠雄輯・大槻平泉校　『三角提要秘算』享和三年一〇月晦日　日本学士院蔵

志筑忠雄・大槻平泉輯　『各曜観天図』享和三年九月～文化元年冬の間　静嘉堂文庫蔵

志筑忠雄・大槻平泉輯　『読暦象考成』享和三年九月～文化元年冬の間

静嘉堂文庫蔵・日本学士院蔵

志筑忠雄・大槻平泉輯　『暦象必備』享和三年九月～文化元年冬の間　静嘉堂文庫蔵

志　筑　忠　雄　『日蝕絵算』享和四年正月　日本学士院蔵

志　筑　忠　雄　『三種諸格』享和三年後半～文化二年二月の間　岐阜県歴史資料館蔵

志　筑　忠　雄　『蘭学生前父』享和三年後半～文化二年二月の間

岐阜県歴史資料館蔵・神田外語大学附属図書館神田佐野文庫蔵・早稲田大学図書館蔵

志　筑　忠　雄　『四法諸時対訳』文化二年二月跋　岐阜県歴史資料館蔵

志筑忠雄口述、安部龍平筆記・補述　『二国会盟録』文化三年正月口述筆記成、文政一〇年正月序

福岡県立図書館蔵

志筑忠雄か　『シカツトカームル外科書』　成立年不明　架　蔵

渋　川　景　佑　『暦学聞見録』文化一三年九月～弘化四年　国立天文台図書室蔵

「借用銀証文之事　差出申釣合書之事」（合綴史料、中山一四—四—五六）文政六年一二月　シーボルト記念館蔵
末次忠助「由緒書」（一三K—五八二四—一三）文化一〇年九月　長崎歴史文化博物館蔵
『長崎惣町絵図』明和二年頃　長崎歴史文化博物館蔵
「中野用助系図」（本一四九一—三八）文政四年七月　三井文庫蔵
馬場佐十郎『西文規範』文化八年夏　西京高等学校蔵
馬場佐十郎『度量考』文化九年秋序　長崎歴史文化博物館
馬場佐十郎『和蘭文範摘要』文化一一年秋序　早稲田大学図書館蔵
「外浦町屋敷絵図」（別一七四二—一二）　三井文庫蔵
松宮観山『分度余術』享保一三年八月上浣序　東北大学附属図書館林文庫蔵
『明安調方記　玉手箱』(2)　明和・安永年間頃　長崎歴史文化博物館蔵
本木良永『阿蘭陀地球図説』安永元年冬二巻奥書　長崎歴史文化博物館蔵・日本学士院蔵
本木良永『天地二球用法』安永三年八月序　長崎歴史文化博物館蔵・日本学士院蔵
本木良永『太陽距離暦解』安永三年一〇月序　長崎歴史文化博物館蔵
本木良永『象限儀用法』天明三年五月　津市立図書館稲垣文庫蔵・大阪公立大学中百舌鳥図書館蔵
『ロシア使節レザノフ来航絵巻　下』文化元年九月以降　東京大学史料編纂所蔵

二　刊行史料

池田知久訳注『淮南子』（『講談社学術文庫』二一二一）　講談社　二〇一二年
宇田川玄随『蘭訳弁髦』寛政五年冬序（『和蘭文法集成』第二巻）　ゆまに書房　二〇〇〇年
大槻玄沢『蘭学階梯』天明八年冬序跋（沼田次郎・松村明・佐藤昌介編『洋学　上』
〈『日本思想大系』六四〉）　岩波書店　一九七六年
大槻玄沢『蘭訳梯航』文化一三年四月（沼田次郎・松村明・佐藤昌介編『洋学　上』
〈『日本思想大系』六四〉）　岩波書店　一九七六年
大槻玄幹『西音発微』文政九年　架蔵
大槻平泉『大槻清準家譜書出』（『仙台市史』資料編2　近世1　藩政』）
仙台市　一九九六年
大　槻　良『養賢堂学制』平泉叢書　大槻清雅　明治二五年　国立国会図書館蔵
荻生徂徠『訳文筌蹄』初編、正徳五年正月（今中寛司・奈良本辰也編『荻生徂徠全集』
第五巻）　河出書房新社　一九七七年
荻生徂徠『訓訳示蒙』元文三年五月（今中寛司・奈良本辰也編『荻生徂徠全集』第五巻）
河出書房新社　一九七七年
小原克紹『長崎志続編』巻一三之上（森永種夫校訂『長崎文献叢書』第一集四巻）

『阿蘭陀通詞由緒書』明和八年九月（『長崎県史　史料編　第四』）　長崎文献社　一九七四年
何国宗・梅瑴成編『御製暦象考成』一・二（欽定四庫全書影印版）　吉川弘文館　一九六五年
亀井森主編『国立台湾大学図書館典蔵長澤伴雄自筆日記』第一巻（文政一三年元日～天保六年一二月八日）　吉林出版集団有限責任公司　二〇〇二年
『己酉龍太書上由緒書』（渡辺庫輔『阿蘭陀通詞志筑氏事略』）　国立台湾大学図書館　二〇一三年
黒沢翁満『異人恐怖伝』嘉永三年刊記・嘉永六年六月三日～一〇月一〇日の間に版行　長崎学会　一九五七年
『光永寺過去帳』（古賀十二郎著・長崎学会編『長崎洋学史』上巻）　架蔵
志筑忠雄『天文管闚』天明二年八月序（大崎正次「『暦象新書』天明旧訳本の発見」『科学史研究』第四・五号）　長崎文献社　一九六六年
志筑忠雄『動学指南』天明二年八月～天明五年正月前後頃の間（大崎正次「『暦象新書』天明旧訳本の発見」『科学史研究』第四・五号）　一九四三年
志筑忠雄『求力法論』天明四年一一月（広瀬秀雄・中山茂・小川鼎三編『洋学　下』〈『日本思想大系』六五〉）　一九四三年
志筑忠雄『暦象新書』享和二年一〇月朔日序（『文明源流叢書』第二巻）　岩波書店　一九七二年

下見隆雄『礼記』　国書刊行会　一九一四年
徐光啓原編・潘鼐編『崇禎暦書　附西洋新法暦書増刊十種』上・下　明徳出版社　一九七三年
上海世紀出版・上海古籍出版社　二〇〇九年
新宮凉庭『西遊日記』天保一〇年三月　九州大学附属図書館蔵貴重資料
杉田玄白『解体新書』安永三年八月（広瀬秀雄・中山茂・小川鼎三編『洋学　下』〈『日本思想大系』六五〉）　岩波書店　一九七二年
杉田玄白『蘭東事始』文化一二年四月（緒方富雄校註『蘭学事始』〈『岩波文庫』〉）　岩波書店　二〇〇三年第五二刷
杉本つとむ校註・解説『鎖国論　影印・翻刻・校註』　八坂書房　二〇一五年
寺島良安『和漢三才図会』正徳二年五月上浣序（影印版）　東京美術　一九九〇年第一二刷
寺田智美翻刻・解題、杉本つとむ校閲「翻刻解題『蘭学生前父』」（『早稲田大学図書館紀要』第四四号）　一九九七年
中川五郎左衛門『江戸買物独案内』下巻　山城屋佐兵衛ほか　文政七年一月　国立国会図書館蔵
「長崎諸役人寺社山伏」（原田博二「中西啓旧蔵「長崎諸役人寺社山伏」の作成年と阿蘭陀通詞の項の復元」『長崎歴史文化博物館研究紀要』第一号）　二〇〇六年
『長崎通詞由緒書』享和二年（『長崎県史　史料編　第四』）　吉川弘文館　一九六五年

南懐仁（Ferdinand Verbiest）『新製霊台儀象志』巻之一　康熙一三年（一六七四）二月三日奉　国立公文書館蔵
西川如見『天文義論』茨城多左衛門　正徳二年一一月中浣跋　東京大学附属図書館駒場図書館蔵
馬場佐十郎『訂正蘭語九品集』文化一一年九月序（『和蘭文法集成』第三巻）ゆまに書房　二〇〇〇年影印版
馬場佐十郎『蘭語冠履辞考』安政二年一一月序　早稲田大学図書館蔵
『肥前長崎図』文錦堂　享和二年　熊本県立大学歴史学研究室蔵
藤林普山『蘭学逕』文化七年三月跋　架蔵
藤林普山『和蘭語法解』文化九年九月序　早稲田大学図書館蔵
藤本健太郎・織田毅「伊東昇迪「嵜陽日簿」―翻刻及び註解―」（『鳴滝紀要』第二九号）二〇一九年
「ベニョフスキー書簡」西暦一七七一年八日付（水口志計夫・沼田次郎編訳『ベニョフスキー航海記』〈『東洋文庫』一六〇〉）平凡社　一九七〇年
穂亭主人『西洋学家訳述目録』嘉永五年一二月序（『文明源流叢書』第三巻）国書刊行会　一九一四年
前野良沢『和蘭訳筌』天明五年八月跋（鳥井裕美子監修・佐藤香代編『大分県先哲叢書　前野良沢資料集』第二巻）大分県教育委員会　二〇〇九年

三浦梅園『帰山録』安永七年（梅園会編『梅園全集』上巻）　名著刊行会　一九七〇年
本居宣長『古今集遠鏡』寛政九年正月（大野晋・大久保正編集校訂『本居宣長全集』第三巻）　筑摩書房　一九六九年
本居宣長『詞の玉緒』安永八年一二月六日序（大野晋・大久保正編集校訂『本居宣長全集』第五巻）　筑摩書房　一九七〇年
文部省『小学日本歴史』二　文部省　一九〇四年
山片蟠桃『夢ノ代』文政三年八月跋（水田紀久・有坂隆道校注『日本思想大系四三　富永仲基　山片蟠桃』）　岩波書店　一九七三年
山崎闇斎『朱書抄略』寿文堂　延宝九年八月　架蔵
吉雄常三『六格前編』文化一一年三月上巻奥書（『和蘭文法集成』第四巻）　ゆまに書房　二〇〇〇年影印版

三　書籍・論文

阿曽歩「大槻平泉の対外認識―『経世体要』にみる内憂と外患―」（浪川健治編『十八世紀から十九世紀へ　流動化する地域と構造化する世界認識』）　清文堂　二〇一一年
アニック・ミト・ホリウチ「『海上珍奇集』における人間と動物をめぐる言説」（志筑忠雄没後

二〇〇年記念国際シンポジウム実行委員会編『蘭学のフロンティア
志筑忠雄の世界』） 長崎文献社 二〇〇七年
イサベル・田中・ファン・ダーレン「阿蘭陀通詞家系図（Ⅲ） 小川・森山家」
（『日蘭学会会誌』第二八巻一号） 二〇〇三年
イサベル・田中・ファン・ダーレン「オランダ史料から見た長崎通詞―志筑家を中心に―」
（志筑忠雄没後二〇〇年記念国際シンポジウム実行委員会編『蘭学の
フロンティア 志筑忠雄の世界』） 長崎文献社 二〇〇七年
石橋思案「福地の叔父様（桜痴居士の少年時代）」（『少年世界』第一二巻第一二号） 一九〇六年
任正爀『朝鮮科学史における近世―洪大容・カント・志筑忠雄の自然哲学的宇宙論―』
思文閣出版 二〇一一年
岩崎奈緒子『近世後期の世界認識と鎖国』 吉川弘文館 二〇二一年
上田はる『私の史料探訪2 石橋家の人々』 上田英三 二〇〇四年
ヴォルフガング・ミヒェル「カスパル・シャムベルゲルとカスパル流外科（上）」（『日本医史学雑誌』
第四二巻三号） 一九九六年
大島明秀『「鎖国」という言説―ケンペル著・志筑忠雄訳『鎖国論』の受容史―』
ミネルヴァ書房 二〇〇九年
大島明秀「ケンペル―体系的な日本像をまとめた旅行研究家」（W・ミヒェル・鳥井裕美子・

川嶌眞人共編『九州の蘭学―越境と交流―』) 思文閣出版 二〇〇九年
大島明秀「志筑忠雄「阿羅祭亜来歴」の訳出とその書誌」(『雅俗』第一二号) 二〇一三年
大島明秀「馬琴と「鎖国論」」(『文彩』第一〇号) 二〇一四年
大島明秀「津市図書館稲垣文庫蔵「柬砂葛記」について―志筑忠雄訳「阿羅祭亜来歴」の一転写本―」(『国文研究』第五九号) 二〇一四年
大島明秀「志筑忠雄「三種諸格」の資料的研究」(『鳴滝紀要』第二八号) 二〇一八年
大島明秀「志筑忠雄「万国管闚」の文献学的研究」(『雅俗』第一七号) 二〇一八年
大島明秀「伝吉村迂斎序を付したのは誰か―志筑忠雄「暦象新書」受容史の一駒―」(『文彩』第一五号) 二〇一九年
大島明秀「泉屋家旧蔵「オランダ語文法書」と志筑忠雄「助詞考」」(『鳴滝紀要』第二九号) 二〇一九年
大島明秀「神戸市立博物館蔵、有志筑忠雄序「万国管闚」について」(『国文研究』第六四号) 二〇一九年
大島明秀「蘭文和訳論の誕生―志筑忠雄「蘭学生前父」と徂徠・宣長学―」(『雅俗』第一八号) 二〇一九年
大島明秀「志筑忠雄の所用印ともう一つの字」(『文彩』第一六号) 二〇二〇年
大島明秀「黒沢翁満『異人恐怖伝』の執筆背景と刊行年」(『国文研究』第六六号) 二〇二一年

大島明秀「ケンペル「日本誌」」（青木歳幸・海原亮他編、洋学史学会監修『洋学史研究事典』）思文閣出版　二〇二一年
大島明秀「志筑忠雄と洋学」（青木歳幸・海原亮他編、洋学史学会監修『洋学史研究事典』）思文閣出版　二〇二一年
大島明秀『蘭学の九州』弦書房　二〇二二年
大島明秀「「和解」から「翻訳」へ―*Beschryvinge van het octant en deszelfs gebruik* の訳出に見る本木良永と志筑忠雄―」（『熊本県立大学文学部紀要』第八二号）二〇二三年
大島明秀「志筑忠雄の背景としての実家・中野家―家屋の敷地・通詞株・長崎社会での位置―」（『文彩』第一九号）二〇二三年
大島明秀「志筑忠雄の通詞退役と仕官活動」（『国文研究』第六八号）二〇二三年
大谷正幸「『生下未分語』翻刻―富士講研究に関連して」（『仏教文化学会紀要』第一二号）二〇〇三年
大槻如電原著・佐藤榮七増訂『日本洋学編年史』錦正社　一九六五年
大森実「志筑忠雄「火器発法伝」について」（『軍事史学』第八巻三号）一九七二年
岡田和子「森田千庵『四十五様』について―中野柳圃・森田千庵と仏文法の関係―」（『洋学史研究』第二八号）二〇一一年
岡村千曳『紅毛文化史話』創元社　一九五三年

岡本健一郎「近世長崎における対馬藩御用商人末次家の役割」(『長崎歴史文化博物館研究紀要』第一〇号)　二〇一六年
開国百年記念文化事業会編『鎖国時代日本人の海外知識—世界地理・西洋史に関する文献解題—』　原書房　一九七八年
片桐一男『阿蘭陀通詞の研究』　吉川弘文館　一九八五年
片桐一男「志筑忠雄について」(『洋学史研究』第二六号)　二〇〇九年
片桐一男「『四十五様』について」(『洋学史研究』第二七号)　二〇一〇年
狩野亨吉「志筑忠雄の星気説」(『東洋学芸雑誌』第一六五号)　一八九五年
菊池勇夫「大槻平泉—養賢堂の学頭として—」(一関市博物館編『学問の家　大槻家の人びと—玄沢から文彦まで—』)　吉川弘文館　二〇二四年
木崎良平『光太夫とラクスマン　幕末日露交渉史の一側面』　刀水書房　一九九二年
楠木賢道「『三国会盟録』からみた志筑忠雄・阿部龍平の清朝・北アジア理解—江戸時代知識人のNew Qing History?—」(『社会文化史学』第五二号)　二〇〇九年
久保誠「長崎通詞の西欧文明理解—志筑忠雄を手掛かりに」(井上泰志編『近世日本の歴史叙述と対外意識』)　勉誠出版　二〇一六年
古賀十二郎「古色の保存(一)」(『長崎評論』第二号)　一九一三年
古賀十二郎著・長崎学会編『長崎洋学史』上巻　長崎文献社　一九六六年

小林龍彦「中野忠雄輯「三角算秘傳」について」（『鳴滝紀要』第一〇号）二〇〇〇年
斎藤信「中野柳圃の『四法諸時対訳』について」（『人文社会研究』第一七巻）一九七三年
斎藤信「江馬家所蔵のオランダ語文法書について―特に中野柳圃の『三種諸格編』と著訳者不明の『助字要訣』について」（『人文社会研究』第一八巻）一九七四年
斎藤信『日本におけるオランダ語研究の歴史』大学書林 一九八五年
杉本つとむ「中野柳圃『蘭学生前父』の考察」（『近代語研究』二）武蔵野書院 一九六八年
杉本つとむ『江戸時代蘭語学の成立とその展開―長崎通詞による蘭語の学習とその研究』早稲田大学出版部 一九七六年
杉本つとむ『日本翻訳語史の研究』八坂書房 一九八三年
杉本つとむ『国語学と蘭語学』武蔵野書院 一九九一年
鈴木康子『転換期の長崎と寛政改革』ミネルヴァ書房 二〇二三年
全勇勲「志筑忠雄と崔漢綺のニュートン科学に対する態度比較」（『京都産業大学論集人文科学系列』第四六号）二〇一三年
田尻祐一郎「〈訓読〉問題と古文辞学―荻生徂徠をめぐって」（中村春作・市來津由彦・田尻祐一郎・前田勉共編『「訓読」論 東アジア漢文世界と日本語』）勉誠出版 二〇〇八年
玉田沙織「和歌の同化翻訳論―本居宣長の俗語訳理論から―」（高橋亨編『日本語テクストの

歴史的軌跡』）　名古屋大学大学院文学研究科　二〇一〇年
寺田智美翻刻・解題、杉本つとむ校閲「翻刻解題『蘭学生前父』」（『早稲田大学図書館紀要』第四四号）　一九九七年
鳥井裕美子「ケンペルから志筑へ―日本賛美論から排外的『鎖国論』への変容―」（『季刊日本思想史』第四七号）　一九九六年
鳥井裕美子「『鎖国論』・『二国会盟録』に見る志筑忠雄の国際認識」（志筑忠雄没後二〇〇年記念国際シンポジウム実行委員会編『蘭学のフロンティア　志筑忠雄の世界』）　長崎文献社　二〇〇七年
中川和明『平田国学の史的研究』　名著刊行会　二〇一二年
中村士「天文方の光学研究」（『天文月報』第九八巻五号）　二〇〇五年
日本国語大辞典第二版編集委員会・小学館国語辞典編集部編『日本国語大辞典』　小学館　二〇〇〇年～二〇〇二年第二版
野村正雄「『暦象新書』下編の読解」（『物理学史ノート』第八号）　二〇〇三年
野村正雄「志筑忠雄の『四維圖説』と「心遊術」―『暦象新書』外伝として―」（『物理学史ノート』第九号）　二〇〇五年
原田博二「阿蘭陀通詞志筑家について」（志筑忠雄没後二〇〇年記念国際シンポジウム実行委員会編『蘭学のフロンティア　志筑忠雄の世界』）　長崎文献社　二〇〇七年

平岡隆二「「測量秘言」の写本について」（『長崎歴史文化博物館研究紀要』第六号）　二〇一二年
藤田覚『近世後期政治史と対外関係』　東京大学出版会　二〇〇五年
藤浪剛一編『医家先哲肖像集』　刀江書院　一九三六年
藤原松三郎『日本数学史要』復刻版　勉誠出版　二〇〇七年［初版一九五二年］
ヘンク・デ・フロート「柳圃蘭語学の影響」（志筑忠雄没後二〇〇年記念国際シンポジウム実行委員会編『蘭学のフロンティア　志筑忠雄の世界』）　長崎文献社　二〇〇七年
布袋厚『復元！　江戸時代の長崎』　長崎文献社　二〇〇九年
益満まを「草創期の京都蘭学―《辻蘭室文書》の書誌的考察―」（松方冬子編『日蘭関係史をよみとく』上巻）　臨川書店　二〇一五年
松尾龍之介「志筑忠雄の実家―中野家に関するノート」（『洋学史研究』第二六号）　二〇〇九年
松田清『洋学の書誌的研究』　臨川書店　一九九八年
松田清「志筑忠雄における西洋文法カテゴリーの受容」（志筑忠雄没後二〇〇年記念国際シンポジウム実行委員会編『蘭学のフロンティア　志筑忠雄の世界』）　長崎文献社　二〇〇七年
三上義夫「志筑忠雄訳火器発法伝の弾道問題」（『火兵学会誌』第一〇巻一号）　一九一六年
森岡健二『欧文訓読の研究　欧文脈の形成』　明治書院　一九九九年

森岡美子「三井越後屋の長崎貿易経営（一）」（『史学雑誌』第七二編六号）一九六三年
森永貴子『ロシアの拡大と毛皮交易　16～19世紀シベリア・北太平洋の商人世界』彩流社　二〇〇八年
矢浦晶子「志筑忠雄による太陽系形成論「混沌分判図説」の研究史」（『科学史研究』第三〇七号）二〇二三年
矢森小映子「江戸に出た地方蘭学者と地域の交流―小関三英の書簡から見える庄内地域―」（『書物・出版と社会変容』第一九号）二〇一五年
横山伊徳『開国前夜の世界』（『日本近世の歴史』5）吉川弘文館　二〇一三年
吉田忠「志筑忠雄『万国管闚』について」（『長崎談叢』第五三輯）一九七二年
吉田忠「大槻玄沢、玄幹父子の西遊と志筑忠雄」（『長崎談叢』第五九輯）一九七六年
吉田忠「蘭学管見―西洋近代科学の受容」（『知の考古学』第一〇号）一九七六年
吉田忠「志筑忠雄「混沌分判図説」再考」（藪内先生頌寿記念論文集出版委員会編『東洋の科学と技術』）同朋舎出版　一九八二年
吉田忠「『暦象新書』の研究」（『日本文化研究所研究報告』第二五号）一九八九年
吉田忠「『暦象新書』の研究（二）」（『日本文化研究所研究報告』第二六号）一九九〇年
吉田忠「志筑忠雄の心遊術」（『日本思想史研究』第三六号）二〇〇四年
吉田忠「心遊術から「世界の複数性」へ」（志筑忠雄没後二〇〇年記念国際シンポジウム

実行委員会編『蘭学のフロンティア　志筑忠雄の世界』）　長崎文献社　二〇〇七年
吉田忠「志筑忠雄―独創的思索家」（W・ミヒェル・鳥井裕美子・川嶌眞人共編『九州の蘭学―越境と交流―』）　思文閣出版　二〇〇九年
吉村雅美「学問の場でつくられた対外認識」（村和明・吉村雅美編『日本近世史を見通す2　伝統と改革の時代―近世中期―』）　吉川弘文館　二〇二三年
渡辺庫輔『阿蘭陀通詞志筑氏事略』　長崎学会　一九五七年
渡辺敏夫『近世日本天文学史』上　恒星社厚生閣　一九八六年

Benjamin Jacques & Samuel Hannot: *Dictionarium latino-belgicum*. Rotterdam, Pieter vander Slaart, 1699.　松浦史料博物館蔵
Cornelis Douwes: *Beschryvinge van het octant en deszelfs gebruik*. t'Amsterdam, Joannes van Keulen, 1749., 1766.　ライデン大学蔵
Engelbert Kaempfer: *De beschryving van Japan*. Amsterdam, Jan Roman De Jonge, 2 druk, 1733.　松浦史料博物館蔵
Ernst Crone: *Cornelis Douwes, 1712–1773 : zijn leven en zijn werk, met inleidende hoofdstukken over navigatie en zeevaart-onderwijs in de 17de en 18de eeuw*. Haarlem, H. D. Tjeenk Willink & Zoon, 1941.
Ernst Zeydelaar: *Néderduitsche Spraakkonst*. Te Utrecht, B. Wild, 1781.　アムステルダム大学蔵

François Halma: *Woordenboek der Nederduitsche en Fransche taalen*. Te Amsterdam by de Wetsteins en Smith, Te Utrecht by Jacob van Poolsum, 1729.
松浦史料博物館蔵

François Valentyn: *Oud en nieuw Oost-Indiën*, 1724–1726. Van Wijnen, Heruitgaven 2002–2004.

Gaius Plinius Secundus: *Des wijd-vermaerden natuurkondigers vyf boecken*. t'Amsterdam, Dirck Dircksz, 1662.
松浦史料博物館蔵

Geschenk voor de Joodsche Jeugd, of A.B.C. Boek voor dezelve. In 's Graavenhaage, Lion Cohen, 1793.
アムステルダム大学蔵

Jan Jonszoon Struys: *Drie aanmerkelyke reizen*, Derde druk, te Amsterdam, Steeve van Esveldt, 1746.
松浦史料博物館蔵

Johann Hübner: *De staats- en koeranten-tolk, of woodenboek der geleerden en ongeleerden*. Te Leyden, Dirk Haak, 1732.
松浦史料博物館蔵

Johann Jacob Woyt: *Gazophylacium medico-physicum of Schat-kamer der genees- en natuur-kundige zaaken*. t' Amsterdam, de Janssoons van Waesberge, Hendrik Vieroot, [en] Abraham en Isaak Graal, 1741.
アムステルダム自由大学図書館蔵

John Keill: *Inleidinge tot de waare Natuur- en Sterrekunde*. Uit het Latyn vertaald, en met eenige Aantekeningen en Byvoegzels verrykt door Johann Lulofs, Te Leiden, Jan en Hermanus Verbeek, 1741.
架　　蔵

Johann Jacob Woyt: *Gazophylacium medico-physicum, of Schat-kamer der genees- en naturkundige zaaken.* Janssoons van Waesberge, Hendrik Vieroot, Abraham en Isaak Graal, 1741.　松浦史料博物館蔵

Naaukeurige versameling der gedenk-waardigste zee en land-reysen. Te Leyden, Pieter van der Aa, 1707.　松浦史料博物館蔵

Noël Chomel: *Huishoudelyk woordboek.* Te Lyden, by S. Luchtmans, en te Amsterdam by H. Uytwerf, 1743.　オランダ王立図書館蔵

Pieter Marin: *Groot Nederduitsch en Fransch Woordenboek.* Te Dordrecht, by Joannes van Braam; Te Amsterdam, by Hermanus Uytwerf, A. Wor; en de Erven van G. Onder de Linden, 2 druk, 1730.　松浦史料博物館蔵

Pieter Marin: *Nouvelle Methode pour aprendre les Principes & l'Usage des Langues Françoise et Hollandoise. Nieuwe Fransche en Nederduitsche Spraakwyze.* Te Amsterdam, Jan van Eyl. 1762.　松浦史料博物館蔵

Vocabulário da Língua do Japão, 1603-1604.（亀井孝解題『日葡辞書』影印版）　勉誠社　一九七三年

Willem Séwel: *Nederduytsche Spraakkonst.* Te Amsterdam, Erven van J. Ratelband, en Comp., 1733.　架蔵

著者略歴

一九七五年　大阪府に生まれる
二〇〇八年　九州大学大学院比較社会文化学府博士後期課程修了
現在　熊本県立大学文学部教授、博士（比較社会文化）

主要著書
『「鎖国」という言説―ケンペル著・志筑忠雄訳『鎖国論』の受容史―』（ミネルヴァ書房、二〇〇九年）
『熊本洋学校（1871-1876）旧蔵書の書誌と伝来』（花書院、二〇一二年）
『細川侯五代逸話集―幽斎・忠興・忠利・光尚・綱利―』（熊本日日新聞社、二〇一八年）
『菊池市石淵家蔵地球儀の総合的研究―構造・造形技法・世界図―』（菊池市教育委員会、二〇二一年）
『蘭学の九州』（弦書房、二〇二二年）

人物叢書　新装版

志筑忠雄

二〇二五年（令和七）一月二十日　第一版第一刷発行

著　者　大島《おおしま》明秀《あきひで》
編集者　日本歴史学会
代表者　藤田　覚
発行者　吉川道郎

発行所　株式会社 吉川弘文館
東京都文京区本郷七丁目二番八号
郵便番号一一三―〇〇三三
電話〇三―三八一三―九一五一〈代表〉
振替口座〇〇一〇〇―五―二四四
https://www.yoshikawa-k.co.jp/
印刷＝株式会社 平文社
製本＝ナショナル製本協同組合

ISBN978-4-642-05318-1

『人物叢書』(新装版)刊行のことば

人物叢書は、個人が埋没された歴史書が盛行した時代に、「歴史を動かすものは人間である。個人の伝記が明らかにされないで、歴史の叙述は完全であり得ない」という信念のもとに、専門学者に執筆を依頼し、日本歴史学会が編集し、吉川弘文館が刊行した一大伝記集である。幸いに読書界の支持を得て、百冊刊行の折には菊池寛賞を授けられる栄誉に浴した。

しかし発行以来すでに四半世紀を経過し、長期品切れ本が増加し、読書界の要望にそい得ない状態にもなったので、この際既刊本の体裁を一新して再編成し、定期的に配本できるような方策をとることにした。既刊本は一八四冊であるが、まだ未刊である重要人物の伝記についても鋭意刊行を進める方針であり、その体裁も新形式をとることとした。

こうして刊行当初の精神に思いを致し、人物叢書を蘇らせようとするのが、今回の企図である。大方のご支援を得ることができれば幸せである。

昭和六十年五月

日本歴史学会

代表者　坂本太郎

天草時貞
立花宗茂
宮本武蔵
佐倉惣五郎
小堀遠州
徳川家光
由比正雪
林羅山
松平信綱
国姓爺
野中兼山
保科正之
隠元
徳川和子
酒井忠清
朱舜水
池田光政
山鹿素行
井原西鶴
松尾芭蕉
三井高利
河村瑞賢
徳川光圀
契沖

市川団十郎
伊藤仁斎
徳川綱吉
貝原益軒
前田綱紀
近松門左衛門
新井白石
鴻池善右衛門
石田梅岩
太宰春台
徳川吉宗
大岡忠相
賀茂真淵
平賀源内
与謝蕪村
三浦梅園
毛利重就
本居宣長
志筑忠雄
山村才助
木内石亭
小石元俊
山東京伝
杉田玄白

塙保己一
上杉鷹山
大田南畝
只野真葛
小林一茶
大黒屋光太夫
松平定信
菅江真澄
鶴屋南北
島津重豪
狩谷棭斎
最上徳内
遠山景晋
渡辺崋山
柳亭種彦
香川景樹
平田篤胤
間宮林蔵
滝沢馬琴
調所広郷
橘守部
黒住宗忠
水野忠邦
帆足万里

江川坦庵
藤田東湖
二宮尊徳
広瀬淡窓
大原幽学
島津斉彬
月照
橋本左内
井伊直弼
吉田東洋
緒方洪庵
佐久間象山
真木和泉
高島秋帆
シーボルト
高杉晋作
川路聖謨
横井小楠
小松帯刀
山内容堂
江藤新平
和宮
西郷隆盛
ハリス

森有礼
松平春嶽
中村敬宇
河竹黙阿弥
寺島宗則
樋口一葉
ジョセフ＝ヒコ
勝海舟
臥雲辰致
黒田清隆
伊藤圭介
福沢諭吉
星亨
中江兆民
西村茂樹
正岡子規
清沢満之
滝廉太郎
副島種臣
田口卯吉
福地桜痴
陸羯南
児島惟謙
荒井郁之助

幸徳秋水
ヘボン
石川啄木
乃木希典
岡倉天心
桂太郎
徳川慶喜
加藤弘之
山路愛山
伊沢修二
秋山真之
前島密
成瀬仁蔵
前田正名
大隈重信
山県有朋
大井憲太郎
加藤友三郎
河野広中
富岡鉄斎
大正天皇
津田梅子
豊田佐吉
渋沢栄一

有馬四郎助
武藤山治
坪内逍遙
山室軍平
阪谷芳郎
南方熊楠
山本五十六
中野正剛
三宅雪嶺
近衛文麿
河上肇
牧野伸顕
幣原喜重郎
御木本幸吉
尾崎行雄
緒方竹虎
中田薫
石橋湛山
八木秀次
森戸辰男

▽以下続刊